GEORG LUKÁCS

A alma e as formas

Ensaios

OUTROS LIVROS DA FILÔ

FILÔ

A aventura da filosofia francesa no século XX
Alain Badiou

Ciência, um Monstro
Lições trentinas
Paul K. Feyerabend

Em busca do real perdido
Alain Badiou

Do espírito geométrico e da arte de persuadir
Blaise Pascal

A ideologia e a utopia
Paul Ricœur

O primado da percepção e suas consequências filosóficas
Maurice Merleau-Ponty

A teoria dos incorporais no estoicismo antigo
Émile Bréhier

A sabedoria trágica
Sobre o bom uso de Nietzsche
Michel Onfray

Se Parmênides
O tratado anônimo De Melisso Xenophane Gorgia
Barbara Cassin

A união da alma e do corpo em Malebranche, Biran e Bergson
Maurice Merleau-Ponty

FILÔAGAMBEN

Bartleby, ou da contingência
Giorgio Agamben
seguido de *Bartleby, o escrevente*
Herman Melville

A comunidade que vem
Giorgio Agamben

O homem sem conteúdo
Giorgio Agamben

Ideia da prosa
Giorgio Agamben

Introdução a Giorgio Agamben
Uma arqueologia da potência
Edgardo Castro

Meios sem fim
Notas sobre a política
Giorgio Agamben

Nudez
Giorgio Agamben

A potência do pensamento
Ensaios e conferências
Giorgio Agamben

O tempo que resta
Um comentário à *Carta aos Romanos*
Giorgio Agamben

FILÔBATAILLE

O erotismo
Georges Bataille

O culpado
Seguido de *A aleluia*
Georges Bataille

A experiência interior
Seguida de *Método de meditação* e *Postscriptum 1953*
Georges Bataille

A literatura e o mal
Georges Bataille

A parte maldita
Precedida de *A noção de dispêndio*
Georges Bataille

Teoria da religião
Seguida de *Esquema de uma história das religiões*
Georges Bataille

Sobre Nietzsche
vontade de chance
Georges Bataille

FILÔBENJAMIN

O anjo da história
Walter Benjamin

Baudelaire e a modernidade
Walter Benjamin

Imagens de pensamento
Sobre o haxixe e outras drogas
Walter Benjamin

Origem do drama trágico alemão
Walter Benjamin

Rua de mão única
Infância berlinense: 1900
Walter Benjamin

Walter Benjamin
Uma biografia
Bernd Witte

Estética e sociologia da arte
Walter Benjamin

FILÔESPINOSA

Breve tratado de Deus, do homem e do seu bem-estar
Espinosa

Espinosa subversivo e outros escritos
Antonio Negri

Princípios da filosofia cartesiana e Pensamentos metafísicos
Espinosa

A unidade do corpo e da mente
Afetos, ações e paixões em Espinosa
Chantal Jaquet

FILÔESTÉTICA

O belo autônomo
Textos clássicos de estética
Rodrigo Duarte (Org.)

O descredenciamento filosófico da arte
Arthur C. Danto

Do sublime ao trágico
Friedrich Schiller

Íon
Platão

Pensar a imagem
Emmanuel Alloa (Org.)

FILÔMARGENS

O amor impiedoso
(ou: Sobre a crença)
Slavoj Žižek

Estilo e verdade em Jacques Lacan
Gilson Iannini

Introdução a Foucault
Edgardo Castro

Kafka
Por uma literatura menor
Gilles Deleuze
Félix Guattari

Lacan, o escrito, a imagem
Jacques Aubert, François Cheng, Jean-Claude Milner, François Regnault, Gérard Wajcman

O sofrimento de Deus
Inversões do Apocalipse
Boris Gunjevic
Slavoj Žižek

Psicanálise sem Édipo?
Uma antropologia clínica da histeria em Freud e Lacan
Philippe Van Haute
Tomas Geyskens

ANTIFILÔ

A Razão
Pascal Quignard

FILŌ   autêntica

GEORG LUKÁCS

A alma e as formas

Ensaios

1ª edição
1ª reimpressão

INTRODUÇÃO **Judith Butler**
TRADUÇÃO **Rainer Patriota**

Copyright © The Estate of György Lukács, 1911
Copyright para a introdução de Judith Butler, retirada de Soul and Form © 2010 Columbia University Press
Copyright © 2015 Autêntica Editora

Título original: Die Seele und die Formen

Todos os direitos reservados pela Autêntica Editora. Nenhuma parte desta publicação poderá ser reproduzida, seja por meios mecânicos, eletrônicos, seja via cópia xerográfica, sem a autorização prévia da Editora.

Todos os esforços foram feitos no sentido de encontrar a autoria da imagem de capa deste livro. Pedimos desculpas por eventuais omissões involuntárias e nos comprometemos a inserir os devidos créditos e corrigir possíveis falhas em edições subsequentes.

EDITORA RESPONSÁVEL
Rejane Dias

EDITORA ASSISTENTE
Cecília Martins

COORDENADOR DA COLEÇÃO FILÔ
Gilson Iannini

CONSELHO EDITORIAL
Gilson Iannini (UFOP); Barbara Cassin (Paris); Carla Rodrigues (UFRJ); Cláudio Oliveira (UFF); Danilo Marcondes (PUC-Rio); Ernani Chaves (UFPA); Guilherme Castelo Branco (UFRJ); João Carlos Salles (UFBA); Monique David-Ménard (Paris); Olímpio Pimenta (UFOP); Pedro Süssekind (UFF); Rogério Lopes (UFMG); Rodrigo Duarte (UFMG); Romero Alves Freitas (UFOP); Slavoj Žižek (Liubliana); Vladimir Safatle (USP)

REVISÃO
Aline Sobreira
Lívia Martins

PROJETO GRÁFICO
Diogo Droschi

CAPA
Alberto Bittencourt
(sobre imagem de fotógrafo desconhecido)

DIAGRAMAÇÃO
Jairo Alvarenga Fonseca

Dados Internacionais de Catalogação na Publicação (CIP)
(Câmara Brasileira do Livro, SP, Brasil)

Lukács, Georg
  A alma e as formas / Georg Lukács ; tradução Rainer Patriota. -- 1. ed.; 1. reimp. -- Belo Horizonte : Autêntica Editora, 2017. (Coleção Filô)

  Título original: Die Seele und die Formen.

  ISBN 978-85-8217-630-6

  1. Ensaios 2. Literatura - Estética I. Título.

15-05622   CDD-199.439

Índices para catálogo sistemático:
  1. Ensaios filosóficos húngaros   199.439

Belo Horizonte
Rua Carlos Turner, 420
Silveira . 31140-520
Belo Horizonte . MG
Tel.: (55 31) 3465 4500

www.grupoautentica.com.br

São Paulo
Av. Paulista, 2.073 . Conjunto Nacional
Horsa I . 23º andar . Conj. 2310-2312
Cerqueira César . 01311-940 . São Paulo . SP
Tel.: (55 11) 3034 4468

7. **Nota preliminar da edição alemã**

11. **Introdução**
    Judith Butler

29. **A alma e as formas**
    31. Sobre a forma e a essência do ensaio: carta a Leo Popper
    55. Platonismo, poesia e as formas: Rudolf Kassner
    65. Quando a forma se estilhaça ao colidir com a vida: Søren Kierkegaard e Regine Olsen
    83. Sobre a filosofia romântica da vida: Novalis
    99. Burguesia e *l'art pour l'art*: Theodor Storm
    129. A nova solidão e sua lírica: Stefan George
    145. Nostalgia e forma: Charles-Louis Philippe
    165. O instante e as formas: Richard Beer-Hofmann
    185. Riqueza, caos e forma: um diálogo sobre Laurence Sterne
    217. Metafísica da tragédia: Paul Ernst

245. **Da pobreza de espírito: um diálogo e uma carta**

263. **Posfácio – A alma, as formas e um destino: sobre Georg Lukács**
     Rainer Patriota

279. **Referências**

283. **Índice onomástico**

Nota preliminar da edição alemã

Há 25 anos, em maio de 1985, no centenário de nascimento dos dióscuros Georg Lukács e Ernst Bloch, apareceu na legendária revista *links*, um centro de propaganda da esquerda não dogmática, uma carta aberta intitulada *Lehrstück Luchterhand*.[1] Denunciava-se a negligência cometida contra a obra de um grande pensador por parte de sua editora, justamente o contrário do que se passava na Suhrkamp com Ernst Bloch (ou Benjamin, Adorno e depois muitos outros). Era a denúncia contra uma editora que não promovia a pesquisa sobre Lukács, que não estava interessada na publicação de seus importantes manuscritos póstumos, que havia deixado a publicação de seu epistolário a cargo do concorrente J. B. Metzler e que, num país conhecido pela valorização da pesquisa teórica, havia abandonado no meio do caminho a edição das suas obras completas. Essa denúncia encontrou o apoio de boa parte dos intelectuais de esquerda da época. A lista daqueles que assinaram a carta vai de Paul Breines e Hauke Brunkhorst, passando por Agnes Heller, Michel Jay, Oskar Negt, até Alfred Schmidt e Albrecht Wellmer. Não há como negar que é uma satisfação, após duas décadas – finalmente! –, poder publicar novas edições de obras importantes de Georg Lukács. O engraçado é que essas novas publicações ocorram numa época em que muitos

---

[1] Os autores foram Rüdiger Dannemann, Axel Honneth e György Markus.

se assustam ao ver o "fantasma" da crítica do capitalismo ressurgir. Nesses tempos de crise financeira global tem-se a impressão de que o canto de triunfo dos neoliberais – o *"enjoy capitalism"* – e daqueles que insistem em decretar que "Marx e Lukács estão mortos" é muito prematuro. Essa impressão é ainda maior quando se considera a reação à carta divulgada pela Sociedade-Lukács (Internationalen Georg Lukács-Gesellschaft) contra o desmantelamento do Arquivo Lukács (Lukács-Archiv) em Budapeste.[2] Em pouco tempo a carta angariou o apoio de uma gama de intelectuais, autores e políticos de diversos países: Argentina, Finlândia, França, Grécia, Reino Unido, Itália, Países Baixos, Suíça, Hungria e Estados Unidos.

A editora Aisthesis, que assumiu a tarefa de completar e encerrar a publicação das obras completas de Georg Lukács com o volume 18, *Autobiographische Texte und Gespräche* (2005) [Textos autobiográficos e entrevistas], o volume 1, *Frühschriften* (2012) [Primeiros escritos], e o volume 3, *Die Verantwortung des Intellektuellen* [A responsabilidade dos intelectuais], iniciou uma nova edição de estudos em seis volumes com a publicação de *A teoria do romance*.[3] Sai agora *A alma e as formas* para comemorar o jubileu de 100 anos da primeira edição alemã. Para citar Agnes Heller, a obra "de um jovem genial em busca de si próprio".[4] Duas filósofas importantes de nossa época, Judith Butler[5] e Agnes Heller, concordam a respeito do lugar especial do volume de ensaios de juventude não apenas no interior da obra de Lukács. Heller formulou corretamente por ocasião dos 125 anos de nascimento de seu mestre filosófico: "Há quem afirme, e na verdade não são poucos, que esse volume é a obra mais genial de Lukács".[6] Pondo em discussão os mais diferentes

---

[2] Cf. *Junge Welt* (20/01/2011, p. 12).

[3] LUKÁCS, G. *Die Theorie des Romans.* Werkauswahl in Einzelbänden.

[4] HELLER, A. Bei Gelegenheit von *Die Seele und die Formen,* 2010, p. 4 (o ensaio apareceu em *Lukács-Jahrbuch*, 2010/11). Seguindo o exemplo da nova edição estadunidense, acrescentamos à edição de *A alma e as formas* o texto "Da pobreza de espírito" (1912), cuja relevância, segundo os conhecedores da obra de Lukács, é indiscutível.

[5] Sua introdução à edição estadunidense de *A alma e as formas* (*Soul & Form*. New York: Columbia University Press, 2009) também foi incluída na edição alemã.

[6] HELLER, A. Bei Gelegenheit von *Die Seele und die Formen,* 2010, p. 8.

temas e autores, ele explora as possibilidades de "individuação de um ser humano", pois "toda obra oferece ao autor a oportunidade de experimentar suas próprias possibilidades fictícias, de vestir as mais variadas máscaras, de perguntar a si próprio: como seria se fosse diferente, se eu vivesse, escolhesse e decidisse de outro modo?".[7]

Esta coletânea de ensaios também expressa a crise vivida por Lukács após o suicídio de Irma Seidler, a quem o livro é dedicado.[8] Sempre e com razão enfatiza-se a elegância estilística desses primeiros ensaios de juventude. Já em 1910, Leo Popper observava entusiasmadamente que "Lukács é sensível à magia da forma e se tornará capaz de distinguir de tudo o mais não apenas os homens nascidos da forma, mas também todas as coisas e todas a nuances atmosféricas criadas pela forma".[9] Ernst Bloch, em 1971, chama o autor dos ensaios de *A alma e as formas* de "um dos melhores escritores em língua alemã".[10] Não se pode esquecer a importância de Leo Popper como tradutor dos originais em húngaro para a repercussão da edição alemã.

Com isso, espera-se que tenha chegado ao fim a época em que o clássico da estética ensaística e do marxismo filosófico andou praticamente desaparecido do mercado de livros. O leitor interessado em política, teoria e literatura poderá novamente contar com a possibilidade de encontrar nas prateleiras de uma boa livraria – ao lado de Heidegger, Cassirer, Adorno e Habermas – a obra desse húngaro que também ajudou a abrir os caminhos do pensamento do século XX. Uma nova geração de teóricos da literatura engajados nos problemas da cultura terá agora o direito de redescobrir e avaliar o discurso do

---

[7] HELLER, A. Bei Gelegenheit von *Die Seele und die Formen*, 2010, p. 7, 12.

[8] Os documentos imediatos da crise existencial são: LUKÁCS, G. *Tagebuch 1910/1911*. Berlin: Brinkmann & Bose, 1991. Agora também em LUKÁCS, G. *Autobiographische Texte und Gespräche*. Editado por Frank Besseler e Werner Jung em colaboração com Dieter Redlich. Bielefeld: Aisthesis, 2005. p. 1 e segs.

[9] POPPER, L. *Schwere und Abstraktion. Versuche.* Editado por Philippe Despoix e Lothar Müller. Berlin: Brinkmann & Bose, 1987, p. 47. O prognóstico de Popper aqui foi o seguinte: "os escritos de Georg Lukács serão exemplares: eles penetrarão os segredos da forma mais que qualquer outro escrito".

[10] BLOCH, E. Ernst Bloch kommentiert *Gelebtes Denken*. In: MESTERHÁZI, M.; MEZEI, G. (Ed.). *Ernst Bloch und Georg Lukács. Dokumente. Zum 100. Geburtstag.* Budapest: MTA Filozófiai Intézet; Lukács Archívum, 1984. p. 306.

jovem Lukács, discurso complexo, que concentra e sintetiza elementos da filosofia da vida, do primeiro existencialismo, do idealismo clássico alemão, do hegelianismo e da sociologia pré-marxista. Pode-se dizer que a observação de Ernst Bloch acerca de *História e consciência de classe* é válida num sentido bem mais amplo: "Georg Lukács é o caso único de um filósofo que praticamente atingiu o nível de total pureza das coisas".[11]

Paderborn e Essen, janeiro de 2011,
Frank Benseler, Rüdiger Dannemann

---

[11] Lukács, com seu diagnóstico sobre sua época, é um dos mais influentes filósofos da cultura do século XX. Essa afirmação é uma *opinio communis* desde *Teoria da ação comunicativa*, de Jürgen Habermas.

Introdução[1]

Judith Butler

Na forma não há mais nostalgia nem solidão.

Lukács é tido como o fundador da estética marxista. Tal reputação, entretanto, é algo que dificilmente poderia ser prognosticado a partir da leitura dessa obra de juventude. A fase final de seu pensamento é resultado de um desenvolvimento gradativo pontuado por diversos estudos críticos sobre o romance – *Teoria do romance* (1916), *O romance histórico* (1936-1937) e *Realismo crítico hoje* (Wider den missverstandenen Realismus, 1955). Em suas obras de maturidade, ele sustenta que as condições históricas do capitalismo podem ser reconhecidas na forma do romance e que a tarefa do leitor seria adquirir uma compreensão da forma literária como expressão da experiência histórica. *A alma e as formas*, publicado pela primeira vez em húngaro, em 1910, quando o autor tinha apenas 25 anos, ainda não adentra a selva do capitalismo, das contradições burguesas e das formas literárias que lhe correspondem. Nessa obra de juventude, a forma ainda não é vista sob o prisma do marxismo, embora nela já se possam ver sinais de um emergente anticapitalismo romântico.[2]

Como crítico literário, Lukács talvez seja mais conhecido pelos seus escritos dos anos 1950, em que ataca os experimentalismos da

---

[1] Esta introdução de Judith Butler apareceu pela primeira vez na edição estadunidense de *A alma e as formas*. Cf. LUKÁCS, G. *Soul and Form*. Traduzido por Michael Halfbrodt. New York: Columbia University Press, 2010, p. 1-16. (N.T.)

[2] Para uma excelente avaliação dessa tensão no tratamento da forma literária em Lukács, conferir BERNSTEIN, J. M. *The Philosophy of the Novel: Lukács, Marxism and the Dialectics of Form*. Minneapolis: University of Minnesota Press, 1984.

literatura contemporânea, notadamente aqueles de Virginia Woolf e Franz Kafka, apontados como reféns do subjetivismo burguês e incapazes de fornecer uma descrição realista do mundo social. Em sua obra de juventude, ao contrário, a subjetividade ainda é louvada como um elo mediador de cunho lírico e formal entre uma vida particular e as condições históricas. Alguns anos antes da publicação de *A alma e as formas*, Lukács havia redigido um texto intitulado *Entwicklungsgeschichte des modernen Dramas* [História do desenvolvimento do drama moderno], publicado em 1911, no qual se podem ver os começos de uma concepção dialética acerca do antagonismo entre o indivíduo criador e as condições sociais que hostilizam a autoexpressão do gênero humano. Embora aquilo que se espera de uma crítica romântica do capitalismo seja um lamento sobre como a potência criativa e estética do homem é alienada e reprimida pela uniformização do processo de trabalho e da tirania do valor, Lukács não pretende retornar a uma expressão lírica de caráter personalista, àquilo que, em sua *Fenomenologia*, Hegel chamou de "bela alma". Pelo contrário, ele argumenta que para ser capaz de uma expressão comunicativa, que relacione o autêntico impulso criador às condições sociais nas quais o homem tem de agir, é preciso criar ou encontrar a forma adequada. A forma não é algo que se acrescenta à expressão, é antes sua própria condição, o signo e a possibilidade de sua verdade objetiva e subjetiva.

Lukács escreveu *A alma e as formas*, seu primeiro esboço de uma estética especulativa, antes de entrar em contato com o marxismo, contato que resultaria em sua adesão à ideologia bolchevique em 1918. Embora alguns críticos vejam uma ruptura radical de Lukács com sua obra de juventude, é inegável que muitos problemas de linguagem, forma, totalidade social e comunicação irão perdurar por toda a sua vida.[3] Poucos anos depois de sua guinada ao marxismo bolchevique, o centro de gravidade de sua crítica literária se deslocou, e desde então qualquer referência ao conceito de "alma" em sua antiga conotação romântica e espiritual se tornou praticamente impossível para ele. Em 1923, Lukács publicou sua contribuição

---

[3] Cf. MÁRKUS, G. Life and the Soul: The Young Lukács and the Problem of Culture. In: HELLER, A. (Ed.). *Lukács Reappraised*. New York: Columbia University Press, 1983.

mais importante à teoria social marxista, *História e consciência de classe*. Nela, a "consciência" ocupa o lugar da "alma", e Lukács expõe uma teoria original sobre o fetichismo da mercadoria, oferecendo um método de análise em que os produtos culturais são vistos à luz do conceito de "reificação". Reificação é o processo pelo qual os produtos do trabalho humano e o próprio trabalho adquirem o aspecto de coisas. Enquanto Marx afirmava que o capitalismo trata os homens como objetos e os objetos como homens, Lukács amplia essa visão do fetichismo ao entender que a realidade – em virtude de uma inversão radical – converte-se numa "segunda natureza", de modo que o homem, sob essas condições históricas, é levado a formular interpretações equivocadas da realidade. Embora o capitalismo, sobretudo para o jovem Marx, desfigure a realidade subjetiva do homem e dificulte a percepção de seu papel produtivo nos objetos de troca (submetidos às leis do mercado), para Lukács o eclipse da esfera subjetiva não é tão importante quanto a desfiguração da realidade social objetiva. E ao desenvolver sua própria versão independente do marxismo, Lukács se contrapôs, em nome da *realidade efetiva*, àquelas formas de realismo socialista que pintavam quadros felizes de trabalhadores e revoluções. Ele apostou em outro realismo para enfrentar os efeitos mistificadores do capital.

A capacidade do romance histórico de relacionar os detalhes da vida cotidiana com a totalidade social no interior da qual ocorrem é o ponto central do pensamento maduro de Lukács sobre a natureza desse novo realismo e o potencial da forma romanesca para fornecer uma concepção dialética e crítica da realidade social. Seus exemplos em *A alma e as formas* eram principalmente de escritores alemães do século XIX, além de Kierkegaard e alguns outros. Depois, ele incorpora a seu cânone literário os nomes de Stendhal, Balzac, Zola, Walter Scott e, mais tarde, Thomas Mann, Gottfried Keller e Robert Musil. A última e talvez a mais controversa posição de Lukács frente aos problemas literários cristaliza-se em 1956-1957, em "Os fundamentos da visão de mundo do vanguardismo", quando lança uma dura crítica ao *stream of consciousness*, técnica narrativa que, em sua opinião, serve apenas para corroborar a dissociação promovida pelo capitalismo entre a consciência subjetiva e as condições objetivas, bem como para glorificar e naturalizar os efeitos da alienação que paralisam a capacidade de crítica social e fazem dessas obras literárias uma espécie de cúmplice da alienação.

Embora esse último Lukács tenha colocado o romance por cima da lírica e se preocupado mais com a desfiguração da realidade social que com a destruição da expressividade autêntica, seu pensamento nem sempre foi dominado por esse aparente paradoxo. Em sua obra de juventude, a exemplo de *A alma e as formas*, a "forma" literária nem é conjurada subjetivamente nem imposta objetivamente; antes, ela estabelece a possibilidade de uma mediação – e até mesmo de um vínculo indissolúvel – entre o subjetivo e o objetivo. De fato, poder-se-ia considerar essa primeira ênfase na forma como uma refutação da oposição rígida entre experiência objetiva e subjetiva que está na base de sua crítica posterior. Quando Lukács, no começo dos anos 1930, volta-se para o significado e o declínio do expressionismo, acusando essa tendência artística de se ocupar de paixões subjetivas, em vez de se dedicar a um engajamento crítico e realista com a política e a sociedade, ele condena uma posição que, sob certos aspectos, está próxima de suas próprias reflexões dos anos 1910. Entretanto, essa nova atitude deve ser vista não como um repúdio do próprio passado e sim como um deslocamento de ênfase em favor do potencial realístico de certas formas literárias. Descobrir um caminho para a realidade em meio às condições capitalistas não era algo simples, pois requeria um tipo específico de forma que apreendesse o nexo das forças sociais em face da multiplicidade de acontecimentos e detalhes aparentemente desconexos. Lukács temia que acontecimentos e detalhes se tornassem momentos isolados, sem relação entre si, perdendo o sentido ao se converterem em meras idiossincrasias. Para ele, muitos movimentos da arte moderna celebravam aquilo que ele encarava como um cenário niilista; foi em nome de uma forma mais apta a apreender a realidade historicamente que ele se insurgiu contra isso.

Em *A alma e as formas*, por exemplo, nota-se tanto uma proximidade quanto uma distância em relação ao expressionismo, pois há uma insistência no fato de que as formas literárias não são apenas expressões da alma, uma vez que, graças à mediação histórica das formas literárias, comunicam uma realidade compartilhada. Quando Lukács considera as formas literárias nesses primeiros ensaios, a dimensão histórica se faz presente em pelo menos dois sentidos. Por um lado, as formas surgem quando uma determinada necessidade de expressão engendra uma força que pressiona a criação literária (desaparecendo quando essa pressão deixa de atuar). Por outro lado, as formas propiciam ou permitem certo tipo de expressividade, que não existiria por outros meios. Em *A alma e as formas*, Lukács procura mostrar como seus autores encontraram e criaram as formas que utilizaram — seja o ensaio, seja a poesia lírica, seja a tragédia. Essas formas não estão prontas antes do uso que delas fazem os autores. Elas são reinventadas segundo as demandas expressivas de cada situação específica, a um só tempo existencial e histórica. De acordo com isso, os autores não dispõem das formas soberanamente; formas não são transpostas de um modo simplista. Não são meras ferramentas de uma vontade, aspiração ou expressão individual. As formas articulam essa expressão, conferindo-lhe significado e possibilitando sua comunicabilidade, e na medida em que representam e expressam o que Lukács chama de alma, essa alma não é uma verdade puramente interior, mas algo que se constitui pelo próprio ato de expressão. Que a alma aflore apenas enquanto se expressa é algo que recorda Goethe e as primeiras manifestações do romantismo alemão ("No começo era a ação"). Mas o que Lukács acrescenta aqui é a ideia de uma compreensão *histórica* das formas: sob quais condições surgem e de que modo promovem, comunicam e modificam as próprias condições sociais e individuais de seu surgimento.

Nos estudos literários contemporâneos ouve-se frequentemente falar de uma tensão entre as perspectivas formalistas e historicistas da literatura. Trata-se de sistemas de referência que dependem de quem o representa e por quais motivos. Por um lado, alguns historicistas defendem um retorno ao tema, às condições históricas ou "ressonâncias" — como diriam os *new historicists* —, e contestam abertamente a crítica formalista, às vezes associada ao desconstrutivismo e implicitamente associada ao *new criticism* que o precedeu. O que os historicistas lamentam é que, nas mãos dos formalistas, a literatura se torna um processo técnico — se não previsível — de identificação de figuras de linguagem, exibição de esquemas de autorreferencialidade dentro dos textos e análise do modo como as funções retóricas dos textos camuflam ou explicitam seus temas. Diz-se ainda que os formalistas subestimam as intenções do autor em nome do significado imanente da obra e questiona-se se é mesmo necessário e correto abandonar as intenções do autor para poder compreender a lógica e os significados de um texto.

Por outro lado, os defensores da forma entram em cena com as mais variadas roupagens. Um grupo de formalistas afirma que não podemos nos aproximar de uma obra sem determinar o gênero ao qual pertence, as convenções que subjazem à sua produção e a seus modos de expressão e o que constitui seu genuíno caráter literário. Esses defensores lamentam com frequência a transposição de modelos das ciências sociais para a análise literária e tratam de separar as condições históricas de surgimento de um texto do seu específico valor artístico como obra literária. Outros formalistas, normalmente associados ao desconstrutivismo – embora nesse aspecto sejam aliados do *new historicism* –, sustentam que o texto não se reduz à obra literária, pois onde quer que haja leitura há texto. Vista por esse ângulo, a questão de saber como uma obra adquire significado (ou cria significado) depende menos de seu pertencimento a um gênero ou sua adequação a um parâmetro formal imanente que às conexões que todo texto mantém com outros âmbitos de significado literário (seja por meio da "disseminação" desconstrutivista, seja por meio da "ressonância" do *new historicism*).

O texto de Lukács antecipa esse debate em algumas décadas. Não que ele intua o que viria a ser o formalismo, o historicismo ou o marxismo. Em termos históricos, é como se sua época tivesse voltado. Os leitores atuais de Lukács irão perceber que sua concepção de forma é ao mesmo tempo mais sutil e mais complexa do que os defensores e os críticos do formalismo poderiam ou podem imaginar. A forma está sempre em conexão com a vida, com a alma, com a experiência; a vida produz a forma, mas a forma deve destilar a vida; a vida dificulta essa destilação apenas para que nos tornemos receptivos ao ideal que a forma almeja, ainda que não alcance. A forma nunca é estática. Não faria nenhum sentido formular a partir dos termos de Lukács uma tipologia das formas, de modo a elencar características supostamente evidentes da lírica, da épica, do soneto, do romance, limitando-nos assim aos parâmetros convencionais de sua definição. Sua posição não seria compatível, por exemplo, com as concepções estruturalistas da teoria da narração nem com os esforços do *new criticism* em estabelecer regras para os gêneros. Não que Lukács não tenha se interessado pela problemática do gênero. Tanto em *A teoria do romance* quanto em *O romance histórico* a questão do gênero é visivelmente seu ponto de partida. No entanto, a questão da forma permanece, transcendendo a problemática dos gêneros.

    E é nesse aspecto que seu pensamento assume certa conotação platônica, especialmente nesses primeiros anos. A forma, irredutível às formas singulares, tem na vida as condições de seu advento, mas também codifica a vida que a produziu (e isso também é válido para as formas singulares). No entanto, aqui termina a influência de Platão. A forma não deixa a vida atrás de si: não existe nenhuma transcendência da vida na forma. Por outro lado, a forma não é apenas um veículo por meio do qual um tema da existência humana se faz comunicável. E nesse sentido seria impossível separar forma e tema, pois o tema é articulado apenas pela forma, e a forma se converte em algo completamente determinado tão logo se torne uma expressão formal desse tema. O tema se articula justamente como forma. É transformado e sublimado pela forma; e a forma, por sua vez, porta em si a história desse processo, do processo de surgimento da forma. Assim, pois, a forma não é um dispositivo técnico, aplicado a um material temático ou histórico, mas o sistema referencial pelo qual a vida histórica é destilada e reconhecida, em que suas tensões são codificadas e expressas.

    Por sua vez, os formalistas contemporâneos que recusam alguns modelos de interpretação literária como meramente "temáticos" – e que lamentam que o historicismo reduziu a leitura à prática de fazer resumos – acabam assumindo da mesma maneira que os temas podem ser separados das formas que os promovem, como se aquilo que se passa num texto e o modo como ele é apresentado fossem duas coisas distintas. Segundo Lukács, se quisermos escrever sobre um tema, precisamos não apenas encontrar uma forma para essa escrita, mas também buscar que tipo de forma a colocação do tema em questão autoriza e que tipo de forma esse tema demanda. Não se aplica a forma ao tema, muito menos podemos desqualificar a forma como estranha ao tema. Num sentido claramente hegeliano, Lukács afirma não apenas que a alma requer uma forma para se exteriorizar, mas também que a forma precisa da alma para adquirir vida. A forma não seria nada sem sua substância e sua substância, não seria nada sem a alma.

Consequentemente, da perspectiva de Lukács não haveria nenhum sentido em distinguir entre uma abordagem temática e uma abordagem formal das obras literárias. De fato, a retomada de Lukács abre uma perspectiva capaz de desarrumar os termos do debate tal como articulado nas últimas quatro décadas pelos teóricos da literatura. E sem dúvida não sou a única pessoa que se expõe a essa desarrumação com prazer. Na verdade, a preocupação de Lukács com a forma nessa obra de juventude não está voltada às formas específicas da obra literária, talvez com exceção da forma ensaio. Não é possível perceber aqui seu posterior interesse pelas questões estruturais do romance realista, pelas etapas sequenciais de seu desenvolvimento e pela sua atitude mimética; também está ausente a busca pela correlação entre a totalidade do mecanismo da vida social e os detalhes mundanos retratados literariamente, como vestimenta, alimentação, trabalho e diálogos. No entanto, os fundamentos já estão lançados. Pode a forma expressar a experiência que a reivindica? Pode a experiência implodir a forma? E sob quais condições as formas rompidas emergem ou são novamente recriadas? Isso não está distante das questões que nortearão sua obra de maturidade: que tipo de obra se desenha sob as condições da vida mercantil burguesa? Como essa vida consegue estruturar a forma, de modo que ela apresente não apenas uma história, mas também uma dimensão histórica inerente ao que está na origem de sua configuração? Com isso, quero dizer apenas que a forma não se encontra dentro de uma história, como se uma fosse separável da outra, como se a história fosse um contexto externo para a forma. O contexto penetra a forma e se torna parte do processo de composição. É isso que significa afirmar que a forma possui uma dimensão histórica. E acredito que essa afirmação é o que Lukács tem a nos ensinar.

O leitor notará a complexidade do problema da forma em Lukács já no início do texto, uma vez que o ensaio de abertura é não só uma carta a Leo Popper (morto no ano da publicação de *A alma e as formas*), mas também um ensaio, cujo título é "Sobre a forma e a essência do ensaio". Mas do que se trata exatamente, de um ensaio ou de uma carta? Que o nome do destinatário apareça como subtítulo do ensaio ("carta a Leo Popper") sugere que Lukács não se dirige apenas a ele, mas a um público desconhecido que decidirá seu lugar na história da literatura. De fato, essa ansiedade se põe como a motivação principal do texto, pois Lukács começa se perguntando se está ou não em condições de escrever um ensaio e de dar uma contribuição à forma ensaio. E logo percebemos que o ensaio não é apenas o tema de *A alma e as formas*, mas também o formato da própria investigação que empreende.

Não é um texto de leitura fácil, em parte porque seu autor não pode se decidir por nenhuma das teses que expõe. Cada ensaio é marcado por uma série de sentenças pronunciadas em *staccato* que se alternam rapidamente e deixam para trás o que acabara de ser dito. Essas sentenças são a um só tempo bombásticas e irônicas, e a autoconsciência do jovem crítico, que pretende fazer seu nome, às vezes prejudica a contribuição inédita desses ensaios à história da crítica literária e da teoria literária. Já no começo do texto, Lukács se dirige diretamente ao seu suposto público, advertindo-nos que não se deve esperar um texto unitário e desafiando-nos a acompanhar suas flutuações e mudanças. Se desde o começo ele está ocupado em descobrir qual unidade pode surgir de um conjunto de considerações críticas sobre a literatura, ao mesmo tempo ele luta pela possibilidade de que, sob as atuais condições da produção literária, se possa aspirar a uma tal unidade. Ele lança a questão de modo temático, mas também retórico. Seu ponto de vista não pode ser sustentado. Ele o apresenta apenas para descartá-lo em seguida. E ao insistir nesse recurso – talvez compulsivamente –, se expõe ao risco de fracassar. Mas talvez esse "fracasso" tenha um significado especial: ele se converte na questão central, tema e efeito de sua escrita.

Em seu ensaio sobre Rudolf Kassner, Lukács adota uma concepção de forma até certo ponto idealista, mas também revela a impossibilidade de atender às demandas desse ideal. Kassner acredita, diz Lukács, que "nos tipos puros, trabalho e vida coincidem" (*A alma e as formas*), que a vida ou deve se converter em forma ou ser deixada de lado:

> A verdadeira solução só pode advir da forma. Somente na forma [...] toda antítese e tendência se convertem em música e necessidade. E se o caminho de todo homem problemático conduz à forma, àquela unidade capaz de reunir em si o máximo de forças conflitantes, ao final desse caminho encontra-se o homem capaz de dar forma.

A tarefa da forma, da forma literária, mas também da "forma" num sentido vagamente platônico, consiste em racionalizar os acasos da existência. As formas não existem enquanto não são criadas pelos homens, e aquele que cria essas formas acredita que todos os aspectos da vida, por mais insignificantes que possam ser, tornam-se necessários e essenciais. No entanto, algumas sombras pairam sobre o idealismo de Kassner: o fato de que as formas precisam ser repetidas e de que a vida não pode ser inteiramente redimida pela forma. Mas o que Lukács toma de Kassner é a convicção de que todo artista criador precisa encontrar uma forma que lhe convenha, e que o crítico, cuja força consiste em estabelecer conexões, aproxima-se ao máximo da criação quando está firmemente ancorado na realidade. A forma não pode recriar a realidade, mas precisa, a partir dela, articular em si a tarefa de combater os acasos da realidade. Esse tema reaparecerá nas considerações posteriores de Lukács sobre o romance histórico, em sua crítica a Zola e à versão positivista do realismo: nenhum realismo que se limite a reiterar detalhes da vida pode reivindicar o título de realismo. Apenas quando esses detalhes são mediados pelas forças históricas, concebidas como totalidade, pode-se reconhecer sua necessidade histórica.

Em seu ensaio sobre a célebre relação de Kierkegaard com Regine Olsen, "Quando a forma se estilhaça ao colidir com a vida", Lukács discute o modo como a forma literária lida com o sacrifício e a perda do amor. A culpa e a dor de Kierkegaard levantam a questão de se a forma pode oferecer algum tipo de redenção, e Lukács nega categoricamente que a vida possa encontrar uma redenção completa e definitiva na forma. Kierkegaard sempre buscou dar uma forma à existência, porém fracassou, e a singularidade de sua existência resiste a toda tentativa de generalização ou mesmo comunicação pela forma. Esse fracasso aponta para a incomensurabilidade da vida e da forma. A vida está em alguma parte, subsistindo fora do mundo do ensaio, da literatura e da forma, que, em vão, tentam expressá-la. Assim, a vida se torna um referente esquivo, que, embora desencadeie um processo de dação de forma, estabelece limites inexoráveis a sua eficácia. O que Kierkegaard ofereceu foi menos uma inovação de forma ou gênero que a experiência de um gesto. O gesto expressa a vida, inclusive num sentido absoluto, mas apenas quando se retira da vida, ou seja, apenas como gesto.

O fato de Kierkegaard ter renunciado a seu noivado com Regine Olsen é interpretado por Lukács como um sacrifício necessário, que respalda toda a sua práxis estética; trata-se de uma renúncia que condiciona o próprio fazer literário. Mesmo em sua dimensão pessoal a vida pode promover a geração de formas, no entanto as formas precisam "sacrificar" a vida pessoal para que funcionem. A tarefa de dar forma começa tão logo se estabeleça um limite, uma seleção de elementos da vida que caracterize e inicie o processo de trabalho formal. É interessante observar que o conceito de gesto, desenvolvido pela primeira vez por Lukács no contexto de seu ensaio sobre Kierkegaard, foi mais tarde retomado por Benjamin e Adorno, no intuito de compreender o significado histórico e social de Kafka, um autor que Lukács tinha de recusar – a despeito de sua penetrante descrição da alienação social – por conta do caráter irrealista de sua representação da realidade. No entanto, Lukács inaugurou essa noção de um signo que é apenas parcialmente inteligível, que é fruto de um esforço obscuro e limitado de comunicação. Enquanto o gesto de Kierkegaard consistiu em renunciar efetivamente ao casamento com Regine Olsen, Lukács interpreta a renúncia como um traço definidor do gesto em si mesmo. E quando Adorno, a propósito de Kafka, define o gesto como um símbolo cujas chaves estão perdidas para sempre, reconhecemos nisso um desdobramento desse conceito de uma comunicação fracassada.[4]

Lukács não apenas descreve uma transição do romantismo para o realismo, mas também identifica os restos de romantismo no interior de um realismo irredutível ao positivismo. Novalis tipifica para Lukács o esgotamento do romantismo, um romantismo que marcha passo a passo rumo a sua própria aporia: "Daí que seu programa de vida não possa ter sido outro senão o de rimar corretamente essas mortes nos versos da poesia na qual sua vida estava destinada a se tornar, de introduzir harmoniosamente sua vida entre essas mortes como um dado incontestável". Para Lukács, o modo de vida romântico, ao tentar fazer da "interrupção" da morte um traço essencial da poesia, só podia se realizar como uma desistência da vida em si

---

[4] ADORNO, T. Notes on Kafka. In: *Prisms*. Translated by Samuel and Shierry Weber. Boston: MIT Press, 1981.

mesma. Segundo ele, o romantismo buscou negar a vida de modo a torná-la poeticamente necessária.

Se o sacrifício de Kierkegaard é o ato que inaugura o fazer formal e o espirito que ronda a forma, denunciando a perda inexprimível que está na origem de sua escrita, Novalis, por sua vez, tenta poetizar a morte ao negá-la como parte da vida. Paradoxalmente, o romantismo de Novalis radicaliza essa renúncia à vida, na medida em que faz do ato de morrer um estilo de vida. Segundo Lukács, isso é o mesmo que anunciar o fim de uma filosofia romântica incumbida da missão de dar forma à vida. No ensaio de Lukács sobre Theodor Storm, o tema é explicitamente "o estilo de vida burguês"; aqui começamos a perceber quais são os problemas que os valores da adaptação e da aceitação social colocam a todo o âmbito do estético. Numa implícita referência à crítica formulada por Nietzsche à "moral de escravo" em sua *Genealogia da moral*, Lukács identifica os ideais de sucesso social e "perfeição" como obstáculos à capacidade poética do homem. Mostra-se aqui, *avant la lettre*, a afinidade de Lukács com o jovem Marx, que ele só viria a ler nos anos 1929-1931.

Lukács tenta compreender as relações de tensão entre o lirismo da poesia de Storm e as exigências narrativas da novela. Como interpretar o fato de Storm ter alternado compulsivamente entre os dois gêneros? A obra lírica de Storm expressa a interioridade de um modo simples e transparente, no entanto suas novelas introduzem fatos externos e análises discursivas. Storm oscila entre os dois gêneros, sem corresponder de maneira adequada a nenhum deles. A novela se oferece a Storm porque o romance se mostra incapaz de cumprir a tarefa: a novela não pode transmitir a totalidade da vida, que é para Lukács a característica do romance, no entanto possui a específica capacidade formal de expressar "uma vida humana [...] mediante a força infinitamente sensível de uma hora do destino". A novela é um sinal de que a totalidade da vida se tornou esquiva à forma. No entanto, se a interioridade, domínio clássico da lírica, não é mais separável dos acontecimentos da vida – e nesse sentido do mundo burguês –, surge para Storm a demanda histórica de encontrar uma forma que possa expressar liricamente os acontecimentos em si mesmos. Enquanto o romance descreve uma sequência de eventos capaz de possibilitar uma percepção da vida como movimento integral, a novela fornece episódios, horas de uma vida, mas o faz em relação a uma interioridade, portanto de um modo lírico.

As considerações de Lukács sobre Stefan George em "A nova solidão e sua lírica" é uma de suas mais generosas interpretações da literatura expressionista centrada no fracasso da comunicação humana. George é para Lukács um esteta incompreendido, lírico, decerto, porém inacessível ao grande público. Sem se interessar pelas implicações políticas dos escritos de George, Lukács louva seu ritmo e sua métrica, insistindo em sua significação, em que pese o fato de essas dimensões do texto não serem governadas pela comunicabilidade. Em George fica claro que a arte surge em função da forma, sem se reduzir a ela: "A arte é sugestão com a ajuda da forma".

Como representante de uma nova lírica, George endereça seu lirismo a um destinatário que pode ou não captar o sentido da mensagem enviada. De fato, em George, a premissa retórica da lírica – que uma linguagem possa ser compreendida – é posta em questão, e esse problema formal parece apontar para o fracasso histórico da comunicação entre os seres humanos. A "grande colisão" de forças que caracteriza as formas iniciais da poesia épica está perdida. Em seu lugar encontramos os gestos incompreensíveis – ou compreensíveis apenas parcialmente – das trocas linguísticas. Nesse sentido, a poesia de George corresponde à impossibilidade de um tipo de comunicação em que falantes e ouvintes são tocados pelas mesmas palavras do mesmo modo.

Lukács escreveu os ensaios deste volume na época de seu fugaz envolvimento amoroso com Irma Seidler. Ela morreu em 1911, um ano após a conclusão da redação do livro. "Da pobreza de espírito" foi publicado pela primeira vez em 1912,[5] em alemão, e constitui um perfeito *postscriptum* para *A alma e as formas*, pois documenta, no estilo de um diálogo, as dificuldades em lidar com a experiência da perda, a trágica dissonância entre a concepção filosófica da vida e a vida vivida, ou, mais apropriadamente, *não vivida*. Por mais forte que seja o teor pessoal desse texto, ele mostra, no entanto, que Lukács ao mesmo tempo reivindica e rejeita um fundamento subjetivo para a escrita

---

[5] LUKÁCS, G. Von der Armut am Geiste. *Neue Blätter*, n. 5-6, p. 67-92, 1912.

(recorde-se a sua reinterpretação do "sacrifício" de Kierkegaard como fundamento do gesto). Ele se volta mais uma vez para as dificuldades de comunicação, para o fracasso da tentativa de se alcançar o outro por vias dialógicas, o que nos seus termos constitui a impossibilidade de redenção. Assim como Kierkegaard sacrifica Regine Olsen, Lukács desiste de Irma Seidler por não poder justificar seu amor dentro de seu sistema filosófico. Semelhante tirania filosófica sobre os sentimentos pode nos parecer uma aberração, ainda mais se levarmos em conta o fato de que, nessa barganha com o logos, a mulher é quem sai pagando mais caro. Ele a abandona, e ela morre em seguida – como ele devia avaliar a própria participação nesse processo? É como se após sua morte ele tivesse submetido as rigorosas formas do idealismo ao crivo da crítica. Ao contrário do gesto fortemente masculino de um escritor que precisa renunciar à mulher desejada a fim de se colocar no caminho da forma, Lukács se torna cada vez mais consciente de que tal sacrifício lógico não pode levar a uma vida apta a ser vivida. No lugar dessa lógica, ele desenvolve um conceito de vida humana no qual se possa encontrar uma maneira de lidar com a perda indesejada, com o acaso e com as falhas da linguagem. E tudo isso é feito para que se viva, mas também para que se estabeleça uma comunicação. A perda do outro não é definitiva se a forma é compreendida como um cenário imutável de encontro, como uma espécie de diálogo, por assim dizer. Lukács argumenta que se o único caminho que uma alma tem para se expressar é a comunicação com outra alma viva, quando esta desaparece, o silêncio se apossa daquela que fica, e então a possibilidade de uma forma vital e expressiva é anulada.

Nesse ponto ele luta por um conhecimento que deixe para trás "o plano meramente discursivo" e se torne "intuição intelectual", superando "a oposição entre sujeito e objeto: o homem bom não mais *interpreta* a alma do outro, decifra-a como a si mesmo, pois *se converteu* no outro". Esse último ensaio dialógico coloca no primeiro plano um homem que procura assumir a responsabilidade pela morte de uma mulher e que é contestado por outra mulher, que tenta impedir sua autoflagelação. A mulher entra em cena aqui com outro status, como uma interlocutora socrática, que interrompe, questiona e censura a visão do homem, visão na qual o sacrifício, a separação, a "pobreza de espírito" são o pressuposto de um modo de vida orientado pelo princípio da forma artística. O diálogo deságua num reconhecimento dialético: a forma surge apenas quando se abandona a vida, porém, quando o corte é muito profundo e a forma nulifica a vida, então nada resta que possa sustentar e vivificar a forma. A pulsão de morte da forma precisa ser contida, mesmo quando a meta é criar os pressupostos para mais forma em vez de mais vida. E justamente aqui mora certo idealismo. Existe outro tipo de forma, capaz de apreender esse paradoxo da história ao pôr de manifesto a dolorosa experiência da transição do idealismo romântico ao realismo? O diálogo aparentemente avança por esse caminho, no entanto, apenas pelo fato de que insiste em que cada alma já se encontra fora de si mesma, frente a uma outra, no contexto de uma socialização que exige uma conceituação mais ampla, realizável apenas parcialmente. Essa coisa chamada "vida" não pode ser inteiramente compreendida pela alma e pelas formas criadas por ela: a alma também precisa viver, expor-se, inclusive admitir aquela dose de caos e contingência inerentes à vida. As formas sociais a que aspira Lukács possuem as qualidades da unidade e da articulação, mas ele havia descoberto que a vida, compreendida como nostalgia, rompe invariavelmente com elas e sempre demanda sua renovação. Esse era o momento que o fascinava e que ele achava tão difícil suportar. Ao final, o amor fracassou, e com ele a comunicação e a promessa de redenção da forma literária, no entanto essa ruptura trouxe consigo a promessa dialética de novos caminhos.

O conceito marxiano de "gênero humano" haveria de ser (a partir de 1930) a forma final assumida por essa possibilidade de comunicação, embora "Da pobreza de espírito" figure como seu precursor romântico. Aqui o amor romântico constitui o pano de fundo de suas reflexões sobre os limites da comunicação. Após 1930, a comunicação permanece sendo seu ideal ético, agora concebido como práxis social que almeja compreender e transformar o mundo. Nesses primeiros ensaios o amor romântico não é concebido como expressão de um privilégio social, quer num sentido burguês, quer num sentido aristocrático. Mas em sua obra de maturidade, outros vínculos sociais tomam o lugar do amor em seu pensamento sobre a arte e a filosofia. E aqui uma ironia ainda mais robusta aparece em relação ao sentimento "burguês".

Nos manuscritos do jovem Marx (publicados pela primeira vez em 1932), Lukács encontrou uma concepção de sociabilidade no conceito de "gênero humano", que, por sua vez, estabeleceu o caráter fundamentalmente social do trabalho; pelo trabalho participamos das formas sociais que produzem novas realidades sociais. Essa concepção se tornou para o Lukács dos anos 1930 a base de seu conceito de práxis, que vai além do conceito de trabalho e que fundamentou uma esperança utópica no exercício da comunicação humana. A possibilidade de um reconhecimento social é o que Lukács teme que seja distorcido pelos experimentalismos vanguardistas, que reiteram e duplicam, sem nenhuma contextualização, o fosso entre os falantes, os ouvintes e o mundo em volta.

Por motivos semelhantes, Lukács irá apresentar suas reservas em relação à poesia de caráter exclusivamente sentimental. Sua interpretação de Charles-Louis Philippe concentra-se no aparente paradoxo de uma literatura cuja força emocional é constantemente modificada pela comunicação baseada na forma. Porém, enquanto nas considerações de Lukács sobre Kassner a forma adquire um status quase platônico, em relação a Philippe a promessa de que as contingências da vida sejam redimidas pela forma mostra-se novamente uma ilusão. Vejam como Lukács começa a seguinte passagem com uma confirmação do poder da forma apenas para, em seguida, minar sua própria convicção:

> A nostalgia é sempre sentimental – mas existem formas sentimentais? A forma é uma superação do sentimentalismo; na forma não há mais nostalgia nem solidão: as coisas se realizam plenamente ao se converterem em formas. Mas as formas da poesia são ainda temporais; sua realização pressupõe um "antes" e um "depois"; não é um ser, mas um devir. E o devir engendra a dissonância: se a realização é possível, então é também necessária, não podendo nunca existir como algo estático e natural. Na pintura não pode haver dissonância alguma, sob pena de destruição da forma, cujo reino se encontra além de toda categoria temporal; aqui a dissonância teria de ser resolvida por assim dizer *ante rem*, constituindo uma unidade indissociável com sua resolução. Mas uma verdadeira dissonância, uma dissonância efetivamente realizada, estaria condenada a permanecer dissonância eternamente, sem jamais resolver; transformaria a obra num rascunho e a devolveria à vida comum.

O paradoxo de uma forma sentimental mostra não apenas como a forma é ordenada de modo a se reportar à vida, mas também como justamente essa remissão dissolve a organização da forma. Essa condição do status cognitivo e da promessa filosófica da forma é a razão de seu fracasso e de sua imperfeição. Essa oscilação entre vida e forma é, nesse caso, e talvez em todos os casos, um dado inexorável. O próprio desprezo de Lukács diante da "vida comum", da "necessidade morta e ordinária que vincula os acontecimentos externos", é motivada por certa fé numa "forma" ao mesmo tempo estética e metafísica. Mas ele também reconhece que um retorno quer ao platonismo quer ao romantismo é impossível e se esforça por manter a oscilação entre forma e vida que aflige todos os autores considerados por ele.

Quase a contragosto, ele admite que "o pequeno e o arbitrário são condições [da] forma". Mais tarde será o romance histórico que facilitará essa compreensão mediante a amplitude épica de sua forma narrativa. Ao mesmo tempo, há indícios de que Lukács tema uma nostalgia sem forma, como aquela veiculada por Richard Beer-Hofmann. Enquanto Beer-Hofmann não esboça nenhuma "totalidade" em sua apreensão da vida, de suas nostalgias e perdas, ele enumera "a riqueza turbulenta da própria vida, do peso de ouro de cada um de seus milhares de instantes".

E se Lukács pode aceitar os "milhares de instantes" de Beer-Hofmann nessa fase de seu pensamento, não é muito claro até quando será capaz de tolerar semelhante reunião provisória de instantes díspares da vida. O que ele mais tarde irá censurar em Kafka, Joyce e Woolf é a sucessão de instantes sem uma totalidade abrangente, contrapondo a isso uma totalidade que não apenas resgate a forma épica de um modo essencialmente dialético (ainda que bem distante daquilo que Brecht viria a oferecer). Os "instantes" tornaram-se depois o anátema de Lukács, para quem cada detalhe deveria evocar a totalidade social. Nessa obra de juventude, ele se demora no caráter filosófico-literário do "instante" de um modo como jamais o faria depois. Esses instantes se mostram como uma insuportável aglomeração aleatória, cuja unidade é difícil ou impossível de capturar. "Esse é o mais profundo sentido das formas: conduzir ao grande instante de um grande silêncio e configurar a multiplicidade errante da vida como se tudo nela ocorresse apenas em virtude de instantes como esse". Por um lado, uma multiplicidade de momentos vividos, belos, redimidos esteticamente, momentos que traçam as fronteiras da forma. Por outro lado, a forma em si mesma, que promete não apenas criar um estilo definitivo, mas também promover uma "harmonia", uma "essência", que preserve "as cores, o perfume e o pólen de nossos instantes, mesmo se amanhã talvez já nem existam mais". Repare na forma como a pergunta é feita aqui. No final, ela fica em aberto, sem resposta: "É possível captar sua essência mais íntima, ainda que desconhecida até para nós mesmos?". Se a vida é capaz de comportar uma forma definitiva, eis a questão deixada em aberto e que resulta numa nova forma, num apelo ao desconhecido que também irá constituir o impulso e a inconclusividade formal do ensaio.

A alma e as formas

Sobre a forma e a essência do ensaio: carta a Leo Popper

Caro amigo!

Os ensaios reunidos para este livro estão à minha frente, e eu me pergunto se trabalhos assim devem mesmo ser editados, se é possível que deles resulte uma nova unidade, um livro. Pois o que importa agora averiguar não é sua relevância para os estudos "histórico-literários", mas tão somente se neles existe algo que enseje uma forma nova e própria, e se tal princípio é o mesmo em cada um deles. O que vem a ser essa unidade, se é que ela existe? Não tentarei defini-la, pois o que está em jogo aqui não é nem meu livro nem minha pessoa; estamos diante de uma questão mais importante, mais universal: se uma unidade desse tipo é possível. Até que ponto os escritos realmente grandes incluídos nessa categoria possuem uma forma, e até que ponto trata-se de uma forma autônoma? Até que ponto o tipo de intuição e configuração que caracteriza essa forma desloca a obra do campo da ciência e a traz para junto da arte, mas sem apagar as fronteiras que a separam desta última? Até que ponto lhe confere a força para uma nova ordenação conceitual da vida, mantendo-a ao mesmo tempo distante da fria e definitiva perfeição filosófica? Eis a única grande apologia que se pode fazer a tais escritos, bem como sua crítica mais profunda; pois serão medidos, antes de tudo, pelo padrão fixado aqui, e o estabelecimento de tal objetivo mostrará a que distância eles se encontram de seu modelo.

Portanto: a crítica, o ensaio, chame-o por ora como quiser, como obra de arte, como gênero artístico. Sei o quanto essa questão o aborrece e que, na sua opinião, vai longe o tempo em que ainda havia algo a argumentar e contra-argumentar a esse respeito. Sim, Wilde e Kerr apenas popularizaram uma verdade já conhecida do romantismo alemão e cujo sentido fundamental os gregos e romanos já haviam percebido, de modo completamente inconsciente, como uma obviedade, a saber: que a crítica é uma arte, não uma ciência. Entretanto, creio – e só por isso me atrevo a incomodá-lo com tais observações – que todas essas disputas mal roçaram a essência da verdadeira questão; a questão sobre o que é o ensaio, que expressão almeja e de quais meios e caminhos se serve. Nesse ponto creio que se tem enfatizado de modo muito unilateral o "ser bem escrito"; supõe-se que o ensaio possa ter o mesmo valor estilístico das criações poéticas[1] e que por isso seria injusto falar de uma distinção de valor. É possível. No entanto, o que significa isso? Considerar a crítica, nesse sentido, como obra de arte ainda não é dizer nada sobre sua essência. "Se é bem escrito, é uma obra de arte." Ora, então um anúncio ou uma manchete de jornal bem escritos são criações poéticas? Vejo, assim, aquilo que o incomoda em semelhante conceito de crítica: a anarquia, a negação da forma, de modo que um intelecto que se supõe soberano possa jogar livremente com qualquer tipo de possibilidade. Porém, quando falo do ensaio como obra de arte, faço-o em nome da ordem (portanto, quase de um modo puramente simbólico e impróprio) e apenas a partir do sentimento de que o ensaio possui uma forma que se distingue de todas as outras formas de arte com definitiva força de lei. E se tento isolar o ensaio com o máximo de radicalismo, é justamente porque o considero uma forma artística.

Por isso, o que está em pauta aqui não é sua semelhança com a poesia, mas sim as diferenças entre esses dois gêneros. Qualquer

---

[1] *Dichtung*, no original. Na língua alemã, *Dichtung* e o vocábulo de origem greco-latina *Poesie* (também utilizado por Lukács) equivalem ao sentido mais amplo que, em português, é retido pela expressão "criação literária". Optamos por fazer uso do termo "poesia" (e derivados, como "escritos poéticos") a fim de sublinhar e sugerir as ressonâncias conceituais que em *A alma e as formas* o original *Dichtung* comporta. Nesse caso, não se deve associar "poesia" à composição em verso, isto é, ao poema (*Gedicht*), mas sim a toda escrita condensada artisticamente em forma e que, pela carga de sentido que transmite, pela imanência de seu sentido "poético", contrapõe-se às experiências triviais e correntes da vida cotidiana, ou seja, ao que é apenas "prosaico". (N.T.)

semelhança é aqui um mero pano de fundo contra o qual as diferenças surgem ainda mais realçadas; e se, apesar disso, mencionamos a semelhança, é só para que tenhamos presentes os verdadeiros ensaios, e não aqueles escritos úteis, mas impropriamente denominados de ensaios, os quais, na verdade, nada têm a nos oferecer a não ser informações, dados e "conexões". Então, por que lemos ensaios? Muitos o fazem devido a seu aspecto informativo, mas há os que são atraídos por outra coisa bem diversa. Não é difícil separar esses dois tipos de leitores: não é verdade, pois, que hoje vemos e valoramos a *tragédie classique* de um modo completamente diferente de Lessing em sua *Dramaturgie*, que, aos nossos olhos, a Grécia de Winckelmann não passa de uma curiosidade quase incompreensível, e que talvez não tardemos a ter o mesmo sentimento em relação ao Renascimento de Burckhardt? E, apesar disso, continuamos a ler esses autores. Por quê? Existem escritos de natureza crítica que perdem todo o seu valor no momento em que surge algo novo e melhor, como é o caso de uma hipótese das ciências da natureza e das inovações da indústria. Se alguém, no entanto, escrevesse – como espero que aconteça – a nova *Dramaturgie*, vale dizer, uma dramaturgia a favor de Corneille e contra Shakespeare, no que isso poderia prejudicar a de Lessing? E como Burckhardt e Pater, Rohde e Nietzsche poderiam modificar o efeito do sonho helênico de Winckelmann?

"Sim, se a crítica fosse uma ciência", escreveu Kerr. "Mas o imponderável é muito forte. No melhor dos casos, ela é uma arte". E se fosse uma ciência – não é tão improvável que venha a sê-lo –, em que isso poderia alterar nosso problema? Não se trata aqui de um sucedâneo, mas de algo que é novo por princípio e que não mudaria em virtude de uma conquista total ou aproximada de objetivos científicos. Na ciência, são os conteúdos que atuam sobre nós; na arte, as formas; a ciência nos oferece fatos e suas conexões; a arte, almas e destinos. Aqui os caminhos se dividem; aqui não há sucedâneos nem transições. Se nas épocas primitivas, ainda sem diferenciações, ciência e arte (e religião e ética e política) eram inseparáveis, constituindo, assim, uma unidade, tão logo a ciência se libertou e se fez autônoma, todas as formas preparatórias perderam seu valor.[2] E apenas aquilo que dissolveu todos os seus conteúdos em forma

---

[2] Em *Ästhetik. Die Eigenart des Ästhetischen* [Estética: a peculiaridade do estético], uma das grandes obras da fase tardia de Lukács, publicada em 1963, a hipótese

e se fez arte pura não se tornará um dia supérfluo; a partir de então, porém, sua cientificidade de outrora é totalmente esquecida, perdendo qualquer significado.

Existe, pois, uma ciência da arte; mas existe ainda um tipo completamente distinto de exteriorização dos temperamentos humanos cujo meio de expressão na maioria das vezes é a escrita sobre a arte. Digo "na maioria das vezes" porque existem muitos escritos que, embora emanem de tais sentimentos, não têm nenhum contato com literatura ou arte; neles encontramos as mesmas questões vitais dos escritos denominados de crítica, só que tais questões são dirigidas diretamente à vida, dispensando a mediação da literatura e da arte. Tal é o caso dos escritos dos maiores expoentes do gênero ensaio: os diálogos de Platão e os escritos dos místicos, os ensaios de Montaigne e as novelas e os diários imaginários de Kierkegaard.

Uma série infinita de transições sutis e quase imperceptíveis vai daqui à poesia. Basta pensar na última cena do *Héracles*, de Eurípides: a tragédia já está concluída quando Teseu aparece e toma conhecimento de tudo o que aconteceu, a terrível vingança de Hera contra Héracles. Em seguida, o abatido Héracles e seu amigo se põem a conversar sobre a vida; o tom das perguntas é semelhante aos diálogos socráticos, porém seus autores são mais rígidos e menos humanos, suas perguntas são mais conceituais e distantes de qualquer vivência[3]

---

arqueológica de uma indiferenciação originária das atividades espirituais do homem é retomada pelo filósofo e desenvolvida sob a forma de uma detalhada reconstrução categorial do processo histórico de formação e diferenciação da arte em relação à ciência e ao mito (cf. LUKÁCS, 1981, capítulos I ao VI). (N.T.)

[3] No original, *Erlebnis*. Conceito-chave no pensamento do jovem Lukács, formulado primeiramente sob influência direta de Simmel e Dilthey. Em *A alma e as formas*, porém, já se constata uma tensão entre elementos provenientes da filosofia da vida e a influência do neokantismo de Baden, em particular do filósofo Emil Lask, morto precocemente durante a Primeira Guerra e mentor de uma ontologia concebida em termos hermenêuticos. A influência de Emil Lask sobre o jovem Lukács é evidente e tem sido objeto de estudos importantes há algumas décadas (cf. FEHÉR, 1992). Diversos trabalhos também apontam para a influência de Lask sobre o pensamento de Heidegger (cf. RESENDE, 2005). Talvez não seja casual que ambos (cf. FEHÉR, 1992), por caminhos distintos, tenham se projetado no cenário filosófico do século XX pela rejeição ao psicologismo em prol da colocação de problemas ontológicos. Em 1929, depois de ter lido um texto de Lukács publicado na revista *Logos*, em 1917, intitulado "Die Subjekt-Objekt Beziehung

que nos diálogos de Platão. Basta pensar no último ato de *Michael Kramer*, em *Confissões de uma bela alma*, em Dante, no *Everyman*, em Bunyan... Preciso enumerar outros exemplos?

Com certeza, você dirá: o desfecho de *Héracles* não é dramático, e Bunyan é... Tudo bem, tudo bem – mas por quê? O *Héracles* não é dramático porque é uma consequência natural de todo estilo dramático que tudo o que se passa em seu interior, em atos, movimentos e gestos humanos, projete-se para fora, tornando-se acessível aos olhos e aos sentidos em geral. Aqui você pode ver como a vingança de Hera vai se acercando de Héracles, pode ver como este se exalta com o próprio triunfo antes de ser arrastado pela vingança; pode ver o frenesi de seus gestos na loucura que ela faz recair sobre ele e seu desespero depois do surto terrível, ao se dar conta do que lhe aconteceu. Porém, você nada vê do que acontece depois disso. Teseu chega – e em vão você tentará determinar de outro modo que não conceitualmente tudo o que acontece a partir daí: o que você ouve e vê não é mais um meio de expressão dos acontecimentos reais, é apenas uma ocasião, sem importância em si mesma, para que algo aconteça. Vê apenas que Teseu e Héracles deixam a cena juntos. Algumas perguntas haviam sido enunciadas antes: como são os deuses de verdade? Em quais deuses podemos crer e em quais não? O que é a vida e qual o melhor meio de suportar virilmente o sofrimento que ela nos causa? A vivência concreta que despertou essas perguntas desaparece numa distância infinita. E quando as respostas retornam ao mundo dos fatos, não são mais respostas às perguntas lançadas pela vida vivente – o que esses homens devem fazer agora, nessa situação concreta, e o que devem deixar de fazer? Essas respostas olham para os fatos com estranheza, pois advêm *da* vida e *dos* deuses, e quase não conhecem a dor de Héracles e sua causa, a vingança de Hera. Eu sei: o drama também lança suas perguntas à vida, e aquele que traz a resposta é, aí também, *o* destino; e em última análise, perguntas

---

in der Ästhetik" [A relação sujeito-objeto na estética], o fenomenólogo Oskar Becker, discípulo de Husserl e Heidegger, apontou convergências entre os dois filósofos em seu texto *Von der Hinfälligkeit des Schönen und von der Abenteuerlichkeit des Künstlers* [Sobre a fragilidade do belo e o caráter aventureiro do artista] (cf. TERTULIAN, 2009, p. 391 e segs.). A tradução do texto de Lukács publicado na *Logos* encontra-se disponível na revista *Artefilosofia*, edição de julho de 2013 (cf. http://www.raf.ifac.ufop.br/sumarios-n14.html). (N.T.)

e respostas também aqui estão atreladas a um determinado estado de coisas. No entanto, o verdadeiro dramaturgo (tão logo seja um verdadeiro poeta, um verdadeiro defensor do princípio poético) olhará de modo tão rico e intenso para *uma* vida, que *a* vida se tornará quase imperceptível. Mas aqui, em *Héracles*, tudo se torna não dramático, pois o princípio atuante é outro; aquela vida que formulava perguntas perde toda a sua matéria corpórea no instante em que a primeira palavra da pergunta é pronunciada.

Portanto, existem dois tipos de realidade anímica: *a* vida é uma, e a *vida* é outra; ambas são igualmente reais, mas elas nunca podem ser reais ao mesmo tempo. Na vivência de cada homem estão contidos ambos os elementos, ainda que com intensidade e profundidade diferentes; também na lembrança podemos sentir, ora essa, ora aquela, mas a cada momento podemos sentir apenas uma dessas duas formas. Desde que existe uma vida e os homens buscam compreender e ordenar a vida, existe essa dualidade em suas vivências. Acontece que, na maioria das vezes, a luta pela prioridade e pela supremacia foi travada na filosofia, e os gritos de batalha soam a cada vez de um jeito diferente e, portanto, também desconhecidos e irreconhecíveis para a maioria dos homens. Parece-me que a pergunta foi colocada do modo mais claro na Idade Média, quando os pensadores se dividiram em dois campos, um deles afirmando que os universais, os conceitos (as Ideias de Platão, se você quiser), eram as únicas e verdadeiras realidades, ao passo que o outro só os reconhecia como palavras, como sínteses nominais das únicas coisas verdadeiras, as coisas singulares.

Essa mesma dualidade também estabelece uma dissociação dos meios de expressão; a oposição aqui é entre a imagem e o "significado". Um dos princípios consiste em criar imagens, o outro, em instituir significados; para um existem apenas as coisas, para o outro, apenas suas conexões, apenas conceitos e valores. A poesia em si não conhece nada que esteja além das coisas em si mesmas; para ela cada coisa é séria, única e incomparável. Por isso, tampouco conhece as perguntas: não se dirigem perguntas às coisas enquanto tais, apenas às suas conexões; pois, como nos contos de fada, cada pergunta faz surgir aqui uma nova coisa, semelhante à coisa perguntada. O herói está na encruzilhada ou no meio da luta, mas a encruzilhada e a luta não são destinos diante dos quais haja perguntas e respostas, mas simplesmente lutas e encruzilhadas. Ele sopra em sua trompa encantada e eis que surge o milagre esperado, uma coisa que reordena as coisas. Porém, na crítica realmente profunda não existe vida das coisas nem imagens, apenas transparência, apenas algo que nenhuma imagem seria capaz de expressar plenamente. A "substância não imagética de toda imagem" [*Bildlosigkeit aller Bilde[r]*] é a meta de todo místico, e no *Fedro*, de maneira sarcástica e depreciativa, Sócrates fala dos poetas que nunca cantaram nem cantarão dignamente a verdadeira vida da alma. "Pois o grande ser em que viveu outrora a parte imortal da alma é sem cor e sem figura, é inapreensível, e apenas o timão da alma, o intelecto, é capaz de enxergá-lo".

Você talvez proteste, dizendo que meu poeta é uma abstração vazia, assim como meu crítico. Tem razão, ambos são abstrações, mas talvez nem tão vazias assim. São abstrações, pois também Sócrates precisa falar por imagens sobre seu mundo sem figura e além de toda figura, e até a "substância não imagética" do místico alemão é uma metáfora. E também não existe poesia sem uma ordenação das coisas. Matthew Arnold chegou a denominar a poesia de *"criticism of life"*. Ela representa as conexões mais profundas entre homem, destino e mundo, e certamente surgiu dessa busca pela profundidade, ainda que no mais das vezes não tenha consciência da própria origem. E ainda que ela costume afastar de si todo questionamento e toda tomada de posição – a negação de toda questão já não é um tipo de questionamento, e sua recusa consciente, uma tomada de posição? Vou ainda mais longe: separar imagem e significado é também uma abstração, pois o significado está sempre envolto em imagens, e toda imagem surge banhada pelo reflexo de uma luz além de toda imagem. Toda imagem pertence ao nosso mundo, e a alegria desse pertencimento transparece em seu rosto; mas ao mesmo tempo recorda e nos faz recordar de algo que já existiu em alguma época, em algum lugar: a sua pátria, a única coisa que no fundo da alma tem importância e significado. Sim, em sua pura nudez, esses dois extremos da sensibilidade humana não passam de abstrações; no entanto, apenas com a ajuda dessas abstrações é que posso designar esses polos possíveis da expressão literária. E o que mais resolutamente rompe com as imagens, transcendendo-as com mais violência, são os escritos dos críticos, dos platônicos e dos místicos.

Com isso fica já indicado por que esse tipo de sensibilidade exige uma forma de arte própria, por que todas as suas outras formas de exteriorização, as formas da poesia, sempre nos perturbam. Uma vez você formulou a grande exigência que se impõe a tudo o que é artisticamente configurado, talvez a única exigência universal, que também é inexorável e desconhece exceções: que na obra tudo seja formado a partir da mesma matéria, que todas as suas partes sejam visivelmente ordenadas a partir de um único ponto. E como toda escrita aspira tanto à unidade quanto à multiplicidade, este é o maior problema estilístico de todos: o equilíbrio na multiplicidade das coisas, a rica articulação na massa de uma matéria uniforme. Aquilo que é vibrante numa obra de arte é inerte em outra: eis uma prova prática, tangível, da cisão interna das formas. Você se lembra de como me explicou a vitalidade de representações humanas em afrescos fortemente estilizados? Você disse: esses afrescos estão pintados entre colunas, e, embora os gestos de seus modelos sejam rígidos como os de uma marionete e toda expressão facial não passe de uma máscara, tudo isso ainda é mais vivo que as colunas que emolduram as imagens e com as quais configuram uma unidade decorativa. Só um pouco mais vivo, pois a unidade precisa ser mantida, mas vivo o bastante para criar a ilusão de vida. Eis aqui o problema do equilíbrio: o mundo e o além, a imagem e a transparência, a ideia e a emanação jazem nos pratos de uma balança que deve permanecer em equilíbrio. Quanto mais profundamente a pergunta ressoa – basta comparar a tragédia com o conto de fadas –, tanto mais linear se tornam as imagens; tanto menor a superfície em que tudo se condensa; tanto mais pálidas e foscas as cores; tanto mais simples a riqueza e a multiplicidade do mundo; tanto mais rígida como máscara se torna a expressão facial do homem. Porém, existem vivências para cuja expressão o gesto mais simples e comedido seria excessivo – e ao mesmo tempo demasiado lacônico; existem perguntas cuja voz se expande com tanta brandura que, para elas, o som do mais discreto acontecimento produziria um ruído tosco em vez de música de acompanhamento; existem relações de destino tão exclusivamente fechadas em si que qualquer elemento humano somente lhes perturbaria a pureza e a altitude abstratas. Não se trata aqui de refinamento e profundidade; estas são categorias de valor e, como tais, só poderiam ser válidas no interior da forma; referimo-nos aos princípios fundamentais que diferenciam as formas entre si: a matéria da qual tudo é feito, o ponto de vista, a concepção de mundo que imprime unidade a todas as coisas. Em poucas palavras: se comparássemos as diversas formas da arte poética com a luz do sol refratada pelo prisma, os escritos dos ensaístas seriam o raio ultravioleta.

Existem, pois, vivências que não podem ser expressas por nenhum gesto e que, apesar disso, anseiam por uma expressão. De tudo o que já foi dito, você sabe a que vivências me refiro e de que espécie são. Trata-se da vivência intelectual, da vivência conceitual – as questões intelectuais vividas sentimentalmente, como realidade imediata, como princípio espontâneo da existência; a concepção de mundo em sua pura nudez, como acontecimento anímico, como força motora da vida. A pergunta lançada de maneira imediata: o que é a vida, o homem, o destino? Porém, apenas como pergunta; pois a resposta tampouco aqui pode levar a uma "solução", como na ciência ou, em altitudes mais puras, na filosofia, sendo muito mais, como em todo tipo de poesia, símbolo, destino, tragédia. Quando se passa por esse tipo de vivência, tudo o que é externo espera em rígida imobilidade a decisão que desencadeará a luta dos poderes invisíveis, inacessíveis aos sentidos. Nesses casos, qualquer gesto pelo qual o homem quisesse se expressar apenas acarretaria uma falsificação de sua vivência, se é que não acentuaria ironicamente a sua própria insuficiência, superando a si mesmo como gesto. Nenhuma exterioridade serve para expressar esse tipo de vivência individual – como, então, a poesia poderia lhe dar forma?

Toda escrita representa o mundo no símbolo de uma relação de destino; o problema do destino determina em toda parte o problema da forma. Essa unidade, essa coexistência, é tão forte que um elemento nunca vem à tona sem o outro, e uma separação, também aqui, só é possível na abstração. Portanto, a separação que estou propondo parece ser apenas uma distinção de ênfase: a poesia obtém do destino seu perfil, sua forma, e a forma, por sua vez, sempre aparece nela como destino; nos escritos do ensaísta, a forma se faz destino, princípio criador de destino. E essa diferença significa o seguinte: o destino retira as coisas do mundo das coisas, acentua o que é relevante e elimina o não essencial;[4] as formas circunscrevem uma matéria que, de outro modo, dissolver-se-ia no todo. O destino provém de onde tudo mais provém, como coisa entre coisas, ao passo que a forma – vista como algo pronto, de um ponto de vista externo, portanto – determina os limites frente ao que é estranho à essência. Uma vez que o destino que ordena as coisas é carne de sua carne e sangue de seu sangue, não existe destino nos escritos do ensaísta. Pois o destino, despojado de sua unicidade e sua casualidade, é, assim, tão rarefeito e imaterial quanto qualquer outra matéria incorpórea desses escritos; é tão impotente para lhes dar uma forma quanto eles são desprovidos de qualquer tendência ou possibilidade natural de se condensar em forma.

Por isso esses escritos falam das formas. O crítico é aquele que enxerga o destino nas formas, aquele cuja vivência mais forte é o conteúdo anímico que as formas indireta e inconscientemente abrigam em si mesmas. A forma é sua grande vivência, como realidade imediata, é o aspecto pictórico, o que há de realmente vivo em seus escritos. Nascida de uma consideração simbólica dos símbolos da vida, a forma obtém da força dessa vivência uma vida própria, tornando-se uma concepção de mundo, um ponto de vista, uma tomada de posição diante da vida da qual surge, enfim, uma possibilidade de reconfigurar e recriar essa mesma vida. O destino do crítico é traçado no momento crucial em que as coisas se tornam forma, em que todo sentimento e toda vivência até então aquém e além das formas recebem uma forma, fundem-se e se condensam em forma. Momento místico de união entre o externo e o interno, entre a alma e a forma. Tão místico quanto o momento em que, constituindo uma nova unidade, inseparável quer no passado quer no futuro, herói e destino se encontram na tragédia, acaso e necessidade cósmica na novela, alma e pano de fundo na lírica. A forma é a realidade nos escritos do crítico, é a voz com a qual ele dirige suas perguntas à vida: esse é o verdadeiro e o mais profundo motivo pelo qual a literatura e a arte são os materiais naturalmente típicos do crítico. Pois aqui a meta

---

[4] Segundo Elisabeth Weisser, o conceito de destino (*Schicksal*) em *A alma e as formas* define-se como o que "confere uma orientação à alma, tornando-a pura e homogênea" (WEISSER, 1992, p. 32). O destino corresponde, assim, aos acontecimentos e às relações que impelem a alma na direção de seu pleno desdobramento. É pelo destino que a alma se transmuta em forma. (N.T.)

final da poesia pode se tornar um ponto de partida e um começo; pois aqui a forma parece ser, mesmo em sua conceitualidade abstrata, algo seguro e tangivelmente real. Mas essa é tão somente a matéria típica do ensaio, não a única. Pois o ensaísta necessita da forma apenas como vivência, sua necessidade é, pois, apenas a da vida da forma, da realidade anímica que nela pulsa. Mas essa realidade é encontrada em toda exteriorização sensível e imediata da vida, podendo ser lida a partir dela ou projetada para dentro dela; através desse esquema das vivências é possível viver e dar forma à própria vida. E apenas porque a literatura, a arte e a filosofia correm aberta e retilineamente para as formas – ao passo que na vida as formas são apenas a exigência ideal de um tipo específico de homens e de vivências – é que as capacidades de vivência crítica diante de algo configurado não precisam ser tão intensas como diante de algo vivido; por isso, a uma consideração incipiente e superficial, a realidade da visão da forma parece ser menos problemática lá do que cá. Mas somente a uma consideração incipiente e superficial, pois a forma da vida não é mais abstrata que a forma de um poema.[5] Pois também aqui a forma se torna sensível apenas através da abstração, e sua verdade de modo nenhum é maior do que a força com a qual foi vivenciada. Seria superficial distinguir um poema segundo a procedência de sua matéria, que pode ser tanto a vida como qualquer outra fonte; pois a força criadora de forma da poesia rebenta e destrói tudo o que é velho, quer tenha sido configurado um dia quer não; em suas mãos, tudo se torna matéria-prima informe. Precisamente aí me parece bastante superficial qualquer distinção; pois ambos os modos de ver o mundo são apenas tomadas de posição diante das coisas, e cada um deles é aplicável em geral, embora seja verdade que, para ambos os modos, existem coisas que se submetem a um ponto de vista determinado com espontaneidade e naturalidade, enquanto outras só se rendem por meio de pressões ingentes e vivências profundas.

Como em toda conexão realmente essencial, também aqui o efeito natural da matéria e a utilidade imediata coincidem: as vivências que ganham expressão nos escritos dos ensaístas se tornam conscientes na maioria dos homens apenas na contemplação de imagens e na

---

[5] No original, *Gedicht* (cf. nota 1, p. 32). (N.T.)

leitura de poemas; falta-lhes a força capaz de mover a vida mesma. Por isso, a maioria dos homens acredita que os escritos dos ensaístas só existem para explicar livros e imagens, para facilitar sua compreensão. E, no entanto, essa conexão é profunda e necessária; e é justamente o elemento indissociável e orgânico nessa mistura de casualidade e necessidade que constitui a origem daquele humor e daquela ironia que encontraremos nos escritos de todo ensaísta verdadeiramente grande. Um humor peculiar tão forte que quase não convém ser discutido; pois quem não o percebe espontaneamente no devido momento não ganha nada com as explicações de alguém. A ironia a que me refiro consiste no fato de o crítico discutir sempre as questões fundamentais da vida, mas sempre como se falasse apenas de livros e imagens, dos ornamentos bonitos e supérfluos da grande vida; e de modo algum de sua substância mais íntima, mas somente de uma superfície bela e inútil. Assim, é como se todo ensaio estivesse o mais distante possível da vida, e a separação entre os dois parece ser tão maior quanto mais ardente e dolorosamente sensível é a proximidade factual da essência de ambos. Talvez o grande *Sieur* de Montaigne tenha sentido algo desse tipo quando deu aos seus escritos a designação maravilhosamente bela e apropriada de *Ensaios*. Pois a modéstia simples dessa palavra é uma soberba cortesia. O ensaísta renuncia às suas próprias esperanças orgulhosas, aquelas que às vezes o levam a suspeitar de estar próximo do essencial – afinal, tudo o que ele pode oferecer são apenas esclarecimentos sobre poemas alheios ou, no melhor dos casos, sobre os próprios conceitos. Porém, ironicamente, o ensaísta acomoda-se a essa pequenez, à eterna pequenez do trabalho mental mais profundo diante da vida, e com irônica modéstia sublinha esse fato. Em Platão, a conceitualidade é emoldurada pela ironia das pequenas realidades da vida. Antes de começar o seu profundo hino a Eros, Aristófanes é curado de seu soluço por Erixímaco, que o faz espirrar. E Hipótales observa, entre ansioso e atento, Sócrates interpelar seu querido Lísis. E com uma crueldade infantil, o pequeno Lísis pede a Sócrates que atormente o amigo Menexeno com suas perguntas da mesma maneira como antes o atormentara. Preceptores grosseiros rompem os fios desse diálogo de cintilante profundidade e levam os rapazes consigo para casa. Sócrates é quem mais se diverte: "Sócrates e os dois rapazes querem ser amigos e não sabem sequer dizer o que é propriamente um amigo". Porém, até no enorme aparato científico de alguns novos ensaístas (Weininger, por exemplo) vejo uma ironia análoga, assim como vejo apenas outro tipo de manifestação dessa mesma ironia numa escrita tão contida como a de Dilthey. Em todos os escritos de todos os grandes ensaístas poderíamos encontrar a mesma ironia, ainda que, certamente, sob formas sempre diferentes. Os místicos da Idade Média são os únicos a quem falta essa ironia interior – naturalmente, não terei de discutir a razão disso com você.

Na maioria dos casos, a crítica, isto é, o ensaio, fala de imagens, livros e ideias. Qual a sua relação com aquilo que é representado? Sempre se diz que o crítico deve expressar a verdade sobre as coisas, mas que o poeta não está preso a qualquer verdade frente a sua matéria. Não queremos formular a pergunta de Pilatos aqui, nem procurar saber se o poeta está ou não comprometido com uma verdade interior, nem mesmo se a verdade do crítico há de ser mais forte e maior que a do poeta. Não. Pois de fato percebo uma diferença que, também aqui, só é inteiramente pura, aguda e sem transições em sua abstrata polaridade. Já a mencionei quando escrevi sobre Kassner: o ensaio sempre fala de algo já condensado em forma ou, no melhor dos casos, de algo que já existiu; faz parte de sua essência não extrair coisas novas do nada, mas simplesmente reordenar coisas que em algum momento foram vivas. E como só as reordena, como não cria formas novas a partir do informe, o ensaio também está vinculado às coisas, tendo sempre de expressar a "verdade" sobre elas, de encontrar expressão para sua essência. Talvez o modo mais breve de expressar essa diferença seja a seguinte: a poesia retira seus motivos da vida (e da arte); para o ensaio, a arte (e a vida) servem de modelo. Talvez assim a diferença fique bastante clara: o paradoxo do ensaio é quase idêntico ao do retrato. Você percebe por quê? Não é verdade que diante de uma paisagem você nunca se pergunta: essa montanha – ou esse rio – é de fato assim como está pintado? Mas diante do retrato sempre surge espontaneamente a pergunta sobre a parecença. Examine um pouco esse problema da parecença, cuja formulação insensata e superficial desespera o verdadeiro crítico. Você depara com um retrato de Velázquez e diz: "Como é parecido", e sente que realmente disse algo sobre o quadro. Parecido? Com quem? Com ninguém, naturalmente. Você não tem ideia de quem está sendo representado e talvez jamais possa saber; e, mesmo que pudesse, isso pouco o interessaria. No entanto, você sente que é parecido. Em outros quadros, o efeito vem apenas das cores e linhas e não lhe provoca nenhum sentimento assim. Os retratos realmente significativos, além de todas as outras sensações artísticas, dão-nos também esta: a da vida de um homem que um dia viveu de verdade e que suscita o sentimento de que sua vida foi exatamente como mostram as cores e linhas. Dizemos que essa sugestão de vida é "parecida" porque nela vemos os pintores travarem duros embates diante dos homens por esse ideal de expressão, porque a aparência e a bandeira dessa luta não podem ser outra coisa senão a luta pelo parecido; embora não haja ninguém no mundo com quem o quadro pudesse ser parecido. E ainda que conhecêssemos o homem representado, de modo que o quadro pudesse ser considerado "parecido" ou "não parecido" –, não seria uma abstração dizer de qualquer momento ou expressão arbitrária: "essa é sua essência"? E se pudéssemos conhecer mil momentos seus, o que saberíamos da parte incomensuravelmente maior de sua vida, na qual não o vemos, das suas luzes interiores, dos reflexos que oferecem aos outros? É mais ou menos assim que imagino a "verdade" do ensaio. Também aqui há uma luta pela verdade, pela corporificação da vida que se capturou de um homem, de uma época, de uma forma; no entanto, depende apenas da intensidade do trabalho e da visão que o escrito nos passe uma sugestão dessa vida única. Pois esta é a grande diferença: a poesia nos dá a ilusão de vida mediante aquilo que representa; é inconcebível a existência de pessoas ou coisas com que se possam medir as configurações poéticas. O personagem do ensaio viveu em alguma época, sua vida, portanto, precisa ser representada; acontece que essa vida existe tão dentro da obra como tudo mais na poesia. O ensaio cria a partir de si mesmo todos os pressupostos para o efeito de persuasão e validade de suas visões. Daí que dois ensaios não possam se contradizer: cada um cria um mundo diferente, e ainda que, ao aspirar a uma universalidade superior, projete-se para além desse mundo, permanece ligado a ele por meio de sons, cores, ênfase; nunca o abandona efetivamente. Nem é verdade que haja um critério externo para vida e verdade, de modo que pudéssemos medir a verdade do Goethe de Grimm, de Dilthey ou de Schlegel com o Goethe "real". Não é verdade, pois muitos Goethes – diferentes entre si e profundamente diversos do nosso – já despertaram em nós a convicção de vida, do mesmo modo como já ficamos decepcionados ao nos reconhecer em outros cuja respiração não era forte o bastante para lhes conferir força vital autônoma. É certo que o ensaio aspira à verdade; porém, assim como Saul, que saiu em busca do asno de seu pai e encontrou um reino, o ensaísta capaz de buscar a verdade chegará, ao final de seu caminho, a algo que não buscava: a vida.

A ilusão da verdade! Não esqueça o quanto foi difícil e lento o abandono desse ideal pela poesia – e não faz tanto tempo assim –, e é bastante duvidoso que seu desaparecimento tenha de fato lhe trazido apenas benefícios. É muito discutível que o homem possa querer justamente aquilo que é seu dever alcançar, que tenha o direito de seguir sua meta por um caminho tão simples e direto. Pense na épica cavalheiresca da Idade Média, nas tragédias gregas, em Giotto, e compreenderá o que quero dizer. Não se trata aqui da verdade comum, da verdade do naturalismo, que seria melhor chamarmos de cotidianidade e trivialidade, mas sim da verdade do mito, cuja força mantém vivas antiquíssimas lendas e contos de fadas ao longo dos séculos. Os verdadeiros poetas dos mitos buscaram tão somente o verdadeiro sentido de seus temas, cuja realidade pragmática não podiam nem queriam pôr em questão. Eles encaravam esses mitos como hieróglifos sagrados e misteriosos e sentiam-se no dever de decifrá-los. Ora, você não percebe que cada mundo pode ter sua própria mitologia? Friedrich Schlegel já disse que os deuses nacionais dos alemães não são Hermann e Wotan, mas a ciência e a arte. É verdade que isso não vale para a vida alemã em sua totalidade, mas descreve com muito acerto uma parte da vida de todos os povos e de todas as épocas, justamente aquela sobre a qual temos discutido continuamente aqui. Também essa vida possui sua época de ouro e seus paraísos perdidos; encontramos aí uma vida rica, cheia de maravilhosas aventuras, à qual tampouco faltam enigmáticas penas para obscuros pecados; heróis solares surgem e travam seus duros combates contra os poderes das trevas. Também aqui as palavras lúcidas dos sábios feiticeiros e o canto sedutor das belas sereias levam os fracos à perdição; também aqui existem pecado original e redenção. Todas as lutas da vida estão presentes – tudo é como na outra vida, só a matéria é diferente.

Exigimos que poetas e críticos nos forneçam símbolos da vida e imprimam a forma de nossas perguntas aos mitos e lendas que ainda vivem. Não é verdade que se trata de uma sutil e comovente ironia o fato de um crítico que sonha nossa nostalgia[6] através de um quadro florentino ou de um torso grego, extraindo para nós o que havíamos buscado em toda parte sem sucesso, comece a falar de novos resultados da pesquisa científica, de novos métodos e novos fatos? Os fatos estão sempre aí, e tudo sempre está contido neles, no entanto cada época necessita de outro grego, de outra Idade Média e de outro Renascimento. Cada época cria os sonhos de que necessita, e apenas a geração que lhe sucede acredita que os sonhos de seus pais foram uma mentira que precisa ser combatida mediante as novas e atualizadas "verdades". Mas a história dos efeitos da poesia também segue esse curso, e tampouco na crítica aqueles que estão vivos conseguem impedir a sobrevivência dos sonhos dos pais ou das gerações mais antigas. Assim, diferentes "concepções" acerca do Renascimento podem coexistir pacificamente, do mesmo modo como uma nova Fedra, um novo Siegfried ou o Tristão de um novo poeta sempre deixarão intactos aqueles plasmados por seus predecessores.

É certo que há e tem de haver uma ciência da arte. E os maiores defensores do ensaio são justamente os que menos podem renunciar a ela: o que eles criam também precisa ser ciência, mesmo que sua visão da vida haja transcendido o círculo da ciência.[7] Se, por um lado, seu

---

[6] No original, *Sehnsucht*. Na obra do jovem Lukács, a nostalgia é o princípio metafísico que define a condição existencial solitária e fraturada do homem moderno, que busca incansavelmente o caminho de retorno à sua pátria, ou seja, a um mundo de valores partilhados e comunicáveis. No campo da estética, a nostalgia encontra sua "realização" na obra de arte, que estabelece uma identidade entre sujeito e objeto. Como dirá Lukács num capítulo de sua estética de Heidelberg: "Uma vez que o motivo transcendental da origem do estético é uma nostalgia 'subjetiva' por uma realidade adequada ao sujeito, sua realização também deve possuir um modo de ser exclusivamente subjetivo, que deixe intacta a constituição objetiva do objeto" (cf. LUKÁCS, 2013, p. 11). (N.T.)

[7] Em "O ensaio como forma", Adorno recriminou o jovem autor de *A alma e as formas* por não ter levado em conta que o ensaio subentende uma "pretensão à verdade desprovida de aparência estética" (cf. ADORNO, 2003, p. 18). Porém, como fica claro em diversos momentos da argumentação de Lukács no presente texto de abertura, tomar o ensaio como forma artística não é o mesmo que excluí-lo do âmbito teórico, privando-o, pois, de toda pretensão a uma

livre voo geralmente é tolhido pelos fatos imutáveis da seca matéria, por outro, essa visão costuma perder todo o seu valor científico, pois, como visão de mundo, antecipa-se aos fatos e os manipula livre e arbitrariamente. Até hoje, a forma do ensaio segue sem concluir o caminho que sua irmã, a poesia, já percorreu há tempos: o do desenvolvimento rumo à autonomia a partir de uma unidade primitiva, indiferenciada, com a ciência, a moral e a arte. No entanto, o começo desse caminho foi tão grandioso que os avanços subsequentes nunca o igualaram, quando muito chegaram algumas vezes próximo disso. É claro que estou me referindo a Platão, o maior ensaísta que já viveu e escreveu, que extraiu tudo da vida que o circundava imediatamente e não precisou de nenhuma mediação; pois suas perguntas, as mais profundas já feitas, vinculavam-se à vida vivente. O grande mestre dessa forma foi também o mais feliz de todos os criadores – pois viveu em imediata vizinhança ao homem cuja essência e cujo destino eram a essência e o destino paradigmáticos de sua forma. Talvez até como um esboço tosco esses escritos tivessem se tornado um paradigma – não só devido ao seu maravilhoso poder de configuração, mas também porque tão forte era aqui a concordância entre a vida e a forma. Porém Platão encontrou Sócrates e pôde dar forma ao seu mito, utilizando o destino deste filósofo como veículo de suas perguntas sobre o destino endereçadas à vida. E a vida de Sócrates é típica para a forma do ensaio, típica como nenhuma outra para qualquer outro gênero poético; com a única exceção de Édipo para a tragédia. Sócrates viveu sempre nas questões últimas, qualquer outra realidade era tão pouco viva para ele como eram suas perguntas para o homem comum. Os conceitos nos quais encerrou a vida foram vividos por ele com a mais intensa e imediata energia vital, sendo tudo o mais apenas uma parábola dessa única realidade verdadeira, significativa apenas como meio de expressão de suas vivências. Ouve-se nessa vida, repleta das mais ferozes disputas, o eco de uma profunda e oculta nostalgia; no entanto, a nostalgia é *a* nostalgia pura e simplesmente,

---

objetividade filosófica. O que Lukács (a partir de uma inspiração notoriamente platônica) reivindica para o ensaio – e que o próprio Adorno, a seu modo, também reivindicará – é antes a peculiaridade de uma escrita capaz de dissolver o antagonismo entre as esferas teórica e artística (cf. Posfácio). (N.T.)

e a forma na qual aparece é a tentativa de conceituar a essência da nostalgia, de agarrá-la conceitualmente; as lutas, porém, são apenas disputas verbais, travadas para delimitar melhor certos conceitos. No entanto, a nostalgia preenche toda a vida, e as lutas seguem cada vez mais literalmente como lutas de vida e morte. Apesar de tudo, todavia, a nostalgia, que parece preencher a vida, não é o essencial da vida; e nem a vida e a morte de Sócrates podem expressar o essencial dessas lutas de vida e morte. Se isso fosse possível, a morte de Sócrates teria sido um martírio ou uma tragédia, representável épica ou dramaticamente. Mas Platão sabia exatamente por que queimou a tragédia que escrevera na juventude. Pois a vida trágica é coroada apenas pelo seu desfecho; apenas o desfecho dá significado, sentido e forma a tudo, mas aqui – nos diálogos e na vida de Sócrates – o desfecho é sempre arbitrário e irônico. Uma pergunta é formulada e desenvolvida ao máximo, convertendo-se na pergunta de todas as perguntas, mas ao final deixa tudo em aberto; de fora, da realidade – que não guarda nenhuma relação com a pergunta nem com aquilo que, como possibilidade de uma resposta, resultará numa nova pergunta –, sobrevém algo que interrompe tudo. Essa interrupção não é um desfecho, não vem de dentro, no entanto é o mais profundo desfecho, pois teria sido impossível finalizar desde o interior. Para Sócrates, cada acontecimento é apenas uma ocasião para ver os conceitos com mais clareza; sua defesa perante os juízes é apenas uma maneira de levar os pobres lógicos a uma *reductio ad absurdum*. E sua morte? A morte não conta aqui, pois não se deixa apreender em conceitos e interrompe o grande diálogo, a única verdadeira realidade; interrupção que, pelo seu caráter brutal e extrínseco, assemelha-se ao modo como aqueles grosseiros preceptores interromperam o diálogo com Lísis. Uma interrupção desse tipo só pode ser considerada de um ponto de vista humorístico, pois mostra uma enorme falta de conexão com aquilo que interrompe. Mas também é um profundo símbolo da vida – e, por isso, ainda mais profundamente humorístico – que o essencial seja sempre interrompido dessa maneira.

Os gregos sentiram cada uma das formas de que dispunham como uma realidade, como algo vivente, não como abstração. Por isso, já para Alcibíades ficou muito claro (e Nietzsche muitos séculos depois o enfatizaria) que Sócrates era um novo tipo de homem, um homem que, por sua natureza elusiva, era profundamente diferente de todos os gregos que viveram antes dele. Mas Sócrates, no mesmo diálogo, também expressou o eterno ideal dos homens de seu tipo, ideal que nem os mais humanamente sensíveis, nem os mais profundamente poéticos, jamais compreenderão: que as tragédias e as comédias devem ser escritas pelo mesmo homem; que o trágico e o cômico dependem completamente do ponto de vista adotado. Com isso, o crítico expressou seu mais profundo sentimento diante da vida: a prioridade do ponto de vista, do conceito sobre o sentimento. E formulou o pensamento mais profundamente antigrego.

Como você vê: o próprio Platão foi um "crítico", ainda que, para ele, a crítica fosse – como tudo o mais – apenas um pretexto e um meio de expressão irônicos. Nas épocas posteriores, a crítica se tornará o conteúdo dos escritos do crítico, que falam apenas de poesia e de arte e não conhecem nenhum Sócrates cujo destino lhes possa servir de trampolim para as questões fundamentais. No entanto, o próprio Sócrates já havia condenado esse tipo de crítico: "Pois me parece", diz a Protágoras, "que fazer de um poema objeto de uma conversação é algo muito parecido com aqueles banquetes de homens incultos e vulgares [...]. Conversas como a que travamos aqui, entre homens como a maioria de nós acredita ser, não necessitam de vozes alheias nem de poetas".

Que seja dito para a nossa felicidade: também o ensaio moderno não fala de poetas e livros – mas essa salvação o torna ainda mais problemático. Olha muito de longe, abarcando e relacionando muita coisa, de modo que não pode ser uma mera apresentação ou elucidação de uma obra; o subtítulo de todo ensaio, escrito com letras invisíveis, é: "Por ocasião de...". Tornou-se demasiado rico e independente para se pôr a serviço de algo, mas demasiado intelectual e multiforme para obter por si mesmo um perfil definido. Não se tornou ainda mais problemático e alheio ao valor da vida do que se falasse fielmente de livros?

Quando algo se torna problemático – e esse modo de pensar referido aqui, com seus meios de exposição, não se torna problemático, mas sempre o foi –, a cura não pode advir senão de uma exacerbação do problema, de sua radicalização. O ensaio moderno perdeu o horizonte da vida que deu sua força a Platão e aos místicos, e já não possui a fé ingênua no valor do livro e em discussões literárias. O caráter problemático da situação se agravou quase a ponto de se tornar uma frivolidade necessária do pensamento e da expressão, tornando-se também um sentimento vital para a maioria dos críticos. Isso deixou claro que uma salvação é urgente, logo possível, logo real. Agora o ensaísta precisa concentrar-se em si mesmo, achar-se e construir algo próprio a partir de si. O ensaísta fala de um quadro ou de um livro, mas o abandona em seguida. Por quê? A meu ver, porque a ideia desse quadro e desse livro se tornou preponderante nele, porque ele esqueceu completamente todo o detalhe concreto, utilizando-o apenas como ponto de partida, como trampolim. *A poesia é anterior e maior, é mais ampla e mais importante que todas as obras poéticas*: eis o mais antigo sentimento vital do crítico literário, embora ele só tenha podido tomar consciência disso em nossa época. O crítico foi enviado ao nosso mundo para esclarecer a primazia desse *a priori* diante do grande e do pequeno, para proclamá-la e para julgar todos os fenômenos com a escala de valores vislumbrada e obtida por meio disso. A Ideia é anterior a todas as suas exteriorizações, é um valor anímico, um motor do mundo e um configurador do mundo: por isso é que uma crítica assim falará sempre da vida mais intensa. A Ideia é a medida de todo ente: por isso, o crítico que manifesta sua ideia "por ocasião" de algo já criado também será o autor da única crítica verdadeira e profunda: só o que é grande e verdadeiro pode viver em proximidade à Ideia. Uma vez pronunciada essa palavra mágica, tudo o que há de quebradiço, irrisório e inacabado perde sua essência usurpada, seu ser falsamente adquirido. Não é preciso "criticar", a atmosfera da ideia basta para pronunciar a sentença.

Com isso, porém, a possibilidade de existência do ensaísta se torna problemática até a raiz: somente por meio da força julgadora da ideia contemplada é que ele consegue escapar do relativo e do não essencial – mas quem lhe outorga o direito de exercer esse papel de juiz? Seria quase justo dizer que ele toma de si mesmo, que cria a partir de si mesmo os valores que balizam seus julgamentos. Porém, nada está mais abissalmente separado da justiça do que o quase justo, essa categoria torta de um saber medíocre e autocomplacente. De fato, o ensaísta extrai de si próprio seus critérios de julgamento, contudo não é ele quem os traz à vida e à ação: responsável por isso é o grande determinador de valores da estética, aquele que está sempre por chegar, mas ainda não chegou, o único encarregado de julgar. O ensaísta é um Schopenhauer que escreve o *Parerga* enquanto espera o seu (ou de outrem) *Mundo como vontade e representação*; é um João Batista que prega no deserto sobre alguém que está por vir, alguém cujas sandálias ele não é digno de desamarrar. E se este não chega, não fica o ensaísta sem justificativa? E se aparece, não se torna supérfluo? Não se torna completamente problemático com essa tentativa de justificação? O ensaísta é o tipo puro do precursor, e parece muito improvável que um precursor possa reivindicar algum valor e validade por si mesmo, portanto, a despeito do destino daquele que anuncia. É muito fácil para ele se manter firme em face dos que negam sua realização no grande sistema redentor: com ímpeto jovial, a verdadeira nostalgia sempre triunfa sobre aqueles que, devido ao cansaço, estacionam na realidade bruta e imediatamente dada dos fatos e das vivências; a simples existência da nostalgia é suficiente para decidir sua vitória: pois sempre desmascara tudo o que ostenta a fisionomia aparente do positivo e do imediato, mas que não passa de nostalgia menor e realização trivial, e aponta para a medida e a ordem, coisas a que também aspiram, sem o saber, aqueles que de modo covarde e vaidoso negam essas essências por considerá-las inatingíveis. Com atitude serena e orgulhosa, o ensaísta pode afirmar sua condição fragmentária diante das pequenas perfeições da exatidão científica e do frescor impressionista, mas também é certo que suas mais puras realizações, suas maiores conquistas, perdem a força com a chegada da grande estética. Agora, todas as suas configurações são apenas uma aplicação do critério que por fim se fez imprescindível; o próprio ensaio passa a ser algo apenas provisório e circunstancial, seus resultados já não podem mais se justificar por si mesmos diante da possibilidade de um sistema. E aqui o ensaio parece ser, em sua verdade e plenitude, apenas um precursor; buscar um valor autônomo para ele seria vão. Mas essa ânsia de valor e forma, de medida, ordem e meta não possui apenas um fim a ser alcançado e pelo qual toda nostalgia seria superada, convertendo-se numa arrogante tautologia. Pois todo fim verdadeiro é verdadeiramente um fim: é o fim de um caminho; caminho e fim não formam uma unidade nem compõem um par de iguais, mas têm uma coexistência: nenhum fim é atingido ou mesmo concebido sem que se trilhe incessante e renovadamente um caminho; não é um ficar, mas um chegar, não é um repouso, mas uma escalada. Assim, o ensaio parece justificar-se como um meio necessário para o objetivo supremo, como o penúltimo degrau dessa hierarquia. Mas isso é apenas o valor do que ele proporciona; o mero fato de sua existência encerra ainda outro valor, um valor mais autônomo. Pois aquela nostalgia chegaria ao fim com a descoberta de um sistema dos valores, superando, então, a si mesma; porém, ela não é somente algo que espera por uma realização, mas também um fato anímico que possui uma existência e um valor próprios: uma profunda e originária tomada de posição ante a totalidade da vida, uma categoria definitiva e não mais superável das possibilidades de vivência. Não necessita apenas de uma realização, pela qual viria a ser superada, mas também de uma configuração que salve e redima no valor eterno sua mais própria e indivisível substancialidade. O ensaio proporciona essa configuração. Pense no exemplo dos *Parerga*! Não se trata de uma diferença meramente temporal vir antes ou depois do sistema: essa diferença histórico-temporal é apenas um símbolo da diferenciação tipológica. Os *Parerga* antes do sistema retiram de si próprio seus pressupostos, criam um mundo inteiro a partir da nostalgia de sistema, e desse modo parecem configurar um exemplo, uma alusão; imanente e tacitamente trazem em si o sistema e sua imbricação com a vida vivente.

Sempre serão anteriores ao sistema; ainda que o sistema já estivesse realizado, nenhum dos ensaios seria uma aplicação, mas sempre uma nova criação, uma revitalização na vivência real. Essa "aplicação" cria tanto aquele que julga quanto aquele que é julgado; ela circunscreve um mundo inteiro a fim de trazer à eternidade, justamente em sua singularidade, algo que um dia existiu.[8] O ensaio é um tribunal, mas sua essência, o que decide sobre seu valor, não é, como no sistema, a sentença, mas o processo do julgamento.

Somente agora podemos assentar no papel as palavras iniciais: o ensaio é uma forma de arte, uma configuração própria e cabal de

---

[8] "O ensaio, porém, não quer procurar no eterno o transitório, nem destilá-lo a partir deste, mas sim eternizar o transitório" (ADORNO, 2003, p. 27). A coincidência, aqui, não é casual. (N.T.)

uma vida própria e completa. Somente agora não soaria contraditório, ambíguo e equívoco referi-lo como obra de arte e ao mesmo tempo ressaltar enfaticamente suas diferenças em relação à arte: o ensaio se posiciona diante da vida com o mesmo gesto de uma obra de arte, mas apenas o gesto, a soberania de sua tomada de posição, pode ser o mesmo; fora isso, não resta mais nenhum contato entre eles.

Era só a respeito dessa possibilidade do ensaio que eu queria falar aqui, sobre a essência e a forma desses "poemas intelectuais", como disse o velho Schlegel sobre os escritos de Hemsterhuis. Não vem ao caso discutir se o esforço de autocompreensão do ensaísta, há tempos em curso, está consumado ou se consumará um dia: aqui não é o lugar para levantar esse problema nem para julgá-lo. O que importava discutir era apenas a possibilidade, apenas se o caminho que este livro tenta percorrer é de fato um caminho; não a de saber quem já o percorreu nem como; muito menos a extensão do percurso já trilhado por este livro: sua crítica está contida, com toda a agudeza e rigor, na própria intuição que lhe deu origem.

Florença, outubro de 1910

Platonismo, poesia e as formas:
Rudolf Kassner

"Sempre e em toda parte encontrei homens que tocavam extraordinariamente bem um instrumento e que, a seu modo, até compunham, mas que, afora isso, em suas vidas, não entendiam de mais nada. Não é incrível?" Não há um só escrito de Rudolf Kassner em que essa pergunta não se faça ouvir de algum modo, pois quando não se expõe claramente na voz principal é porque está encoberta nas vozes de acompanhamento. Mesmo seus escritos mais breves buscam resposta a essa pergunta, e nos perfis que elabora das pessoas (que na maioria das vezes são poetas, críticos e pintores) seu interesse se volta unicamente para o que possa conduzir a esse problema: como era a vida dessa pessoa, qual relação havia entre sua vida e sua arte, como uma moldava a outra, como de ambos brotava um organismo superior ou porque isso não acontecia. Há estilo na vida de um homem? Se a resposta for sim, como e onde se manifesta? Há nessa vida uma melodia que ressoe opulenta, intensa, contínua, que dure até o fim, que torne tudo necessário, que tudo possa redimir e que encaminhe toda divergência para a unidade? Até que ponto uma grande obra de arte impulsiona alguém para o alto, e onde, na arte, torna-se claro que seu autor é um grande homem, forjado em peça única?

Quem são esses homens na obra crítica de Kassner? Já o fato de se poder colocar essa questão determina – negativamente – o lugar de Kassner entre os críticos atuais. Dos que estão vivos, ele é o único crítico ativo; é o único que visita por si mesmo seus altares, o único que escolhe por si mesmo a quem sacrificar, de modo a conjurar apenas o espírito daqueles homens que possam responder às suas perguntas. Kassner não é uma placa fotossensível para possibilidades de impressão deixadas ao sabor do acaso, mas um crítico positivo, inteiramente soberano. Positivo na escolha dos homens de seus escritos: nunca se dedicou a polêmicas, nunca escreveu sequer uma crítica de teor polêmico.[9] O que é ruim, o não artístico, simplesmente não existe para ele; e como não o enxerga, não o combate. Positivo na descrição de seus homens: não se ocupa de fracassos, e, quanto aos limites, só daqueles intrínsecos à essência humana, daqueles que são o polo negativo de seu supremo valor e que representam o pano de fundo da grande ação simbólica da vida. Tudo o mais lhe escapa quando observa os seres humanos. O modo como consegue deixar de ver as coisas é tão sugestivo que é como se seu olhar despisse os homens de toda a casca que os reveste, e, desse momento em diante, nós mesmos passássemos a ver esse revestimento como um joio, reputando importante apenas o que Kassner considera ser o núcleo. Uma das principais forças de Kassner reside justamente no muito que ele não enxerga. As categorias da vida diária e das metodologias esquemáticas da historiografia simplesmente não existem para ele. Ao falar sobre Diderot, por exemplo, ele não vê nenhum traço do enciclopedista que a história da literatura costuma lhe imputar, não vê nele o fundador do drama burguês nem o arauto de muitas intuições novas, não diferencia o teísmo, o deísmo e o ateísmo de Diderot, e, a seus olhos, desaparece até mesmo a dita nebulosidade germânica tão ressaltada pelos psicólogos. Assim, após ter afastado toda banalidade de nosso campo visual, ele nos constrói um novo Diderot, sempre inquieto, em eterna busca, o primeiro impressionista e individualista, um homem para quem cada nova intuição e cada novo método não passam de um meio para chegar a si mesmo e compreender os demais, ou, pelo menos, entrar em contato com eles; um Diderot que superestima o mundo porque não concebe outro

---

[9] Alguns intérpretes de *A alma e as formas*, como Hermann (1985), ressaltam a grande influência exercida por Kassner sobre o jovem ensaísta húngaro. Talvez a "positividade" de Kassner também tenha servido de modelo para Lukács, já que todos os ensaios escolhidos para compor *A alma e as formas* são essencialmente positivos. (N.T.)

meio de elevar a si mesmo; aquele Diderot repleto de contradições, muitas vezes palavroso, frasista, e que, no entanto, em alguns grandes instantes extraordinários – e só nestes – encontra um estilo capaz de se incorporar ao ritmo de nossas nostalgias.

Portanto, é sobre os tipos humanos de Kassner que queremos falar. Há dois tipos humanos em seus escritos, os dois principais tipos que povoam o universo da arte: o artista criador e o crítico, ou – para usar a terminologia de Kassner – o poeta e o platônico. Ele os separa mediante um corte brusco, conservador, quase dogmático. É um inimigo da sensibilidade moderna, das fronteiras difusas, dos estilos mistos, que permitem que "um homem imaginativo, cujos versos lhe custam a vir, escreva poesia em prosa". Pois a cada tipo de alma corresponde um determinado meio de expressão: o poeta escreve em versos, o platônico em prosa, e – o que é mais importante – "a poesia tem suas leis, a prosa não".

O poeta escreve em versos, o platônico em prosa. Um vive na estrutura normativa da estrita segurança, o outro em meio às incontáveis vicissitudes e perigos da liberdade; um na autossuficiência encantadora e brilhante, o outro nas eternas ondas da relatividade; um, às vezes, agarra as coisas e as examina, mas amiúde as sobrevoa graças às suas poderosas asas; o outro está sempre próximo das coisas e, no entanto, eternamente distante delas, como se fosse capaz de possuí-las, mas tivesse sempre de ansiar por elas. Talvez sejam ambos igualmente sem pátria e igualmente excluídos da vida, mas o mundo do poeta (ele também nunca alcança o mundo da vida) é um mundo absoluto, onde é possível viver; o mundo do platônico não possui substancialidade alguma. O poeta diz sim ou não, o platônico duvida e acredita em ambos simultaneamente. O destino do poeta pode ser trágico, o platônico não consegue ser nem o herói de uma tragédia de teatro; "ele é", segundo Kassner, "um Hamlet cujo pai nunca foi assassinado".

São pares opostos. E quase complementares. Mas, enquanto o problema vital do poeta consiste em não notar o platônico, a vivência decisiva do platônico consiste em descobrir o poeta, em encontrar as palavras que possam defini-lo. O verdadeiro poeta não tem pensamentos, ou seja, seus pensamentos são apenas uma matéria, apenas possibilidades rítmicas, como tudo o mais, apenas vozes de um coro, não compreendem nada e não conduzem a nada; o poeta não pode aprender nada, pois o poeta é aquele que está sempre pronto e polido. A forma do poeta é o verso, a canção, nele tudo se resolve em música. "O platônico traz vivo dentro de si algo para o qual nunca encontra uma rima"; sempre anseia por algo que nunca poderá alcançar. Os pensamentos também são para ele apenas uma matéria bruta, apenas um caminho para chegar a algum lugar, mas o caminho em si representa para ele o máximo, o fato irredutível de sua vida – desenvolve-se incessantemente e, apesar disso, nunca atinge a sua meta. O que gostaria de dizer é sempre mais – ou menos – do que aquilo que está em condições de dizer, e apenas o discreto acompanhamento das coisas não ditas transforma seus escritos em música. Nunca é capaz de dizer tudo a partir de si mesmo, nunca é capaz de se doar inteiramente a uma coisa, suas formas nunca são plenamente preenchidas ou suficientemente abrangentes; a análise, a prosa, é a sua forma. O poeta fala sempre de si mesmo, qualquer que seja a sua canção; o platônico não ousa sequer pensar alto sobre si mesmo, vivenciando sua vida somente por meio da obra de outrem, pois é compreendendo o outro que se aproxima de si mesmo.

O poeta realmente típico (e, segundo Kassner, talvez apenas Píndaro, Shelley e Whitman poderiam ser incluídos sem reservas nesse grupo) nunca é problemático; o realmente platônico sempre o é; e o mesmo vale, no sentido mais profundo, para os homens decididos a viver suas vidas com coerência extrema. Expressão e caminho, verso e prosa se tornam um problema vital apenas quando os dois tipos se cruzam num único homem, o que acaba necessariamente por ocorrer em diferentes fases do desenvolvimento histórico. Assim, para introduzir alguns exemplos de Kassner, a tragédia grega de Eurípedes, discípulo de Sócrates, é platônica em comparação com a de Ésquilo; em Wolfram von Eschenbach o épico cavalheiresco francês desenvolve-se nessa mesma direção, ao passo que do platonismo ao cristianismo tem-se um movimento na direção inversa.

Onde reside o problema? E onde se encontra a solução? Nos tipos puros trabalho e vida coincidem, ou, dito com mais exatidão: em suas vidas, a única coisa que importa e que merece ser levada em conta é o que está relacionado ao trabalho. A vida não é nada, a arte é tudo, a vida é só acaso, e a obra, a própria necessidade. "Quando Shelley poetiza", escreve Kassner, "abandona os seres humanos"; e o trabalho de um Pater, de um Ruskin, de um Taine eliminou de suas vidas todas aquelas possibilidades que talvez lhe fossem contrárias. Problemático é quando a eterna incerteza do platônico ameaça lançar uma sombra sobre a luminosidade branca dos versos, quando a gravidade de seu sentimento de distância quer abater a leveza flutuante da poesia, ou quando é preciso temer que a divina leviandade do poeta possa falsificar as profundas oscilações do platônico, subtraindo-lhe a honestidade. No caso desses homens, o problema consiste em encontrar uma forma suficientemente ampla para abarcar as tendências conflitantes, rica o bastante para forçá-las à unidade, uma forma que, em sua plenitude, obteria sua força do fato de não destruir aquelas tendências. Para tais homens, uma direção constitui o alvo, a outra o perigo; uma o compasso, a outra o caos selvagem; uma a obra, a outra a vida. E entre elas trava-se um combate de vida e morte pela vitória; uma vitória que unifique os dois campos em conflito, que faça da fraqueza daqueles que são derrotados uma força e de suas deficiências uma vantagem; um combate tão mais perigoso porquanto um extremo pode compensar o outro e, assim, gerar, com a resolução das dissonâncias, apenas uma mediocridade oca.

A verdadeira solução só pode advir da forma. Somente na forma (a "única coisa possível" é sua definição mais sucinta) toda antítese e tendência se convertem em música e necessidade. E se o caminho de todo homem problemático conduz à forma, àquela unidade capaz de reunir em si o máximo de forças conflitantes, ao final desse caminho encontra-se o homem capaz de dar forma: o artista, em cuja forma o poeta e o platônico se tornam iguais.

Fora com o acaso! Eis a meta pela qual se afadigaram Werther, Friedrich Schlegel e o *Adolphe* de Benjamin Constant (precursor de Kierkegaard, segundo Kassner); todos foram belos e interessantes, talhados em madeira de lei no primeiro ato de suas vidas, quando bastava ser interessante, singular e espirituoso; tão logo se lançaram na vida universal, que forja modelos (e estas são outras palavras para o conceito de forma), perderam o prumo, tornaram-se criaturas medíocres, suicidas ou transtornadas. Kierkegaard, por sua vez, conseguiu organizar sua vida sob bases platônicas a partir de uma fé enérgica, mas, para tanto, teve de vencer em si o esteta, o poeta; teve de viver até o fim todas as qualidades do poeta de modo a poder fundi-las. Para ele, a vida era o que a poesia é para o poeta, e o poeta oculto dentro de si foi como os sedutores cantos de sereia da vida. Robert Browning trilhou justamente o caminho oposto. Inquieto por natureza, jamais encontrou um porto seguro na vida; não havia expressão que ousasse tomar como definitiva, nenhum escrito em que tivesse lugar o que sentia e vivia; até que um dia descobriu a música para seu platonismo num drama psicológico, lírico-abstrato, abstrato-impressionista (na verdade, em fragmentos de um drama, em monólogos e situações), a lírica do grande e raro instante por meio do qual a pura casualidade de sua vida se tornou simbólica e necessária. É assim que a arte de Baudelaire reúne o homem, que é ínfimo, quase nada, e não pertence a nenhum lugar, ao poeta, que é tudo, eterno, e também não pertence a nenhum lugar. É assim que a arte cresce na vida de Rossetti, e aquelas exigências que a princípio eram puramente artísticas, estilísticas, transmutam-se em sentimentos vitais. E porque pensa sua condição de poeta completamente e até o fim, retirando-se da vida em prol da vida num ascetismo santo, Keats se desenvolve para além de sua poesia, e a união de poesia e vida (esta como pano de fundo do verso) se consubstancia nele como uma unidade nova e de nível superior.

Dos acasos à necessidade, tal o caminho de todo homem problemático; chegar ali onde tudo se torna necessário, uma vez que tudo não expressa outra coisa senão a essência do homem, completamente e sem resto; onde tudo se torna simbólico, onde tudo, como na música, é apenas o que significa e significa apenas o que é.

A forma do poeta paira acima de sua vida, a do platônico sempre escapa à vida; a forma do artista sorveu para dentro de si todas as sombras e ao beber essas trevas intensificou ainda mais o seu brilho. Apenas na forma do artista pode surgir um equilíbrio entre os passos oscilantes e pesados do platônico e o leve voo de flecha do poeta; na forma do artista emerge poeticamente o objeto sempre oculto da eterna nostalgia do platônico: a segurança, o dogma – e o platonismo agrega às divinas canções monódicas do poeta toda a escala cromática da vida.

Talvez a vida exista como realidade apenas para aquele cujos sentimentos são dissonantes nesses dois lados. Talvez "vida" seja apenas uma palavra e signifique para o platônico sua possibilidade de ser poeta, e para o poeta, sua possibilidade de revelar o platônico oculto em sua alma, e talvez só possa viver aquele em quem esses dois elementos se misturem de tal modo que dessa fusão possa decorrer uma forma.

★★★

Kassner é um dos escritores mais platônicos da literatura mundial. A nostalgia de certeza, de medida, de dogma vive nele com uma força incrível, mas também incrivelmente oculta, enredada em ironias selvagens, encoberta por uma rígida forma de exposição. Sublimes são suas dúvidas e hesitações, que retiram de suas mãos toda medida e lhe impedem de contemplar o ser humano dentro da harmonia decorativa da grande síntese, mas não sob a luz cortante do isolamento. É como se Kassner só conseguisse ver as sínteses com os olhos fechados; sempre que examina as coisas, descobre tantos detalhes, tantas sutilezas, tantos traços que nunca se repetem, que todo resumo tem de lhe parecer uma mentira, uma falsificação consciente. Entretanto, acaba cedendo a sua nostalgia e fechando os olhos para enxergar as coisas como um todo, em seus *valeurs*, mas sua honestidade o força a abrir novamente os olhos, e eis que tudo se apresenta novamente separado, isolado, sem atmosfera. A oscilação entre esses dois polos determina o estilo de Kassner. São belos os momentos de contemplação, quando as sínteses intuídas se preenchem de conteúdos reais, e os fatos permanecem ainda por um instante unificados na esfera dos *valeurs*, quando ainda não são fortes o suficiente para explodir as conexões sonhadas. E também são belos os momentos de olhos fechados, quando as coisas, vistas com maravilhoso detalhismo, ingressam na dança infinita de um friso de salão encantado: continuam a viver, mas agora apenas como símbolos, como decorações. Kassner é o entusiasta da grande linha, mas também e para todo o sempre um impressionista convicto. Essa dualidade é responsável tanto pelos brilhos de intensidade quanto pelas névoas impenetráveis de seu estilo.

Dissemos que o mundo do platônico não possui substancialidade. O mundo criado pelo poeta é sempre real, ainda quando tecido de sonhos, pois sua matéria é mais unitária e mais vívida. O crítico é como aquele herói homérico que, com o sangue de um bezerro sacrificado, traz ao mundo, por um breve instante, as sombras de outro herói, um herói que padece no Hades. Habitantes de mundos diversos, esses dois seres se veem frente a frente, um homem e uma sombra; o homem quer obter da sombra apenas *uma* coisa, e a sombra voltou à terra novamente para dar apenas *uma* resposta, e somente enquanto durar o tempo da pergunta e da resposta existirão um para o outro. O platônico jamais cria uma vida humana (ela já existira antes em alguma parte, independentemente de sua vontade e de sua força), apenas pode conjurar as sombras e demandar resposta para a sua pergunta – e apenas nisso o crítico é soberano; pergunta cuja importância o interpelado talvez nunca tenha notado.

O platônico é um dissecador de almas, não um criador de homens. Em um dos seus diálogos, Hofmannsthal se utiliza da figura de Balzac para classificar os homens em dois tipos: um que cristaliza sua capacidade de viver no drama, e o outro no épico, de modo que seria possível imaginar homens capazes de viver num gênero, mas não no outro. Talvez essa distinção possa ser rastreada em todas as formas de arte literária, estabelecendo-se uma escala dos tipos capazes de viver segundo cada uma dessas formas. Sem dúvida, se o drama ficasse numa das extremidades, o ensaio (para resumir numa palavra todas as formas de escrita do platônico) teria de ficar na outra. E essa não é uma classificação meramente escolar, mas de fundas raízes anímicas. No mesmo diálogo, o Balzac de Hofmannsthal explica o motivo: ele não acredita na existência de personagens com perfil característico, ao passo que Shakespeare acredita; ele não se interessa por homens, apenas por destinos. E num dos últimos diálogos de Kassner, um dos interlocutores nega que o outro possua um perfil característico; por ter uma memória exageradamente boa, ele não suporta que nada se repita, pois toda repetição lhe parece falsa, tola, supérflua, inútil. E, no entanto, sem repetição não há valoração nem possibilidade de se viver. Acrescente-se ainda um comentário sobre o fundamento técnico da coisa: a propósito da peça *O galo vermelho*, de Hauptmann, Kerr aponta para a ineficácia da cena em que o sapateiro Fielitz, um velho malandro, arrisca-se no interesse da frota. O malogro decorre do fato de Hauptmann abordar esse traço do personagem – em si interessante – apenas uma vez, sem retomá-lo, de sorte que, por mais natural que seja mencionar a coisa uma só vez, o episódio deixa uma sensação de artificialismo. Pois um personagem dramático é impensável sem qualidades duradouras; da perspectiva do drama, aqueles que carecem delas não chegam nem a ser notados; no momento seguinte, já esquecemos a sua aparição fugaz. A repetição de um traço nada mais é do que o equivalente técnico da crença profunda na permanência da qualidade e do caráter. O platônico, e já o dissemos com outras palavras, não acredita em repetições, nessa exigência capital, ao mesmo tempo espiritual e técnica, para a criação de personagens.

Por isso, os homens de que tratam seus ensaios parecem vivos, enquanto os de seus experimentos narrativos não. Vejo em Kassner os Brownings, vejo seu Hebbel, seu Kierkegaard, seu Shelley e seu Diderot, mas de Adalbert von Gleichen e Joachim Fortunatus não vejo nada. Recordo-me de algumas coisas que eles pensaram ou viram, mas não consigo ligá-los a representações sensíveis, visíveis e audíveis. Não os vejo. Vejo os Brownings vivos diante de mim, mas talvez sejam também apenas suas sombras, talvez as palavras de Kassner apenas possam sugerir que as sombras conjuradas dos livros cubram-se com a armadura que usaram em vida, que conservem os gestos de sua vida, seu *tempo* e seu ritmo; talvez seja apenas conjuração de espíritos o que por um momento pareceu criação humana.

Uma coisa é certa: Browning tinha de ter vivido para que Kassner tentasse insuflar-lhe uma nova vida. Para Goethe, não era preciso que Egmont ou Tasso tivessem realmente existido; para Swinburne (embora não fosse um grande criador de tipos humanos) também não era necessário que Maria Stuart tivesse existido; já quando, no platônico Pater, Watteau é retratado por uma jovem nas páginas de seu diário, Watteau vive intensamente diante de nós, ao passo que a jovem que escreve os diários se dissipa na névoa. Por isso não é verdade que dois artistas de tipos distintos e igualmente dotados de talento apenas devido a uma influência externa escolham como meio de expressão um o ensaio e o outro – por exemplo – o drama. Cada um irá encontrar sua forma artística, caso sejam artistas de verdade, segundo o grau de sua própria capacidade de viver (talvez fosse mais adequado dizer: de criar personagens). Por isso, quando quer falar de si, o platônico tem de recorrer ao destino de outros e, de fato, daqueles em quem o dado, o já configurado pela vida, o eternamente imutável é rico o bastante para lhe abrir caminho aos recessos mais íntimos de sua própria alma; pois sua percepção analítica, que tudo decompõe, só pode distinguir homens de carne e osso ao se deter sobre essas realidades intensas. Às vezes me parece que a honestidade do autêntico crítico, aquele que luta para não ser leviano com seu modelo, que faz de tudo para desenhá-lo como ele realmente existiu, nasce de um conhecimento profundo dos próprios limites. Ele, que só é capaz de construir transições, estará tão mais próximo da criação quanto mais indiscutível for a realidade com a qual estiver vinculado e quanto mais firme forem seus vínculos com ela.

Mais uma vez: o poeta e o platônico são diametralmente opostos. O platônico diz suas palavras mais significativas quando escreve sobre o poeta. E talvez exista uma lei mística que determine com qual crítico este ou aquele poeta se correlaciona, de modo que cada crítico possa se expressar plenamente por meio de um poeta específico. Talvez o grau de mistura de poesia e platonismo em cada um deles determine quem, nesse sentido, será sempre o antípoda psicológico do outro; talvez, num sentido místico-matemático, as proporções de platonismo e poesia sejam em ambos sempre constantes, de modo que, assim, o platônico possa amar e avaliar tão mais profundamente o poeta puro, livre de todo platonismo, o visionário, quanto mais puramente platônico for ele próprio. Talvez por isso, dentre todos os escritos de Kassner, o ensaio sobre Shelley seja para mim o mais lírico e sutil, justamente sobre Shelley, que, mesmo para um platônico tão puro-sangue quanto Emerson, não significava muita coisa. As palavras mais sonoras, vibrantes e exatas de Kassner são justamente aquelas endereçadas a Shelley; e talvez seja por se achar tão imensamente distante do poeta, sob todos os aspectos, que fale também de si ao descrever o estilo de Shelley. "Elas são", escreve ele sobre as imagens de Shelley, "como que tecidas de luz, ar e água, as cores são aquelas do arco-íris, seu tom o do eco, sua duração, se me é permitido falar assim, a da onda que cresce e decresce". Não há como caracterizar melhor e mais belamente o estilo de Shelley – nem o de Kassner. Pois este é também o seu; entretanto, em Shelley não havia sombras, e em Kassner nada existe além de uma resplandescência escura de sombras.

1908

Quando a forma se estilhaça ao colidir com a vida: Søren Kierkegaard e Regine Olsen

> *Fair youth, beneath the trees, thou canst not leave*
> *Thy song, nor ever can those trees be bare;*
> *Bold Lover, never, never canst thou kiss,*
> *Though winning near the goal — yet do not grieve;*
> *She cannot fade, though thou hast not thy bliss,*
> *For ever wilt thou, and she be fair!*
>
> Keats, "Ode on a Grecian Urn"

1

O valor vital de um gesto. Dito de outro modo: o valor da forma na vida, valor criador de vida, intensificador da vida. O gesto é apenas aquele movimento que expressa claramente o unívoco; a forma – o único caminho do absoluto na vida; só o gesto é completo em si mesmo, algo real, mais que mera possibilidade.

Somente o gesto expressa a vida.[10] Pode-se, porém, expressar uma vida? Não é essa a tragédia de toda arte de viver, querer fazer castelos no ar, querer forjar realidades a partir das possibilidades rarefeitas da alma, querer edificar a ponte de suas formas entre os seres humanos por meio do encontro e da separação das almas? Pode haver gestos? Do ponto de vista da vida, o conceito de forma faz algum sentido?

Kierkegaard dissera uma vez que realidade não tem nada a ver com possibilidades, e apesar disso ele construiu toda a sua vida em cima de um gesto. Todos os seus escritos, toda a sua luta, todas as suas aventuras são de algum modo pano de fundo para esse gesto; talvez tenham ocorrido apenas para fazê-lo sobressair-se mais nitidamente da multiplicidade desordenada da vida. Por que o fez? Como pôde fazê-lo? Justo ele, que percebeu mais que qualquer outro a enorme

---

[10] Sobre o gesto, conferir a excelente introdução de Judith Butler a esta edição. (N.T.)

multiplicidade e mutabilidade de todo motivo; que percebeu tão claramente como cada coisa se converte em seu contrário e como, olhando com atenção, podemos discernir abismos intransponíveis entre gradações quase imperceptíveis. Por que o fez? Talvez por ser o gesto uma necessidade primordial da vida; talvez porque o homem que pretenda ser "honrado" [*ehrlich*] (uma das palavras mais recorrentes em Kierkegaard) tenha de forçar a vida a manifestar sua univocidade, tenha de segurar esse Proteu em eterna mutação tão firmemente que, ao pronunciar sua sentença, ele não possa mais mover-se. Talvez o gesto seja – para me valer dos termos da dialética de Kierkegaard – o paradoxo; o ponto em que realidade e possibilidade se separam – a matéria e o ar, o finito e o ilimitado, a forma e a vida. Ou, mais exatamente, e sendo ainda mais fiel à terminologia de Kierkegaard: o gesto é o salto por meio do qual a alma avança de um para o outro, trocando os fatos sempre relativos da realidade pela eterna certeza das formas. O gesto, para dizer numa palavra, é aquele único salto por meio do qual o absoluto se faz possível na vida. O gesto é o grande paradoxo da vida, pois apenas em sua rígida eternidade cada instante evanescente da vida encontra seu lugar e se torna verdadeira realidade.

E todo aquele que não quer apenas jogar com a vida necessita do gesto para que sua vida se torne mais real do que um mero brinquedo.

Mas existe verdadeiramente um gesto frente à vida? Não seria um autoengano – ainda que heroicamente belo – acreditar que a essência do gesto esteja contida numa ação, num movimento de aproximação ou distanciamento – duro como pedra e, no entanto, capaz de encerrar tudo em si com força implacável?

2

Em setembro de 1840, aconteceu de Søren Aabye Kierkegaard, *magister artium*, ficar noivo de Regine Olsen, a filha de 18 anos do senhor Olsen, conselheiro de Estado. Não mais que um ano depois, ele desfez o noivado. Viajou a Berlim e quando voltou a Copenhague passou a viver de modo excêntrico; por conta disso, tornou-se motivo constante de piadas nos jornais, e embora seus escritos – publicados sob pseudônimo – conquistassem alguns admiradores com a sua verve, eram odiados pela grande maioria, que julgava seu conteúdo "imoral" e "frívolo". E seus escritos posteriores renderam-lhe inimigos ainda mais declarados, como a igreja protestante; e foi em meio à dura luta que travou contra ela – defendendo a tese de que toda a comunidade eclesiástica de seu tempo não só não era cristã, como também tornava impossível que alguém ainda pudesse sê-lo – que Kierkegaard morreu.

Alguns anos antes, Regine Olsen já havia se casado com um de seus primeiros admiradores.

3

O que se passou nesse ínterim? São inúmeras as explicações, e cada novo escrito, cada carta e cada diário de Kierkegaard que vinha a público tornava as explicações mais fáceis, ao mesmo tempo que dificultava a tarefa de entender o que de fato havia ocorrido e de captar seu significado para a relação de Søren Kierkegaard e Regine Olsen.

Kassner, que fala com palavras inesquecíveis e insuperáveis sobre Kierkegaard, rejeita qualquer explicação. "Kierkegaard", escreve ele, "poetizou sua relação com Regine Olsen, e quando um Kierkegaard poetiza sua vida, não o faz para esconder a verdade, mas sim para poder dizê-la".

Não há explicação, pois o que se encontra aí é mais que uma explicação, é um gesto. Kierkegaard disse: sou um melancólico; ele disse: eu era uma eternidade mais velho do que ela; ele disse: foi um pecado arrastá-la comigo nessa grande correnteza; ele disse: se minha vida não fosse uma grande penitência, se não fosse a *vita ante acta*, então...

E ele abandonou Regine Olsen e disse que não a amava e que nunca a amara de verdade, disse ser um homem de espírito leviano, que a toda hora demanda novas amizades e novas relações. Boa parte de seus escritos proclama em alto e bom som essas palavras, e o modo como ele falava e o modo como vivia serviram para fortalecer em Regine essa crença.

...E Regine tomou como esposo um de seus antigos admiradores, e Søren Kierkegaard fez o seguinte registro em seu diário: "Hoje vi uma bela moça, mas ela não me desperta nenhum interesse. Nenhum marido pode ser mais fiel à sua esposa do que sou a ela".

4

O gesto: tornar inequívoco o inexplicável, aquilo que ocorreu por muitos motivos e se ramificou amplamente em suas consequências. Distanciar-se de tal modo que nada decorra daí senão sofrimento, senão tragédia – já que o encontro de ambos tinha mesmo de ser trágico –, nada, talvez, senão um total desmoronamento, sem claudicâncias, sem que a realidade se dissolva em possibilidades. Se Regine Olsen tinha de perder aquilo que lhe parecia significar a vida, então isso também tinha de perder toda importância em sua vida; se aquele que Regine Olsen amava precisou abandoná-la, então aquele que a abandonou tinha de ser um canalha e um sedutor, de modo que os caminhos da vida permanecessem abertos para ela. E como Søren Kierkegaard, por penitência, tinha de renunciar à vida, sua penitência tinha de se tornar ainda maior devido à máscara de pecador que assumira nobremente e que encobria seu verdadeiro pecado.

Søren Kierkegaard precisava que Regine Olsen se casasse. Ele escreveu: "ela chegou acertadamente à conclusão de que precisa se casar". Ele precisava disso a fim de que nessa relação não restasse nada incerto, nada vacilante, nenhuma outra possibilidade senão um sedutor e uma jovem abandonada. Mas a jovem se consola e se reencontra na vida. Sob a máscara do sedutor está o asceta que, por ascese, congelou-se voluntariamente nesse gesto.

A mudança da jovem representa a continuação em linha reta do que nele é o começo. Sob a máscara do sedutor, com seu riso fixo, encontra-se, com a mesma fixidez, a face real do asceta. O gesto é puro e expressa tudo. "Kierkegaard poetizou sua vida."

5

A única diferença essencial entre uma vida e outra é que ela seja absoluta ou meramente relativa; que as oposições reciprocamente excludentes sejam dissociadas de modo rigoroso e para sempre ou não. Trata-se da diferença de se os problemas da vida são colocados em termos de "ou isso ou aquilo", ou se a expressão real quando os caminhos parecem se dividir é "tanto isso quanto aquilo". Kierkegaard sempre disse: quero ser honrado, e essa honradez não poderia significar menos que o dever – no sentido mais puro da palavra – de viver sua vida segundo princípios poéticos; o dever de percorrer um caminho até o fim e o dever de decidir por um caminho frente a toda encruzilhada.

Porém, quando o homem olha à sua volta, não vê caminhos nem encruzilhadas, não encontra em parte alguma objetos plenamente dissociados uns dos outros; tudo flui e se transforma. Somente quando desviamos nossos olhos de algo e, muito tempo depois, voltamos a enxergá-lo é que percebemos que aquele algo se converteu em outra coisa; e às vezes nem assim. Entretanto, o sentido mais profundo da filosofia de Kierkegaard é instituir pontos fixos para as transições permanentes da vida e estabelecer diferenças qualitativas absolutas no caos disforme das nuanças. E dispor as coisas consideradas distintas de modo tão inequívoco e diferenciado que esse corte jamais possa ser desfeito por uma possível transição. Assim, a honradez de Kierkegaard consiste no seguinte paradoxo: o que ainda não evoluiu para uma nova unidade, em que todas as diferenças anteriores são suprimidas, permanecerá eternamente separado. Dentre tantas coisas, é preciso escolher uma só, não é permitido encontrar "caminhos intermediários", "unidades superiores" que possam dissolver as oposições "apenas aparentes". Portanto, não há sistema em parte alguma, pois um sistema não pode ser vivido, um sistema é sempre um castelo gigantesco, e seu criador só pode viver num modesto recanto. A vida jamais tem lugar num sistema de pensamento lógico, e, visto por esse ângulo, seu ponto de partida é sempre arbitrário, e tudo o que ele constrói é fechado apenas em si, pois da perspectiva da vida segue sendo relativo, apenas uma possibilidade. A vida não comporta sistemas. Na vida existe apenas o singular, apenas o concreto. Existir é o mesmo que ser diverso. E o absoluto, o sem transições, o unívoco é apenas o concreto, o fenômeno singular. A verdade é apenas subjetiva – talvez; todavia, não resta dúvida de que a subjetividade seja a verdade; a coisa singular é a única coisa que é [*das einzig Seiende*]; o singular é o homem real.

Assim, a vida apresenta alguns grandes círculos típicos de possibilidades, ou estágios, na linguagem de Kierkegaard: o estágio estético, o ético e o religioso. Dissociados um do outro por meio de um corte abrupto, o elo que os vincula é o milagre, o salto, a súbita metamorfose da essência total de um homem.

6

Nisso consiste a honradez de Kierkegaard: distinguir as coisas claramente, o sistema da vida, um homem de outro homem, um estágio de outro estágio. Ver o absoluto na vida, sem concessões.

Porém, não fazer concessões na vida já não seria um tipo de concessão? Semelhante fixação no absoluto já não é uma forma de se furtar à obrigação de avaliar as coisas sob todos os ângulos? Não é o estágio também uma "unidade superior"? E a negação de um sistema da vida não é também um sistema, mais que qualquer outra coisa? E não é o salto apenas uma transição súbita? Não haveria uma dissociação rigorosa por trás de toda fusão e uma concessão por trás da mais selvagem negação das concessões? Pode-se ser honrado em relação à vida e estilizar poeticamente seus acontecimentos?

7

A honradez interior desse gesto de separação só pode consistir no fato de que tudo ocorreu por amor a Regine Olsen. E nas cartas e nos diários repete-se o tempo todo que Regine teria necessariamente sucumbido se eles tivessem permanecido juntos. Pois o silêncio envolto em sombras de sua terrível melancolia não poderia ter sido desfeito pelo riso fácil de Regine, pelo contrário, esse riso emudeceria e sua leveza esvoaçante viria ao chão sob tão pesado fardo. Ninguém teria obtido qualquer proveito desse sacrifício. E assim, sua obrigação era salvar a vida de Regine Olsen, por mais caro que isso lhe custasse do ponto de vista da felicidade humana, da existência humana.

Mas a pergunta que se coloca é se ele salvou apenas a vida de Regine Olsen, ou se aquilo que tornava a separação necessária para ele não era antes algo que se mostrara necessário à sua própria vida. Não teria ele desistido de uma luta talvez vitoriosa contra sua grande melancolia justamente porque amava essa melancolia, porque a amava mais que qualquer outra coisa, porque era incapaz de viver sem ela? "Meu desgosto *is my castle*", escreveu certa vez; e em outro lugar (para dar apenas alguns exemplos dentre muitos): "em minha grande melancolia, no entanto, continuei amando a vida, pois amava minha melancolia". E sobre Regine e si próprio: "ela se arruinaria e provavelmente faria o mesmo comigo, pois eu teria de reerguê-la a todo instante. Eu era muito pesado para ela, ela era muito leve para mim, mas ambas as coisas podiam ser danosas".

Para certos homens, tudo aquilo que lembre minimamente a felicidade e o brilho do sol precisa ser eternamente negado, de outra forma eles não se tornam grandes. Caroline uma vez escreveu sobre Friedrich Schlegel: "Alguns prosperam quando são oprimidos, Friedrich é um deles – sua melhor qualidade seria destruída caso ele viesse a desfrutar plenamente a glória do vencedor". E Robert Browning reescreveu a tragédia de Friedrich Schlegel na triste história de Chiappino, que foi forte, nobre, delicado e profundo em seus sentimentos enquanto permaneceu na sombra e sua vida significou apenas desgraça e estéril nostalgia. Mas quando seu infortúnio o ergueu mais alto do que ele teria podido esperar em seus sonhos e nas tolas lamentações sobre sua condição, ele se tornou vazio, e suas cínicas palavras mal conseguiam disfarçar a dor decorrente da consciência desse vazio trazido pela "felicidade" (Browning chamou essa derrocada de a "tragédia de uma alma").

Talvez Kierkegaard tenha sido consciente disso, talvez o tenha sentido. Talvez seu violento e fecundo instinto criador, desencadeado pelas dores da separação, exigisse para si, desde o começo, essa única possibilidade de ser livre. Talvez uma parte dele soubesse que a felicidade, caso fosse mesmo possível alcançá-la, tê-lo-ia tornado inválido e estéril para todo o sempre. Talvez temesse que a felicidade não fosse tão improvável, que a leveza de Regine pudesse, enfim, redimi-lo de sua grande melancolia, e que ambos viessem a ser felizes. Mas o que teria sido feito dele sem a melancolia?

8

Kierkegaard é o Sócrates sentimental. "Amar é a única coisa que sei fazer bem", disse ele. Sócrates queria apenas reconhecer, apenas compreender os amantes, e, por essa razão, aquilo que foi o problema central na vida de Kierkegaard não constituía nenhum problema para ele. "Amar é a única coisa que sei fazer bem", disse ele. "Deem apenas um objeto para meu amor, um objeto. Por ora estou aqui, como um arqueiro com a corda distendida ao máximo e de quem se exige que atire num alvo situado a cinco passos de distância. Assim não posso, diz o arqueiro, mas se você colocar o alvo a duzentos ou trezentos passos...".

Como na prece de Keats à natureza:

> A theme! a theme! great nature! give a theme;
> Let me begin my dream.[11]

Amar! A quem posso amar sem que o objeto de meu amor se torne um obstáculo para o meu amor? Quem é forte o bastante, quem poderia abarcar tudo em si mesmo a ponto de tornar seu amor absoluto e mais forte que tudo? Quem está tão acima de tudo a ponto de que o outro nunca lhe venha com exigências e razões, que antes seja amado de forma absoluta por ele?

Amar: se esforçar para nunca ter razão. Assim Kierkegaard descreve o amor. Pois a eterna relatividade de todas as relações humanas, suas oscilações e com ela sua insignificância, está fundada no fato de que ora um tem razão, ora o outro; ora este é o melhor, o mais belo, o mais nobre, ora aquele. Constância e univocidade existem somente quando os amantes se diferenciam qualitativamente, quando um é tão superior ao outro que a questão do certo e do errado (no sentido mais amplo) nunca chega a ser uma questão.

Esse é o ideal de amor da ascese cavalheiresca medieval, um ideal romântico como nunca mais se veria. Era inevitável que a agudeza psicológica de Kierkegaard o privasse da fé tão ingênua (ingênua para um Kierkegaard) de que a mulher amada – que os trovadores abdicavam de possuir a fim de poderem amá-la ao seu modo – ou mesmo a imagem ideal de tal mulher, que nunca existiu em lugar algum, pudesse diferir da realidade o bastante para que seu amor se tornasse absoluto. Acredito que seja essa a raiz da religiosidade de Kierkegaard. Deus, e tão somente Deus, é aquele a quem podemos devotar semelhante amor. Uma vez ele escreveu que Deus é uma exigência nossa, a que nos prendemos para fugir da miséria e suportar a vida. Sim, mas o Deus de Kierkegaard eleva-se tão acima de tudo o que é humano, isola-se tão profundamente de tudo o que é humano, que é de se perguntar como ele poderia ajudar o homem a suportar a sua vida. Acredito que

---

[11] "Um tema! Um tema! Grande natureza; deixe-me começar meu sonho." (N.T.)

justamente por isso. Kierkegaard necessitava do absoluto, necessitava de sua firmeza; seu amor necessitava da possibilidade de se lançar sobre o todo, sem reservas. Ele necessitava de um amor sem problemas e disfarces, não de um amor em que ora este, ora aquele se arrogasse superior ou pretendesse ter razão. No entanto, meu amor só é seguro e inquestionável se eu nunca tiver razão, e essa tranquilidade apenas Deus pode conceder. "Amas uma pessoa", escreveu Kierkegaard, "e desejas nunca ter razão contra ela, ah, mas essa pessoa te foi infiel, e por mais que isso te faça sofrer, tinhas razão contra ela, e não tinhas razão em amá-la tão profundamente." A alma se volta para Deus porque não pode viver sem amor, e todos os desejos de seu coração lhe são atendidos por Deus. "O tormento da dúvida nunca há de me afastar dele, a ideia de ter razão contra ele nunca há de me apavorar, diante de Deus nunca tenho razão."

9

Kierkegaard foi trovador e platônico e foi ambas as coisas à maneira romântica e sentimental. Nas profundezas de sua alma ardem as chamas do autossacrifício pelo ideal de uma mulher, porém essas mesmas chamas ascendem a fogueira para o sacrifício dessa mulher. Quando o homem se pôs frente ao mundo pela primeira vez, tudo à sua volta lhe pertencia, mas sempre as coisas desapareciam diante de seus olhos, pois cada passo seu o desviava das coisas. De forma tragicômica, ele teria morrido de fome em meio à abundância do mundo não fosse a presença da mulher, que desde o começo soube agarrar as coisas, conhecendo sua utilidade e seu significado imediato. Assim, a mulher – segundo a parábola de Kierkegaard – salvou o homem para a vida, porém apenas para fixá-lo à vida, para acorrentá-lo à finitude da vida. A mulher real, a mãe, é a mais profunda oposição a toda nostalgia de infinitude. Sócrates se casou e foi feliz com Xantipa somente porque sabia que o casamento era um obstáculo no caminho para o ideal e gostava de vencer dificuldades. Mais ou menos como Deus disse a Suso: "Sempre encontras alguma resistência em todas as coisas; e este é o sinal daqueles que escolhi e quero ter para mim".

Kierkegaard não travou essa luta; talvez tenha fugido, ou talvez não necessitasse mais dela. Quem sabe? Pois o mundo da comunidade humana, o mundo ético, cuja forma típica é o casamento, está no centro entre os dois mundos mais profundamente congeniais à alma de Kierkegaard: o mundo da poesia pura e o mundo da fé pura. E se o fundamento da vida ética, o "dever", parece ser algo firme e seguro comparado às "possibilidades" da vida do poeta, suas eternas valorações, no entanto, também são eternas oscilações comparadas ao sentimento absoluto do religioso. Mas a matéria desse sentimento é tão rarefeita quanto a matéria das possibilidades do poeta – onde está a fronteira entre ambos?

Mas talvez não seja o momento de discutir isso. Regine Olsen não foi para Kierkegaard nada além de um degrau no caminho que leva ao templo de gelo do "nada além do amor de Deus". Pecar contra ela apenas aprofundou sua relação com Deus; amá-la pacientemente e fazê-la sofrer contribuíram para intensificar seu êxtase e firmar a direção unívoca de sua caminhada. E tudo o que houvesse entre eles, caso eles realmente tivessem pertencido um ao outro, daria asas a esse voo. "Agradeço-te por nunca teres me entendido", escreveu ele numa carta endereçada a ela, mas nunca enviada, "pois isso me ensinou tudo. Agradeço-te por teres sido tão apaixonadamente injusta comigo, isso decidiu minha vida."

A abandonada Regine só podia ser mesmo um degrau para Kierkegaard, que a transfigurara num ideal inalcançável, porém, com toda certeza, foi por meio desse degrau que ele chegou ao seu próprio ápice. Como nas loas dos trovadores provençais, a grande infidelidade era aí a base da fidelidade: a mulher amada tinha de pertencer a outro para ser um ideal, para ser amada com verdadeiro amor. Mas a fidelidade de Kierkegaard era ainda mais profunda que a dos trovadores e, por isso, ainda mais infiel: também a mulher mais profundamente amada era apenas um meio, apenas um caminho para o grande amor, para o único e absoluto amor, o amor de Deus.

10

Como quer que Kierkegaard tenha procedido, e por quais motivos, ele o fez apenas para que a vida de Regine Olsen fosse salva. E embora ambíguo em suas motivações interiores, o gesto de rejeição de

Kierkegaard tinha de ser unívoco aos olhos de Regine. Kierkegaard percebeu que para Regine havia apenas um perigo: a incerteza. E como o fato de amá-lo não podia trazer nenhum fruto para a vida de Regine, ele quis a todo custo (incluindo o sacrifício de sua própria reputação) que esse amor se convertesse em ódio. Ele quis que Regine descobrisse nele um canalha, que a família inteira odiasse aquele sedutor; pois se Regine o odiasse, ele a salvaria.

Porém, muito subitamente se deu o rompimento, não obstante as longas e frequentes cenas que ajudaram a prepará-lo; súbita e inevitavelmente, Regine passou a ver outro homem em Kierkegaard, não mais aquele de antes, passou a reavaliar cada palavra e cada silêncio de cada minuto vivido juntos, de modo a conectar o presente ao passado e captar com seu sentimento o homem Kierkegaard em sua unidade e totalidade. Desde então, tudo o que ele fizesse seria visto sob essa nova luz. E Kierkegaard fez de tudo para lhe facilitar isso, para canalizar o fluxo das novas imagens numa única direção. Na direção pretendida por ele e entendida como a única que conduziria Regine à meta: na direção do ódio contra ele.

Tal o pano de fundo dos escritos eróticos de Kierkegaard, com todo o brilho que lhes chega da vida, sobretudo em seu *Diário de um sedutor*. Um sensualismo incorpóreo e uma pesada e programática inconsciência são os sentimentos dominantes ali. A vida erótica, bela, que culmina no gozo anímico, exibido como concepção de mundo – e apenas como concepção de mundo. Como algo que Kierkegaard havia sentido em si mesmo apenas como possibilidade, mas que, apesar de todas as suas finas análises e considerações, não podia dotar de substância corpórea. Um sedutor, de certo modo abstrato, que necessita apenas da possibilidade de uma sedução, apenas de uma situação, que ele produz e desfruta, mas que nunca precisa realmente das mulheres como objeto de gozo. A ideia platônica do sedutor, que é tão profundamente sedutor que nem chega a sê-lo na realidade, que está tão distante de todos os seres humanos e tão acima deles em espírito que as exigências que lhes impõe ninguém é capaz de atender, ou se as atende, elas convertem-se em algo que irrompe em suas vidas de um modo incompreensível. O sedutor absoluto, cuja presença desperta em toda mulher o sentimento de eterno estranhamento, mas que, ao mesmo tempo – e isso Kierkegaard não tinha como perceber –, justamente por conta dessa distância infinita, encontra-se muito próximo do cômico para aquelas mulheres que não foram devastadas pela aparição desse homem no horizonte de sua vida.

Como já dissemos, o sedutor foi o gesto de Kierkegaard para Regine Olsen. Mas a possibilidade de ser um sedutor também existia em Kierkegaard, e o gesto repercute sempre sobre a alma de seu autor. Na vida, não existem comédias vazias: talvez essa seja a ambiguidade mais triste da condição humana. Pode-se encenar apenas o que existe, e não se pode encenar algo sem que isso de algum modo contamine a vida, por mais que se busque cautelosamente separar vida e encenação.

Naturalmente, Regine só podia ver o gesto, e sob seus efeitos – ao menos era o que Kierkegaard queria, apostando nisso todas as suas fichas – tinha de inverter todos os valores de sua vida. No entanto, aquilo que foi vivido na realidade do corpo pode, no máximo, ser envenenado pela consciência de ter sido uma comédia; não se pode nunca inverter completa e definitivamente os valores da realidade; quando muito, as próprias opiniões e valores a respeito dela. E o que Regine havia partilhado com Kierkegaard era a vida, a realidade viva, que só podia sofrer oscilações e se tornar irremediavelmente insegura pela memória, por meio de uma imperiosa transvaloração dos motivos [*Umwertung der Motive*]. Pois quando o presente obrigou Regine a olhar Kierkegaard de outro modo, esse olhar se fez realidade sensível apenas para o presente; a realidade do passado dizia outra coisa e não admitia que cobrissem sua voz com as débeis palavras do novo saber.

Logo após o rompimento, Kierkegaard escreveu a Bösen, seu único amigo fiel, que se Regine soubesse do ansioso receio com que ele cuidou de tudo e foi até o fim ao se dar conta da necessidade da separação, ela haveria de reconhecer seu amor nesse cuidado. Sabemos pouco sobre a vida de Regine, mas sabemos que ela, de fato, reconheceu isso. Ao ler os escritos póstumos de Kierkegaard, Regine escreveu a Lund, médico e parente de Kierkegaard: "Esses escritos põem nossa relação sob uma nova luz, luz sob a qual eu própria os havia enxergado algumas vezes, mas que minha modéstia me proibia de considerá-la verdadeira. No entanto, a fé inabalável que eu depositava nele sempre me levava de volta a esse ponto".

E também Kierkegaard intuiu algo dessa incerteza. Sentiu que seu gesto, aos olhos de Regine, não passava de possibilidade, assim como o de Regine aos seus próprios olhos, e que não havia meios de se construir uma realidade sólida entre os dois. Pois se algum caminho havia para se chegar à verdade, esse era o caminho para Regine, e percorrê-lo, ainda que com a máxima cautela, teria de aniquilar para sempre tudo o que fora conseguido até então. Ele tinha de manter a mesma imobilidade externa, interiormente incerta, pois talvez lá fora tudo tivesse se tornado firme e o gesto de aproximação pudesse impactar na vida vivente. Talvez – pois nem mesmo após dez anos da dissolução do noivado ele ousou procurá-la; pois talvez o casamento fosse apenas uma máscara na vida dela; talvez o amasse como antes, e um novo encontro viesse pôr tudo a perder.

11

Mas não se pode manter nem mesmo a certeza rígida do gesto, se é que se trata, de fato, de uma certeza. Também não se pode, caso se queira, esconder por muito tempo uma melancolia tão profunda quanto a de Kierkegaard por meio de encenações ligeiras, e nunca se pode ocultar definitivamente um amor tão ardente sob a aparência da infidelidade. Sim, o gesto repercute sobre a alma, mas esta age de volta sobre o gesto que pretende ocultá-la, iluminando-se através do gesto, e nenhum dos dois, nem o gesto nem a alma, pode passar a vida inteira nessa pureza rígida, isolado um do outro.

A única coisa que a pureza do gesto, de algum modo preservada exteriormente, pode conseguir é que o mal-entendido[12] irrompa por

---

[12] No original, *Missverständnis*. Esse conceito permeia toda a obra do jovem Lukács, caracterizando a impossibilidade de uma verdadeira comunicação entre os indivíduos na sociedade moderna. Nos manuscritos de sua estética de Heidelberg, Lukács falará de um "mal-entendido normativo" para demarcar o abismo instransponível entre a objetividade da obra de arte e a vivência que cada um experimenta frente a ela. Como se pode ler em "A relação sujeito-objeto na estética": "Nesse sentido, a identidade da obra reside exclusivamente no valor realizado na obra enquanto forma de validade, mas não na obra que se fez vivência como objeto concreto, pleno de conteúdo; existe apenas uma forma de validade idêntica, mas a identidade mesma não possui nenhum substrato de realização" (LUKÁCS, 2013, p. 28). É o que Lukács chama de "estrutura heraclítica" da "estética" e que Gadamer, em *Verdade e método* (2002, I, p. 166), retoma com o intuito de exemplificar o dilema das estéticas ligadas à *Lebensphilosophie*. Em sua estética de maturidade, o filósofo marxista irá se distanciar dessa concepção a

entre as brechas dessa univocidade. É assim que movimentos casuais e palavras soltas, que não dizem nada, acabam recebendo significados de importância vital; e o reflexo produzido no outro pelo gesto é forte o bastante para conduzi-lo ao lugar desejado. Quando eles se separaram, Regine Olsen perguntou a Kierkegaard entre súplicas e lágrimas, quase como uma criança, se uma vez ou outra ele pensaria nela, e essa pergunta se tornou o *leitmotiv* de toda a vida de Kierkegaard. E quando ela firmou seu noivado com ele, saudou-o na expectativa de um sinal de aprovação, mas com isso suscitou pensamentos completamente diferentes no desprevenido Kierkegaard. E quando Kierkegaard não suportou mais o peso da máscara e acreditou que o tempo do esclarecimento mútuo havia chegado, Regine, apoiada pelo marido, devolveu-lhe com o gesto da certeza a carta que não fora aberta, a fim de que tudo aquilo que sempre fora uma interrogação para ela permanecesse uma incerteza, eternamente; e a fim de que, após a morte de Kierkegaard, a incerteza gerada pela ausência daquelas palavras que tudo esclareceriam fosse sentida com um profundo pesar. E se eles tornaram ou não a se encontrar, permanece sempre a mesma inadequação: o repúdio do gesto e o retorno a ele, e no outro sempre o mesmo mal-entendido em relação ambos.

12

Onde começa a psicologia cessa a monumentalidade, e a univocidade nada mais é que uma expressão modesta da aspiração à monumentalidade. Onde começa a psicologia não há mais ações, apenas os motivos das ações; e o que necessita de motivos, o que admite um fundamento, já perdeu toda firmeza e univocidade. E ainda que reste algo sob os escombros, a maré dos motivos o arrastará incessantemente. Pois não há nada mais vacilante no mundo que motivos e fundamentações. Em vez daquilo que foi produzido por um determinado motivo, o contrário poderia ter ocorrido, por outros motivos ou, sob determinadas circunstâncias, até mesmo pelos mesmos motivos. E mesmo quando os motivos permanecem os

---

partir de uma interpretação do processo de alienação do espírito em Hegel e da relação indivíduo-gênero em Marx (cf. PATRIOTA, 2010).

mesmos – e eles nunca permanecem os mesmos –, nunca podem ser constantes: o que no momento da grande paixão tudo arrasta torna-se infimamente pequeno quando a tempestade passa, e o que antes era um nada insignificante torna-se enorme após um saber posterior.

A vida em meio a motivos é uma contínua alternância entre os reinos de Lilliput e Brobdingnag, e de todos os reinos, o mais sem chão em seu interior, o que mais se dissipa no ar é o reino dos motivos subjetivos, anímicos, o reino da psicologia. Uma vez começado o papel da psicologia na vida, cessa toda honradez unívoca e toda monumentalidade. Quando a psicologia se faz dominante na vida, não existe mais nenhum gesto que abarque em si a vida e as situações da vida. Pois o gesto só é inequívoco enquanto a psicologia permanece convencional.

Aqui, poesia e vida se separam com uma clareza trágica e definitiva. A psicologia da poesia é sempre unívoca, pois é sempre uma psicologia *ad hoc*, e embora pareça se ramificar em várias direções, suas múltiplas camadas também são sempre unívocas, com a diferença de que só podem configurar o equilíbrio da unidade final de um modo mais intricado. Na vida nada é unívoco, pois nela não existe nenhuma psicologia *ad hoc*, nela não são apenas os motivos aceitos em prol da unidade que desempenham um papel, nem todas as melodias precisam ter um fim. Na vida, a psicologia não pode ser convencional; na poesia ela sempre o é, por mais complicada e sutil que seja a convenção. Na vida, apenas um espírito completamente limitado pode ter o sentimento da completa univocidade; na poesia, apenas a obra completamente fracassada pode ser ambígua nesse sentido.

Por isso, dentre todos os tipos de vida, a vida do artista é a mais profundamente antipoética, a mais desprovida de perfil e gesto (Keats foi o primeiro a percebê-lo). Pois no poeta vem à tona a consciência daquilo que constitui a vida como tal; o poeta real não conhece limitação alguma frente à vida nem acalenta ilusões em relação à própria vida. Por isso, a vida é apenas matéria-prima para o poeta; só a violência espontânea de suas mãos pode plasmar um sentido unívoco no caos, símbolos nos fenômenos incorpóreos, e conferir formas – limites e significado – ao que é fluido e pleno de ramificações. Por isso, o poeta nunca cogita dar forma à sua própria vida.

O heroísmo de Kierkegaard consistiu nisto: buscou formas na vida. Sua honradez: viu encruzilhadas e seguiu até o fim o caminho que escolhera. Sua tragédia: quis viver o que não se pode viver. "Luto em vão", escreveu ele, "perco o chão sob os pés. A minha vida está se tornando apenas uma existência de poeta". A existência de poeta é nula e vazia porque nunca é absoluta, nunca é em si e para si, porque só é em relação a alguma outra coisa, e essa relação, ainda que não signifique nada, exaure-a por completo. Ao menos por um instante; mas a vida é feita apenas de tais instantes.

Contra essa necessidade, a vida sem limites de Kierkegaard travou uma batalha soberanamente limitada. E poder-se-ia dizer que a vida deu a Kierkegaard, com um cálculo astucioso, tudo o que podia lhe dar e tudo o que ele podia exigir dela. Mas é verdade que todos os presentes da vida não passaram de uma burla, pois o real ela nunca pôde lhe dar, e cada vez mais profundamente ele foi atraído por essa ilusão, adentrando – como Napoleão na Rússia – um deserto avassalador de vitórias e conquistas apenas aparentes.

Foi essa a luta de seu heroísmo, na vida e na morte. Soube viver de tal modo que cada um de seus movimentos se arredondou, convertendo-se num grande gesto, encarado com certeza estatutária e conduzido até o fim; e morreu de tal modo que a morte chegou em boa hora, quando a queria e como a queria. Mas vimos o quão realmente seguro, considerado de perto, era seu gesto mais seguro; e ainda que a morte o tenha colhido no auge de sua luta mais real e profunda e tal como a queria, na realidade ele não pôde ser, como queria, o mártir de sua própria luta. Pois, apesar de tudo, sua morte apontava para várias possibilidades, pois tudo na vida aponta para várias possibilidades e apenas a realidade exclui *a posteriori* algumas delas (nem todas são excluídas), para então abrir caminho a milhões de outras.

Kierkegaard lutava contra o cristianismo de sua época quando a morte o colheu em meio ao mais violento combate, quando, fora da luta, não havia mais nada a ser buscado a não ser intensificar ainda mais a luta (fatores casuais também imprimiram à sua morte o selo da fatalidade: Kierkegaard viveu exclusivamente de seu patrimônio – assumindo o ponto de vista da Idade Média, ele rejeitava como usura qualquer tipo de juros –, e quando morreu seu dinheiro estava no fim). Quando colapsou na rua e foi levado para o hospital, disse que queria morrer, pois a causa que defendia tornava necessária sua morte.

E morreu. E com sua morte todas as questões ficaram em aberto: aonde levaria o caminho que, de repente, findou em sua sepultura? Para onde ia antes de cruzar com a morte? A necessidade lógica da morte é apenas uma entre muitas possibilidades de explicação, e se a morte não veio em decorrência de um chamado interior, de um sinal, talvez o fim de seu caminho não possa ser encarado como um fim. E aí será preciso buscar na fantasia as novas curvas desse caminho. E então a morte de Kierkegaard também se torna polissêmica, casual e sem nenhuma conexão com o destino. E então o mais puro, mais unívoco gesto na vida de Kierkegaard – quanto esforço em vão! – não é, todavia, um gesto.

1909

Sobre a filosofia romântica da vida:
Novalis

Das Leben eines wahrhaft kanonischen
Menschen muss durchgehend symbolisch sein.[13]
Novalis, *Blütenstaub*

O cenário é o século XVIII em sua fase terminal: o século do racionalismo, da burguesia que luta, vence e tem consciência de sua vitória. Em Paris, doutrinadores visionários entregavam-se, com consequência cruel e sangrenta, a todas as possibilidades do racionalismo, enquanto nas universidades alemãs um livro atrás do outro minava e destruía a orgulhosa esperança racionalista de que não há nada impossível à razão. Napoleão e as frentes reacionárias do espírito já estavam a uma proximidade assustadora; após uma nova e agonizante anarquia, a velha ordem seria restaurada.

Jena, final do século XVIII. Um episódio na vida de alguns homens de importância apenas episódica para o grande mundo. Em toda parte retumbam batalhas, mundos desabam, mas numa pequena cidade alemã alguns jovens se reúnem com o objetivo de criar a partir do caos uma nova cultura, harmoniosa e universal. Lançam-se nesse projeto com aquela ingenuidade incompreensível e temerária que é dada somente a alguns indivíduos dotados de uma consciência patológica, orientada a um único aspecto de suas vidas e, mesmo assim, apenas por alguns instantes. Era uma dança sobre um vulcão ardente, um sonho reluzente e improvável; muitos anos depois, a lembrança desse episódio continuaria viva na alma de um espectador como algo

---

[13] A vida de um homem verdadeiramente canônico tem de ser simbólica do princípio ao fim. (N.T.)

estranhamente paradoxal. Pois apesar da riqueza de tudo o que fora sonhado e disseminado por eles, "havia algo de perverso no todo". Era preciso construir uma torre de Babel do espírito; desprovida de alicerces, estava fadada a ruir e, com ela, seus construtores.

1

Friedrich Schlegel escreveu certa vez que a Revolução Francesa, a doutrina da ciência de Fichte e o *Wilhelm Meister* de Goethe constituíam as grandes tendências da época. Nessa lista encontra-se toda a grandeza e toda a tragédia dos movimentos culturais alemães. Pois na Alemanha não havia senão um caminho para a cultura: o da interioridade, o da revolução do espírito; ninguém podia pensar seriamente numa revolução real. Os homens destinados à ação tinham de silenciar ou cair em desgraça, ou então se tornavam meros utopistas, restringindo sua atuação ao campo das frias possibilidades intelectuais; homens que do outro lado do Reno teriam se tornado heróis trágicos aqui só puderam viver seu destino na esfera da poesia.

Essa afirmação de Schlegel, considerada à luz da época e das circunstâncias, é surpreendentemente justa e objetiva; é incrível que ele tenha dado tanta importância à revolução, pois, para a intelectualidade alemã, Goethe e Fichte eram as grandes e efetivas tendências da vida real, e a revolução, por sua vez, não podia significar nada de muito concreto. Na medida em que um progresso externo era algo inconcebível, todas as energias se voltaram para dentro, e logo o "país dos poetas e dos pensadores" superaria todos os demais em profundidade, sutileza e força espiritual. Com isso, porém, o abismo que separava o topo da base tornava-se cada vez maior; se aqueles que chegavam ao topo eram acometidos de vertigem diante da profundidade dos penhascos, e se o ar rarefeito dos Alpes lhes tirava o fôlego, tanto pior para eles, pois descer já não era possível: os que viviam lá embaixo padeciam de um atraso secular, e por isso tornara-se impossível conduzi-los para o alto, de modo que a vida lá em cima ganhasse mais amplitude e solidez. Restava apenas continuar subindo, subindo rumo a uma mortal solidão.

Tudo parecia fora dos eixos. Cada novo pico conduzia a um novo espaço sem ar. O racionalismo havia engendrado perigos e desagregações, pois destronara – ao menos teoricamente – todos os valores existentes, e a coragem para impor uma contraofensiva não passou de uma reação sentimental anárquica e atomística. Mas quando as orgulhosas armas de ambos os combatentes foram destruídas pelas mãos de Kant, pareceu não restar mais nada que pudesse instaurar ordem na massa cada vez maior de conhecimentos e turva profundidade.

Somente Goethe conseguiu para si uma nova ordem. Naquele mar de individualismos temperamentais e indomáveis, seu culto do Eu, conscientemente tirânico, é uma ilha de magnífica prosperidade. À sua volta, o individualismo degenerou numa anarquia do instinto, perdeu-se numa miudeza de detalhes e estados de alma, convertendo-se em miserável renúncia; apenas ele conseguiu encontrar uma ordem para si. Era forte o bastante para esperar com serenidade os favores da sorte, mas também para afastar friamente todos os perigos. Era tão bom lutador que nunca punha em jogo o essencial de si mesmo nem se sacrificava em prol de acordos de paz e negociações. Suas conquistas eram de tal natureza que, com um simples olhar, desertos recém-descobertos se convertiam em jardins, e as perdas que sofria aumentavam ainda mais a força e a harmonia de suas posses.

No entanto, todos os poderes desencadeados pela época agitavam-se também dentro dele, e dentro dele seus raios domavam titãs talvez mais furiosos que aqueles que nas profundezas do Tártaro rodopiavam ao sabor do próprio desgoverno. Conheceu todos os perigos e subjugou-os todos; sofreu todos os tormentos da solidão, por isso se preparou para estar sempre só. Toda ressonância era uma aquisição surpreendente para ele, um acaso feliz e venturoso, mas o conjunto de sua vida foi uma enorme, cruel e gloriosa necessidade, e toda privação tinha de lhe ser tão enriquecedora quanto qualquer aquisição.

Não há dúvida de que a forma mais profunda de falar sobre os primeiros românticos seria contar detalhadamente o que Goethe significou para cada um deles em cada momento de suas vidas. Ver-se-iam então arrebatamentos jubilosos de vitória, silenciosas tragédias, poderosas ascensões, destemidas aventuras e extravios, e ouvir-se-iam dois gritos de guerra fundidos num único brado: para ele! Para além dele!

2

Jena, final do século XVIII. Umas quantas trilhas escarpadas encontram-se aqui por um breve instante, e homens que sempre viveram em solidão descobrem com eufórica alegria a existência de ideias que marcham no mesmo ritmo e sentimentos que parecem se inserir nos mesmos sistemas. A diferença entre eles era imensa, e parece uma lenda que possam ter se amado, que possam ter acreditado, ainda que por um breve instante, na possibilidade de seguirem juntos em sua ascensão.

É verdade que, no geral, tudo não passou de um grande salão literário, ainda que disseminado por toda a Alemanha, da criação de um novo grupo literário sobre bases sociais. As personalidades mais independentes e obstinadas da Alemanha estavam ali reunidas. Escalaram um caminho longo e difícil até um ponto em que finalmente puderam enxergar a luz do sol e então uma ampla vista se abriu para cada um deles; sofreram todos os tormentos de quem é lançado no deserto, ávido de cultura e comunhão, e os dolorosos e trágicos êxtases de um individualismo tensionado ao extremo. Sentiram que o caminho que haviam percorrido, e que já havia sido percorrido antes por todas as gerações jovens e despertas da nova Alemanha, não levava a lugar nenhum; e quase ao mesmo tempo se viram diante de todas as possibilidades de sair do nada para alguma coisa, de se salvar da anarquia da vida livresca a que haviam sido condenados pelas circunstâncias e de marchar rumo a metas fecundas e criadoras de cultura.

Não muito antes deles, Goethe alcançara definitivamente essa meta. E talvez sua chegada tenha sido fundamental para essa geração, na medida em que salvou seus membros daquela excitação contínua, sem meta, devoradora e destruidora de energia que, havia meio século, arruinava os grandes homens da Alemanha. Hoje provavelmente chamaríamos de cultura aquilo a que almejavam, mas eles, que a tinham pela primeira vez como uma meta possível e redentora, lançaram mão de mil fórmulas poéticas para descrevê-la e divisaram mil caminhos para alcançá-la. Sabiam que cada um de seus caminhos tinha de conduzir até essa meta; sentiam que era preciso suportar tudo, viver tudo o que a vida lhes oferecesse, de modo que "a igreja invisível" que estavam incumbidos de construir se tornasse repleta de riquezas e universal. Era como se uma nova religião fosse surgir, uma religião panteísta, monista, capaz de divinizar o desenvolvimento conquistado pelas verdades e descobertas das novas ciências da natureza. Friedrich Schlegel acreditava que no âmago do idealismo – cuja força tudo penetrava e que havia se revelado nas ciências da natureza antes de se tornar consciente de si como filosofia e como síntese profunda da época – jazia oculto um poder criador de mitologias, e que esse poder, ao ser despertado para a vida, conseguiria unificar a poesia, a arte e as formas vitais de exteriorização sob bases tão sólidas quanto aquelas do povo grego. É claro que essa mitologia não era apenas a exigência ideal das grandes aspirações estilísticas, mas também o alicerce da nova religião. Pois eles também costumavam chamar essa meta de religião, e seu sentimento de busca submetia com intransigência e exclusivismo puramente religiosos tudo o que, de algum modo, pudesse ser considerado uma meta. Dificilmente alguém conseguia dizer claramente o que era essa meta, e ainda hoje é difícil definir numa fórmula o seu sentido. Mas a questão mesma lhes fora colocada pela vida de modo claro e unívoco. Um novo mundo parecia então irromper, criando homens com novas possibilidades de vida; no entanto, a velha vida, ainda persistente, era tal, e a nova vida seguia por tais caminhos, que nem mesmo seus melhores filhos conseguiam se acomodar. A existência, o vínculo com a vida, a situação e a tomada de posição dos grandes homens da época se tornavam cada vez mais arriscados e incertos. Em toda parte e em todas as formas vitais de exteriorização a pergunta era a mesma: como se pode e se deve viver hoje? Buscava-se uma ética da genialidade ("o gênio é a condição natural do homem", disse Novalis) e, além dela, uma religião; pois a ética mesma não podia ser senão um meio para a obtenção dessa meta distante, dessa harmonia definitiva. E as velhas religiões, a Idade Média, o helenismo de Goethe, o catolicismo eram apenas símbolos provisórios dessa nova nostalgia que, com sua vontade tempestuosa de unidade, traduzia todo sentimento em religião: o pequeno e o grande, a amizade e a filosofia, a poesia e a vida.

  Reunidos em seus salões de Berlim e Jena, os apóstolos da nova religião discutiram, inflamados por apaixonados paradoxos, o programa da nova conquista do mundo. Em seguida fundaram uma revista, espirituosa e bizarra, profunda e completamente esotérica, cujas linhas traíam, uma por uma, a impossibilidade de surtir qualquer efeito. Mas se, apesar de tudo, tivessem surtido algum...?

  "No entanto, havia algo de perverso no todo."

3

Goethe e o romantismo. Acredito que, de tudo o que foi dito até aqui, ficou já claro onde eles se encontram e talvez ainda mais claro onde seus caminhos se separaram. Naturalmente, também os românticos viram e sentiram ambas as coisas; para eles, toda aproximação com Goethe era fonte de uma orgulhosa felicidade, e a maioria deles apenas discreta e dissimuladamente ousou chamar a atenção para o que os separava. O *Wilhelm Meister* foi a vivência decisiva de todos eles, embora apenas Karoline tenha se mantido fiel ao processo de vida de Goethe, e apenas Novalis tenha tido a coragem de falar com franqueza da necessidade de uma separação. Novalis via claramente a superioridade de Goethe em relação a si e a seus companheiros de viagem; via que em Goethe era ação tudo aquilo que neles era apenas método e tendência; que não podiam produzir mais que considerações problemáticas sobre a superação de sua própria problemática, ao passo que Goethe havia superado a sua; que estavam empenhados na criação de um novo mundo em que seu grande homem, o poeta, tivesse uma pátria; Goethe, por sua vez, já havia encontrado essa pátria na vida presente.

No entanto, com essa mesma clareza, Novalis também viu quanta coisa Goethe teve de sacrificar para encontrar essa pátria, e todo o seu ser se indignava contra a ideia de que essa solução fosse a única possível. Também lhe ocorria sonhar como meta de vida a harmonia final do *Wilhelm Meister* e, com a mesma clareza de Goethe, via o quão perigoso eram o começo e o curso dessa peregrinação. A seu ver, Goethe havia se tornado pobre ao alcançar a meta, mais pobre do que era necessário.

Nesse ponto o caminho do romantismo se aparta do de Goethe. Ambos buscam o equilíbrio das mesmas forças contrárias, mas o romantismo exige um equilíbrio no qual a harmonia não debilite a intensidade de nenhuma das forças. Seu individualismo é mais duro e caprichoso, mais consciente e intransigente que o de Goethe; o romantismo quer atingir a harmonia última com o máximo de individualismo.

A poesia é a sua ética, e a moral, a sua poesia; Novalis disse uma vez que a moral é fundamentalmente poesia, e Friedrich Schlegel pensava que toda criação autêntica e original já era moralmente valiosa em si mesma. Mas o individualismo não devia conduzir ao isolamento. Diz Novalis: "Nosso pensamento é diálogo, e nosso sentimento, simpatia". E os aforismos e fragmentos de *Athenäum* – a expressão mais característica e liricamente verdadeira do programa romântico – não são a obra deste ou daquele indivíduo; em muitos casos não é possível nem identificar autorias. O que importava era reforçar as direções e os caminhos comuns, de modo que, às vezes, ideias provenientes de várias cabeças eram sintetizadas numa nova proposição apenas para criar o efeito de uma comunidade e evitar que uma personalidade em particular se distinguisse.

Queriam criar uma cultura, fazer da arte uma matéria de ensino e organizar a genialidade. Queriam que, como nas grandes épocas do passado, todo valor criado se convertesse em posse inalienável, que os desenvolvimentos subsequentes não ficassem mais submetidos a casualidades. Viram claramente que o único fundamento possível para isso era uma arte nascida do espírito da matéria e da técnica. Daí que fosse preciso se dedicar à arte da combinação de palavras do mesmo modo como os antigos ourives se apropriavam das possibilidades do metal. Mas a produção de uma obra de arte perfeita também não podia ser para eles um fim último; se algo tinha valor real, tinha-o apenas como meio pedagógico. "Tornar-se deus, ser homem, formar-se são expressões que significam a mesma coisa", disse Friedrich Schlegel; e Novalis o complementa nos seguintes termos: "Poesia é o modo de ação mais próprio do espírito humano". Não se trata de *l'art pour l'art*, mas de um pampoetismo [*Panpoetismus*].

É o sonho antiquíssimo de uma Idade de Ouro. Porém, essa Idade de Ouro não é o tesouro para sempre perdido de prístinas eras, cujo brilho às vezes reluz em alguns belos contos de fadas; é antes a meta que todo ser humano tem por dever alcançar. É a "flor azul" que todo cavaleiro sonhador tem de buscar sempre e em toda parte; a Idade Média que todos eles veneram com ardor, o cristianismo que professam: nada é inalcançável para o homem, e um tempo virá em que não se saberá de nada impossível. "Acusa-se o poeta de exagero", diz Novalis. "Porém, parece-me que os poetas não estão nem perto de exagerar o bastante [...] Não sabem quais forças podem dominar, quais mundos lhes devem obediência". Por isso se decepcionou com o *Wilhelm Meister*, por isso disse que, no geral, era um livro essencialmente antipoético, "um Cândido dirigido contra a poesia".

Com isso, pronunciava uma sentença de morte contra ele, pois agora a poesia havia verdadeiramente se convertido no centro do mundo. A concepção de mundo do romantismo é o mais autêntico pampoetismo: tudo é poesia, e a poesia é o "Uno e o Todo". Nunca e para ninguém mais a palavra "poeta"[*Dichter*] foi tão plena de significados, sagrada e ampla, como para os românticos. Se também para homens e poetas de épocas posteriores a poesia veio a ser o único altar digno de sacrifício, somente o culto dos românticos abraçou a vida em sua plenitude, sem renúncias, sem dar as costas à sua riqueza; parecia ser a única possibilidade de se alcançar a meta sem abdicar nada da vida. Essa meta é o homem que sabe viver verdadeiramente. Falavam do "Eu" nos termos de Fichte. Nesse sentido, eram egoístas: fanáticos e servos do próprio desenvolvimento, para quem as coisas só eram amadas e estimadas na medida em que promoviam seu crescimento. "Não somos um Eu", escreveu Novalis. "Devemos e podemos nos tornar um Eu, somos um embrião que pode se tornar um Eu." Entre os homens, apenas o poeta está em correspondência com a norma, apenas ele possui realmente a grande possibilidade de se tornar um Eu. Por quê?

As épocas que anseiam nostalgicamente por cultura só podem encontrar seu centro na arte; esse desejo será tão mais violento quanto mais débil for a existência da cultura e quanto maior for a ânsia por ela. Mas no caso da filosofia romântica da vida, a questão é a do predomínio, ainda que não de todo consciente, de uma disposição passiva de vivência. Sua arte de viver era uma adaptação genial aos acontecimentos da vida, a arte de desfrutá-la ao máximo, de tornar necessário tudo o que viesse pelas mãos do destino. Uma poetização do destino, não a sua sedimentação em forma nem a sua superação. O caminho de interiorização que trilharam só podia conduzir a uma fusão orgânica de todas as coisas dadas, a uma imagem belamente harmoniosa das coisas, não a um domínio das coisas.

Mas esse caminho foi o único que restou ao sonho nostálgico da grande síntese de unidade e universalidade. Buscaram uma ordem que incluísse tudo, que não exigisse nenhuma renúncia; tentaram abarcar o mundo inteiro, de modo que da sobreposição de todas as dissonâncias resultasse uma grande sinfonia. A composição dessa unidade e dessa universalidade só é realizável na poesia, que, por esse motivo, é para os românticos o centro do mundo. Apenas nela era uma possibilidade natural superar todas as oposições, alçando-as a uma harmonia superior; apenas nela era possível colocar cada coisa em seu devido lugar mediante uma distribuição de acentos. Para a poesia tudo se torna símbolo, mas tudo é apenas símbolo para ela; tudo possui um significado, mas nada pode pretender ser um valor em si e para si. A arte de viver do romantismo é uma poesia convertida em ação; das leis mais íntimas e profundas da arte poética advêm os imperativos da vida.

Quando tudo é compreendido corretamente e vivido com profundidade, não existem contradições reais. Os românticos buscavam seu próprio Eu, ainda que parecessem trilhar outros caminhos, e o ritmo dessa busca cria proximidades e parentescos, mas não uma igualdade de direções. Somente as palavras geram coincidências e diferenças, e as opiniões são, no melhor dos casos, apenas caminhos para os verdadeiros valores; de um modo geral, não passam de expressões imperfeitas e provisórias de sentimentos ainda pouco maduros para receberem uma forma. Apenas o senso rítmico e a sensibilidade para sincronizar os tempos (esses dois conceitos significam a mesma coisa) são necessários para que as dissonâncias remanescentes desapareçam. Foi preciso que Goethe interviesse, do contrário os Schlegel teriam publicado no mesmo número do *Athenäum* o "Heinz Widerporst", de Schelling, e o "Christentum", de Novalis. Convicções não podiam separar ninguém; seu valor vital era muito pequeno para isso. Qualquer percurso, em qualquer direção, era acolhido com ironia; visto simbolicamente, se valesse a pena, era reconhecido como religião.

O egoísmo dos românticos tem uma coloração intensamente social. Esperava-se que justamente um desenvolvimento mais intenso da personalidade acabasse por criar proximidade entre os homens; e nisso buscavam a salvação contra a solidão e o caos. Estavam profundamente convencidos de que sua escrita peculiar e intransigente produziria a justa e necessária comunidade de autores e leitores, bem como aquela popularidade almejada com tanta firmeza por todos eles. Viam claramente que a falta dessa comunidade era o único motivo pelo qual o extraordinário desenvolvimento de forças de seu tempo não amadurecia em práticas culturais. Queriam desenvolver tal comunidade a partir do pequeno e fechado círculo em que viviam, e o conseguiram – no interior desse círculo e durante alguns anos. Provinham de tendências distintas e seguiam em direções distintas, mas, enquanto pareciam percorrer o mesmo grande caminho, quiseram considerar aquelas divergências como uma contingência qualquer, atribuindo importância apenas aos aspectos comuns – e estes deveriam ser não mais que um modesto prenúncio de harmonias futuras e mais autênticas. Mas bastou que certos juízos de valor se modificassem entre alguns deles para que a "Liga Hanseática" se dissolvesse, e a harmonia do conjunto bem afinado se convertesse numa ensurdecedora sequência de dissonâncias.

O preço que os românticos tiveram de pagar pela sua arte de viver foi um abandono aparentemente consciente da vida; entretanto, esse abandono só era consciente na superfície, no plano psicológico: sua natureza mais profunda e suas relações mais profundas permaneceram desconhecidas para os próprios românticos e, por isso, sem redenção e força redentora. A realidade efetiva da vida desapareceu diante de seus olhos e foi substituída por outra, poética e puramente anímica. Criaram um mundo homogêneo, unitário em si mesmo e orgânico, e o identificaram com o mundo real dos fatos. Um mundo que, como os anjos, flutua entre o céu e a terra, envolto numa luminosidade totalmente incorpórea; com isso, porém, a gigantesca tensão que existe entre a poesia e a vida, e da qual ambas extraem suas forças reais, criadoras de valores, ficou perdida para eles. Os românticos não chegaram sequer a superar essa tensão; partiram em seu voo heroico-frívolo aos céus e a esqueceram na terra; na verdade, mal sabiam de sua existência. Somente assim puderam realizar sua ambição de totalidade, mas por isso não chegaram ao conhecimento de seus limites. Para eles, os limites não foram nem tragédia – como ocorre com aqueles que vivem a vida até o fim – nem caminhos para uma autêntica e verdadeira obra, cuja grandeza e força consistem justamente em manter separado o heterogêneo e em criar uma nova camada de mundo, unitária e definitivamente dissociada da realidade. Para eles, os limites foram o colapso, o despertar de um devaneio belo e febril, um final triste e trágico, sem estímulo nem enriquecimento. Por terem confundido o cosmo sonhado e autocriado com o mundo real, nunca conseguiram chegar a uma clara diferenciação. Puderam crer na possibilidade de uma ação e de uma poesia sem renúncias. Porém, todo agir, toda ação e toda criação impõem limites; uma ação nunca se realiza sem renúncia, e seu autor nunca alcançará a universalidade. A trágica cegueira dos românticos foi não querer nem poder ver essa necessidade. Por isso, quase imperceptivelmente, o chão sumiu sob seus pés, por isso suas edificações monumentais e poderosas foram se transformando pouco a pouco em castelos de areia, até se dissiparem de vez. Também o sonho de uma caminhada comum se desfez como névoa, e ao cabo de poucos anos ninguém compreendia mais a língua do outro; e, com isso, morria também o sonho mais profundo, a esperança de uma cultura vindoura. Mas agora que tinham provado da embriaguez da comunidade não podiam mais tentar a ascensão pelas veredas solitárias. Muitos se tornaram epígonos da própria juventude; alguns, cansados da busca desoladora da nova religião e do espetáculo desolador da anarquia crescente, que fortalecia ainda mais sua nostalgia de ordem, foram atracar resignadamente nos portos mais tranquilos das velhas religiões. Aqueles que um dia haviam saído às ruas para transformar o mundo e refundá-lo outra vez tornaram-se devotos suplicantes.[14]

"Havia algo de perverso no todo."

4

Até aqui Novalis foi mencionado apenas esporadicamente, e, no entanto, estivemos falando dele o tempo todo. Ninguém mais que esse jovem delicado, votado à morte, enfatizou com mais energia a validade exclusiva das metas supremas. Ninguém foi tão ameaçado pelos perigos do estilo de vida romântico quanto ele – e, no entanto, de todos esses grandes teóricos da arte de viver, somente a ele foi

---

[14] Em continuidade com a concepção apresentada aqui, Lukács se tornaria um dos mais contundentes críticos do romantismo. Em seus estudos posteriores, o fundamento político-ideológico do romantismo é interpretado como uma tentativa de conciliação entre progresso e reação. O romantismo "quer uma transformação da Alemanha num país moderno (e capitalista, embora isso fosse inconsciente na maioria de seus defensores), mas quer essa transformação sem a eliminação do absolutismo, sem a remoção dos restos feudais, dos privilégios feudais" (LUKÁCS, 1953b, p. 44). (N.T.)

concedido viver de modo harmonioso. Todos os demais foram reféns da vertigem de seu eterno abismo, que sempre se abria ante seus pés nos dias mais luminosos, e todos se precipitaram; só Novalis conseguiu haurir dos perigos sempre iminentes forças intensificadoras da vida. E o perigo que enfrentava era mais brutal, mais físico, que o de todos os demais; apesar disso, pôde extrair dele a máxima energia vital. Ou talvez justamente por isso.

Pois seu perigo era a morte. A sua e a dos seres mais próximos à sua alma. Daí que seu programa de vida não possa ter sido outro senão o de rimar corretamente essas mortes nos versos da poesia na qual sua vida estava destinada a se tornar, de introduzir harmoniosamente sua vida entre essas mortes como um dado incontestável. Viver de tal modo que a morte só apareça sob seu chamado e nunca interrompa nada cuja legalidade e beleza interior não exijam a eterna condição de fragmento; sobreviver à morte do ser amado, porém de tal modo que a melodia da dor nunca finde por completo, que uma nova contagem do tempo se inicie com aquela morte, que a sua própria morte esteja em profunda e íntima relação com a do ser amado, e que, apesar de tudo, a breve vida, distendida entre as duas mortes, seja rica e plena de vivências.

Com Novalis, as tendências do romantismo se exacerbam ao máximo. O romantismo sempre negou com consciente firmeza a tragédia como forma de vida (não como forma poética, é claro); em toda parte, sua maior aspiração foi liquidar a tragédia, resolvendo situações trágicas de modo não trágico. Também nisso a vida de Novalis é a mais romântica: o destino sempre lhe colocou em situações em que qualquer outro só teria podido obter canções trágicas ou êxtases trágicos; mas tudo o que suas mãos tocavam se transformava em ouro – não havia nada que, ao cruzar seu caminho, não o deixasse mais rico. Seu olhar encontrou sempre as dores mais graves, e ele teve sempre de descer às profundezas do mais penoso desespero; no entanto, ria e era feliz.

O jovem Friedrich Schlegel deixou anotada sua primeira conversa com Novalis; tinham ambos a mesma idade: 20 anos. Novalis expôs sua opinião com um calor selvagem: "Não há nada de mau no mundo, e tudo se aproxima novamente da Idade de Ouro". Muitos anos mais tarde, já no final da vida, o herói de seu único romance encontrou a expressão definitiva para esse sentimento: "destino e alma são designações de um mesmo conceito".

Mais de uma vez foi atingido pela crueldade demolidora do destino. Entregou-lhe tudo o que tinha e se tornou mais rico que antes. Após uma juventude atribulada, pareceu-lhe que uma jovem seria a realização de toda a sua nostalgia; ela morreu, e tudo o que lhe restou foi a certeza de que também não tardaria a morrer. Não pensou em suicídio nem que as aflições o consumiriam; possuía a convicção inabalável de que podia e devia se dedicar com alegria e tranquilidade à vida que tinha pela frente, mas que não viveria muito tempo. Queria morrer, e essa vontade é forte o bastante para chamar a morte e atraí-la.

Mas a vida veio e quis impedi-lo de morrer. Mostrou-lhe poemas não escritos, radiantes e altaneiros; caminhos luminosos que conduziam para além do grande Goethe. Diante dele abriram-se os inumeráveis milagres das novas ciências, suas perspectivas, que apontam para o infinito, suas possibilidades, convocadas para criar novos mundos. Novalis é então introduzido no mundo das ações, compreendendo que para ele não havia nada de seco e estéril, que ao seu contato tudo se tornava harmonioso, e a própria condição burocrática de funcionário público se tornava um canto de triunfo. Ele, porém, queria morrer.

Mas a vida o impediu de morrer. E a única coisa que pedira ao destino lhe era agora retirada: permanecer fiel. A vida lhe ofereceu uma nova felicidade, um novo amor, o amor de um ser superior ao de outrora; mas ele não queria aceitá-lo de modo algum. Queria apenas permanecer fiel, mas por fim não conseguiu resistir muito tempo. Ele, que queria a morte, reingressou na vida; o eterno profeta da fé segundo a qual nada é impossível para o homem; que queria realmente apenas uma coisa e obteve justamente oposto do que queria. Porém, nada se partiu dentro dele quando todo o edifício de sua vida ruiu: alegre e decidido se aproximou de sua felicidade, tão alegre e decidido quanto um dia estivera disposto a morrer.

Mas quando finalmente estendeu as mãos para a vida, quando finalmente se livrou de sua veneração pela morte, o salvador que tanto buscara, embora em vão, apareceu, e aquilo que há pouco tempo teria sido a jubilosa coroação de sua vida atingiu-o como um golpe dissonante: a morte. Justo agora! Seus amigos não podiam acreditar que a morte estivesse realmente tão perto e logo se convenceram de que ele próprio não sabia dessa proximidade. Mas Novalis elaborou para o seu período de morte um novo programa de vida; cuidadosamente, evitou tudo aquilo que um homem doente não pode realizar com intensidade e perfeição e viveu apenas aquilo que podia ser beneficiado pela sua doença. Uma vez escreveu: "as doenças são de fato algo de máxima importância para a humanidade [...] Ainda conhecemos de modo muito imperfeito a arte de utilizá-las". E quando, meses antes de sua morte, faz um relato de sua vida ao amigo Tieck, escreve: "foi uma época difícil. Mas, de um modo geral, me mantive sereno". E Friedrich Schlegel, presente em seu leito de morte, sublinha sua "serenidade indescritível" na hora final.

5

Novalis é o único poeta verdadeiro da escola romântica; somente nele a alma do romantismo — e exclusivamente ela — se converteu inteiramente numa canção. Os demais, quando eram de fato poetas, eram meramente poetas românticos; o romantismo apenas os havia brindado com novos motivos, alterado o curso de seu desenvolvimento ou ampliado suas posses poéticas, no entanto eles já eram poetas antes de reconhecerem em si esses novos sentimentos e permaneceram poetas depois de terem se distanciado do romantismo em seu todo. A vida e a obra de Novalis — não há o que fazer, esse lugar comum é a única fórmula adequada — constituem uma unidade indissociável, e tal unidade é o símbolo de todo o romantismo; é como se a poesia, após ter sido lançada no mundo e nele se extraviado, se redimisse por meio da sua vida, voltando a ser elevada e autêntica. Não existe impulso romântico que não tenha permanecido puro impulso em Novalis, e a vontade romântica de unidade, sempre e necessariamente fragmentária, em nenhuma outra parte permaneceu tão puramente fragmento quanto nele, que teve de morrer justamente no momento em que começava a criar. No entanto, ele é o único cuja vida não deixou atrás de si uma pilha de escombros pitorescos, entre os quais se podem recolher alguns gloriosos fragmentos e se interrogar, maravilhado, quão bela haveria de ser a obra à qual eles provavelmente teriam pertencido. Seus caminhos o levaram sempre à meta, suas perguntas foram todas respondidas. Cada fantasma e cada *fata morgana* dos românticos ganharam um corpo sólido através dele; somente ele conseguiu que o fogo-fátuo não o atraísse a pântanos sem fundo, pois seus olhos eram capazes de ver em cada fogo-fátuo uma estrela, e, porque tinha asas, voava para elas. Ele foi aquele que deparou com o destino mais cruel e o único que conseguiu crescer nesse confronto. De todos os que buscaram se tornar senhores da vida, ele foi o único artista da vida prática.

No entanto, também ele obteve uma resposta que não correspondia à pergunta que formulara: interrogou a vida, mas foi a morte que lhe respondeu. Cantar a morte talvez seja mais nobre e heroico que cantar a vida; mas não foi em busca dessa canção que os românticos saíram à luta.

Somente a vida de Novalis pôde se tornar poesia, foi essa a tragédia do romantismo; sua vitória é uma sentença de morte sobre toda a escola romântica. Pois tudo aquilo com que quiseram conquistar a vida bastou apenas para uma bela morte; sua filosofia da vida era apenas uma filosofia da morte, sua arte de viver, uma arte de morrer. Pretendiam abarcar o mundo e por isso se tornaram escravos de seus destinos; e se Novalis nos parece tão grande e completo, talvez seja apenas porque foi escravo de um senhor invencível.

1907

Burguesia e *l'art pour l'art*: Theodor Storm

1

Burguesia e *l'art pour l'art*: até onde vai esse paradoxo? Houve um tempo em que não havia nenhum paradoxo nisso. Pois como alguém nascido no seio da burguesia poderia pensar na possibilidade de uma vida fora dos padrões burgueses? Ao mesmo tempo, a ideia de que a arte encerra-se em si mesma e obedece apenas às suas próprias leis nem sempre foi reflexo de uma dissociação violenta entre vida e arte: ela expressava o fato de que a arte existe em virtude de si mesma, assim como todo trabalho honestamente realizado existe em virtude de si mesmo. É que o interesse coletivo, em nome do qual tudo vem a ser produzido, exige que todo trabalho seja feito como se não possuísse nenhuma finalidade além de si mesmo e só existisse em virtude de uma perfeição a ele intrínseca.

Hoje essa época é encarada com nostalgia, com a nostalgia histérica de que se ressente nossa humanidade complicada, condenada à eterna insatisfação. Com impotente nostalgia, supõe-se ter havido um tempo em que a proximidade com a perfeição não exigia todo o investimento de um gênio, dado que a perfeição era algo evidente, e a possibilidade do contrário não era sequer cogitada. Pois a perfeição da obra de arte era uma forma de vida, e a diferença que separava as obras umas das outras era apenas de grau. Essa nostalgia é o rousseaunianismo da consciência do artista: a nostalgia romântica que anseia por uma flor azul inalcançável, vislumbrada em sonhos, contemplada em visões formais. A nostalgia de algo que está nos antípodas de nós mesmos, pois fundada na esperança de que, em meio às dores de parto de uma autoelevação obtida à força e com as últimas energias de um sistema nervoso enfermiço, possa-se dar à luz a grande e sagrada simplicidade, a natural e sagrada perfeição. E o estilo de vida burguês, o rebaixamento da própria conduta a parâmetros estritamente burgueses, é apenas um meio de aproximação àquela perfeição. É uma ascese, pois todo o brilho da vida é subtraído a fim de ser salvo em outro lugar: na obra de arte. E nisso o estilo de vida burguês adquire o aspecto de um trabalho forçado, de uma hedionda servidão; de uma coerção contra a qual todos os instintos vitais se rebelam, sucumbindo apenas devido à crueldade dessa força. Talvez, no intuito de que o êxtase dessa luta produza aquela intensidade extrema de que necessita o trabalho. Tal estilo de vida burguês absorve a própria vida, pois a vida seria justamente o seu oposto: brilho e ausência de amarras, uma dança triunfal bêbada e orgiástica da alma pelas florestas imprevisíveis das sensações anímicas. A vida burguesa é, assim, um açoite que impõe a firme disciplina do trabalho aos seus entusiastas. Ao mesmo tempo, esse estilo de vida burguês é apenas uma máscara por trás da qual se esconde a dor selvagem e estéril de uma vida fracassada e arruinada, a dor vital dos românticos tardios.

Essa existência burguesa é apenas uma máscara e, como toda máscara, uma negação, o contrário de outra coisa, e seu sentido provém unicamente da energia do "não" que declara. Essa existência burguesa significa apenas uma negação de tudo o que é belo, de tudo o que parece desejável, de tudo aquilo capaz de saciar a sede dos instintos vitais. Essa existência burguesa não possui em si mesma nenhum valor. Pois uma vida constrangida por semelhante moldura e forma só pode encontrar algum valor nas obras que cria. Mas esse tipo de burguesia corresponde de fato à essência burguesa?

É antes de tudo pela profissão [*Beruf*] burguesa que a vida se faz burguesa; mas essa vida realmente conhece alguma profissão? À primeira vista, isso é impossível. É evidente que os regulamentos e as ordenações da vida burguesa são apenas uma máscara por trás da qual se esconde a mais anárquica e egoísta preocupação com o próprio eu, e que apenas em suas manifestações mais externas – com ironia romântica e consciente estilização da vida – essa vida se adéqua às formas de exteriorização daquele que é precisamente seu inimigo mortal.

Burguesia e *l'art pour l'art*. Podem esses dois extremos mutuamente excludentes coexistir numa mesma pessoa? Podem ser vividos ao mesmo tempo de forma séria e honesta, tornando-se apesar disso uma só coisa na vida de alguém? É antes de tudo pela profissão burguesa que a vida se faz burguesa; por meio de algo que, considerado em si mesmo, não chega a ser muito significativo; pois nem o mais contundente sucesso profissional é capaz de gerar aquela exaltação febril da personalidade, e sua decadência ou seu esgotamento é um fato que no máximo duas ou outras três pessoas haverão de reparar. E é próprio da autêntica mentalidade burguesa exigir das pessoas uma dedicação total, exigir que elas se concentrem nos aspectos decisivos de seu ofício, ainda que estes possam ser mesquinhos, insignificantes e talvez não tragam nenhum benefício à alma. Para o verdadeiro burguês, a profissão não é uma ocupação, mas uma forma de vida, determinando, qualquer que seja seu conteúdo, por assim dizer, o tempo e o ritmo da vida, seu formato e seu estilo. Nesse sentido, a profissão burguesa é algo que, em consequência da secreta interação entre as formas de vida e as vivências típicas, penetra profundamente em cada criação.

A profissão burguesa como forma de vida significa, acima de tudo, o primado da ética na vida: a vida dominada pela repetição regular, sistemática, pela rotina do cumprimento do dever, por aquilo que tem de ser feito sem consideração ao prazer ou desprazer. Em outras palavras: o domínio da ordem sobre o estado de alma,[15] do permanente

---

[15] No original, *Stimmung*. Para o jovem Lukács, *Stimmung* caracteriza a instabilidade e a instantaneidade de sensações e vivências, correspondendo, no plano filosófico, à filosofia da vida, e, no plano artístico, ao impressionismo. Georg Simmel e Alois Riegl, por exemplo, usam o termo no sentido de uma disposição estética responsável por insuflar unidade aos dados da realidade externa, que tanto pode ser uma paisagem natural quanto uma obra de arte. Contra essa concepção, associada ao impressionismo, Lukács escreveu num ensaio de 1909: "A época em que crescemos – e todo o século XIX – não acreditava na durabilidade. Anunciaram já há um século que a paisagem é apenas um estado de alma e, de fato, tudo no mundo virou estado de alma. Nada era firme e durável. Não havia nada no mundo que pudesse ser concebido como livre da escravidão do momento e nada foi dito sobre a necessidade de se libertar dessa escravidão... A arte desse estado de alma vital podia ser apenas uma arte das sensações, uma arte da comunicação das vivências, do meramente subjetivo, do meramente momentâneo... Esta arte

sobre o momentâneo, do trabalho pacato sobre a genialidade movida a sensações. E talvez a consequência mais profunda disso seja que a entrega triunfa sobre a solidão egocêntrica; não a entrega a um ideal projetado de dentro para fora, muito além de nosso potencial máximo, mas antes a entrega a algo independente de nós e alheio a nós, mas que justamente por isso é real de um modo simples e tangível. Uma entrega que põe fim ao isolamento. Talvez o valor vital e supremo da ética seja o de constituir um território de encontros, território no qual a eterna solidão se extingue. O homem ético não é mais o começo e o fim de todas as coisas; seus estados de alma não são mais o parâmetro para a avaliação do significado de tudo o que acontece no mundo. A ética impele todos os homens ao sentimento de comunidade, quanto mais não seja, pelo reconhecimento da utilidade imediata e mensurável das coisas, do trabalho findo, ainda que modesto. O reconhecimento da pura genialidade na atividade não pode ser senão algo irracional. Pois seu fazer será sempre superestimado e subestimado ao mesmo tempo, uma vez que nunca pode ser avaliado segundo um parâmetro qualquer de caráter interno ou externo.

Quando apenas a produtividade baseada no talento torna os indivíduos importantes perante o mundo e seguros perante si próprios, o centro de gravidade da vida é completamente deslocado em direção ao talento. A vida existe para o trabalho, e o trabalho é sempre algo incerto, algo pelo qual a sensação de vitalidade pode atingir picos de êxtase e, às vezes, numa concentração histérica das forças, passar dos limites, e aí é preciso pagar o preço dessa elevação com terríveis depressões nervosas e psíquicas. A obra é a meta e o sentido da vida. Por força de uma enérgica interiorização, o centro da vida é deslocado para fora, para o mar revolto das incertezas e das possibilidades completamente incalculáveis. O trabalho prosaico, pelo contrário, fornece um chão firme e seguro; como forma de vida, implica um deslocamento nas relações entre vida e trabalho em favor da vida. A consequência disso é que o valor humano do homem, seu peso interno e externo, é colocado sobre um chão firme, e esse valor adquire durabilidade, porque

---

[o impressionismo] não possui forma, pois a forma é unívoca e exclui as demais formas e tudo o que não está configurado. A forma é um princípio valorativo, que cria diferença e ordem" (LUKÁCS, 2011, p. 9-10). (N.T.)

o centro de gravidade é colocado sobre o campo ético, sobre valores éticos, valores, portanto, em que é dada ao menos a possibilidade de uma validade duradoura. Esse trabalho nunca exige dos homens uma absorção completa, não pode fazê-lo; e o ritmo vital criado por ele é, necessariamente, de tal ordem que a vida se torna a melodia, e todas as demais coisas, apenas acompanhamento. Quando Storm visitou Mörike em Stuttgart, a conversa que tiveram também tratou desse ponto – o da relação entre trabalho e vida. A respeito da criação poética, Mörike disse: "é suficiente quando você deixa um rastro de si ao final, mas o centro de tudo é a própria vida, que não se pode esquecer". E Storm, de cujas notas extraí essas palavras, ainda observa que ele falou isso "quase como se quisesse advertir o colega mais jovem".

Mörike era pastor e mais tarde se dedicou ao ensino, Storm era juiz, e Keller, não sem orgulho, gostava de se apresentar como "escrivão público". E quando, na correspondência entre o senhor conselheiro de Husum e o senhor escrivão público de Zurique, falou-se sobre o estado de nervos em que se encontrava o amigo comum Paul Heyse, a seguinte carta partiu da Suíça para Schleswig:

> [...] o estado de Heyse é um mistério para mim, no intervalo de mais ou menos um ano ele produziu um volume de belíssimos versos e, no entanto, parece que está sempre doente. Talvez essa intensificação suicida da capacidade produtiva seja justamente consequência de sua doença dos nervos. Nesse sentido, sou bom dos nervos, minha cabeça é que não é muito boa. Brincadeiras à parte, tendo a achar que Heyse está pagando o preço de há quase trinta anos trabalhar com a escrita poética sem ter passado sequer um ano entretido com alguma outra coisa, seja um cargo público, seja um magistério, seja qualquer outro tipo de trabalho profano. Um homem como ele, com um ímpeto realmente devorador, acaba se devorando a si próprio [...] Mas não se deve dizer nada a ele – é tarde demais.

E a resposta que chegou de Husum é muito parecida: "Em relação ao nosso Heyse, você está inteiramente correto; só alguém com uma saúde de ferro pode sustentar um trabalho que exige tanta fantasia e sensibilidade; quem sabe se Schiller, procedendo de outro modo, também não teria vivido mais...". Isso soa como se a consideração pela saúde fosse a única justificativa para um trabalho prosaico. "Trabalho doméstico", dizia Storm, que o considerava tão imprescindível que não conseguiu abdicar dele nem mesmo na velhice, quando se aposentou com o pensamento alegre de que, enfim, poderia se dedicar inteiramente à literatura. E por isso foi ensinar francês a suas filhas e cuidar de sua pequena fazenda. Talvez o tenha feito no intuito de manter o antigo passo sadio e regrado de sua vida. Pode parecer que se trata apenas de uma questão de higiene física e mental, mas, como de costume, também aqui a colocação da questão contém todas as respostas: se para Keller e Storm isso parece ter sido uma mera questão de higiene, para outros surgia daí a tragédia insolúvel e transcendente da relação entre arte e vida. Algo se torna trágico apenas quando é reconhecido como insuperável. Uma tragédia que faça jus ao seu sentido verdadeiro e profundo só pode existir quando aqueles que protagonizam o combate inconciliável provêm do mesmo solo e apresentam semelhanças profundas. Trágico é quando não há mais sentido em distinguir entre o doce e o amargo, a saúde e a doença, o perigo e a salvação, a morte e a vida, quando o que destrói a vida se tornou uma necessidade tão inevitável quanto o que é indiscutivelmente bom e útil. A vida de Storm é saudável e não problemática; mantendo-se seguro, sempre evitou qualquer possibilidade de tragédia. Para ele, o trágico era como uma doença contra a qual é possível e necessário se precaver, do mesmo modo – e não encontro nada mais exato para caracterizar essa situação – como nos precavemos contra um problema estomacal e um resfriado. Para ele, todas essas coisas são doenças que a força de um organismo saudável irá expelir, se não conseguiu evitá-las.

Há nessa conduta algo de contumaz e viril, um ritmo seguro e implacável, uma energia brutal. Certa vez, numa carta a Emil Kuh, ele disse que desde a época de estudante já sabia e sentia que, o que quer que lhe acontecesse ou o que quer que ele fizesse, nada seria capaz de ameaçar o núcleo de sua vida; "poderia me entregar a excessos sem medo de me perder", ou, como diz um poema:

> *Und wimmert auch einmal das Herz –*
> *Stoß an und laß es klingen!*
> *Wir wissen's doch, ein rechtes Herz*
> *Ist gar nicht umzubringen.*[16]

---

[16] "E se alguma vez o coração tremer/ Segue em frente e deixa-o gemer!/ Sabemos que um coração reto/ Nada pode abater." (N.T.)

Sua vida nunca foi problemática. Acometido das maiores dores, que quiseram destruí-lo, sua firmeza sempre se sobressaiu de algum modo. Storm não era problemático, e por isso o destino só podia alcançá-lo externamente: fosse um destino humano, podia ser dominado; e se fosse mais que isso, então era preciso parar e deixá-lo passar, inclinando resignadamente a cabeça num gesto de continência e aceitação. "Enterra o que te é mais caro" – escreveu ele num poema após a morte de sua esposa –, "no entanto, é preciso continuar vivendo, e com o correr dos dias, ao te afirmares, logo estarás de pé outra vez".[17] Era um homem religioso em seu íntimo, com aquela interioridade de quem percebe com feliz resignação a ligação entre tudo o que acontece; era religioso, mas sem nenhuma crença específica e sem que se envolvesse nos sacrifícios e nas lutas da irreligiosidade – embora tenha vivido numa época de grande crise religiosa. Era sensível, sensitivo, e se comovia profundamente pelo menor motivo; mas essa sensibilidade nunca influiu no curso firme e retilíneo de sua conduta de vida.

Todo o seu universo emocional estava intimamente entrelaçado a sua pátria, mas ele não cedeu nem mesmo quando a ocupação do país por forças estrangeiras o obrigou a se retirar. Ele tinha sede de felicidade e a reivindicava como atmosfera de vida, no entanto, ao perder a esposa após uma longa e feliz união conjugal, conseguiu reagir sem grandes danos, ainda que fosse profunda a sua dor, e por fim encontrou novamente a felicidade e o calor de que carecia. "De fato, não sou um homem que se deixa abater facilmente" – escreveu ele a Mörike após a morte de sua mulher. "Não vou deixar para trás nenhum dos interesses espirituais que me acompanharam até agora e que dizem respeito à forma como me mantenho na vida, pois tenho diante de mim – como

---

[17] Lukács volta a citar esse verso em sua estética de maturidade, apropriando-se dele como uma máxima de vida. É interessante perceber como a admiração que o velho Lukács abertamente devotou a Storm e outros escritores alemães do século XIX, como Fontane e Keller, já se faz evidente neste ensaio de *A alma e as formas*. Em seus estudos posteriores sobre a literatura alemã do século XIX, o filósofo manteve a mesma concepção de fundo delineada em seu ensaio de juventude, embora, em virtude das lentes marxistas, tenha dado às mediações sociais e ideológicas uma atenção maior, sublinhando o aspecto negativo, "provinciano", dessa literatura que se desenvolve no entorno da Alemanha ou em suas regiões mais recuadas (cf. LUKÁCS, 1964, p. 193-194). (N.T.)

digo em um poema – trabalho, trabalho e mais trabalho! E ele tem de ser feito tanto quanto minhas forças o permitirem".

Não é fácil avaliar qual dos dois princípios vitais é o arrimo do outro: se a ordem burguesa simples e regrada da conduta de vida é o arrimo da segurança igualmente firme e serena com a qual a vida atua sobre a alma, ou o contrário. O certo é apenas que ambos estão intimamente atados. Sem angústias ou hesitação, Storm escolheu a carreira jurídica, que não lhe poderia oferecer nenhuma realização interior, mas em nenhum momento de sua vida lamentou sua escolha, muito menos se mostrou arrependido.

Mas ainda não tocamos no ponto nevrálgico, que concerne ao modo como essa conduta de vida se relaciona com a arte. Pois já foi posto que apenas o trabalho vital empresta à vida um sentido; só há sentido e valor em preservar a plenitude e a força da vida se aquilo em nome do qual a vida não foi sacrificada pudesse compensar o maior dos sacrifícios. Pois só estamos realmente diante de um verdadeiro paradoxo quando, na cabeça de Jano que é a vida, uma fronte é a conduta burguesa e a outra são os duros combates pelo rigor no trabalho artístico. E esse mundo, o mundo de Storm, bem como daqueles cuja arte possuía para ele o máximo de significado e daqueles que mais amavam sua obra, é o mundo do esteta alemão. De todos os grupos de estetas do último século, este é a variante germânica mais autêntica e verdadeira, a *l'art pour l'art* alemã.

São conhecidos aqueles tormentos quase flaubertianos que, geralmente após dores de parto decenais, dariam à luz as obras de Gottfried Keller. É conhecido o quanto as deficiências e dissonâncias da primeira redação de *Maler Nolten* [O pintor Nolten] pesaram sobre Mörike e como ele sacrificou os anos mais ricos e belos de sua vida no trabalho de Sísifo da nova versão; ainda mais conhecido é o caso de Konrad Ferdinand Meyer. Storm, "o ourives meticuloso e sereno", como Keller o denominava, talvez tenha trazido sua obra ao mundo com menos tormentos, porém, em sua essência, também era um artesão rigoroso que não fazia concessões. Talvez aquela áspera e dura competência artesanal fosse ainda mais desenvolvida nele. Suas mãos percebiam de modo instintivo qual matéria utilizar e qual forma imprimir; ele nunca tentava ultrapassar os limites da forma que tanto os dados quanto as possibilidades de sua alma lhe prescreviam; mas dentro desses limites se impunha a máxima perfeição. Keller, o grande épico, maximamente consciente de sê-lo, estava sempre às voltas com planos e esboços para um drama; Storm, por sua vez, não se deixou atrair sequer uma vez para o terreno do romance.

A competência artesanal – eis o traço essencial desse esteticismo. Ele está profunda e indissociavelmente ligado àquela forma de vida conduzida sob a égide do primitivo decoro do burguês artesão. Mas a simplicidade linear de ambos, o exercício da arte e a conduta de vida, diferencia-os do perfeccionismo de outros estetas; por mais que a competência artesanal também fosse o ideal de Flaubert, sua visão do artesanato tinha um caráter completamente sentimental, no sentido dado por Schiller a essa palavra, ou seja: era apenas a nostalgia por uma simplicidade para sempre perdida. Já o artesanato de Storm, Mörike, Keller, Fontane com suas baladas, Klaus Groth e outros poderia ser definido – também no sentido de Schiller – como ingênuo. O poeta sentimental mobiliza todas as suas forças a fim de se aproximar de um ideal de perfeição, ao passo que o ingênuo tem como meta a consciência do trabalho honesto e diligente, a consciência de que fez tudo o que estava ao seu alcance para a criação da obra perfeita. Na correlação entre vida e trabalho, a ênfase do primeiro é o trabalho, a do segundo é a vida. Para o primeiro a vida é apenas um meio para a realização do ideal artístico, para o segundo a perfeição do trabalho é apenas um símbolo, apenas o caminho mais belo e seguro para o aproveitamento ótimo de todas as possibilidades da vida, um símbolo da conquista do ideal de vida burguês, da realização do trabalho bem feito.

Por isso, é sempre com certa resignação comovente que esses poetas dão por terminada uma obra. Ninguém percebe mais claramente que eles a distância entre a perfeição e o melhor que lhes foi dado criar. Mas essa consciência da distância vive dentro deles com uma força tão imediata e constante que nem chega a ser uma questão. É como se um dia esse fato tivesse sido declarado e cumprido e desde então se tornasse um pressuposto tácito de tudo o que viesse a ser dito no futuro. A branda humildade desse saber silencioso é uma aura que ilumina o gesto com o qual se despedem de suas obras. E assim como para os antigos artistas-artesãos, também para eles a arte é uma forma de exteriorização da vida como qualquer outra, por isso uma vida dedicada à arte comunga dos mesmos direitos e deveres que qualquer outra atividade humana burguesa. As exigências que se impunham eram, portanto, éticas, embora também possuíssem seus direitos frente ao trabalho. A ética não exige apenas habilidade artística, mas também a consideração de se a arte trará danos ou benefícios à humanidade. Keller conta com a possibilidade de um efeito pedagógico tão forte quanto o literário. E ao discutir um tema de Storm em que a superstição desempenhava um certo papel, ele chamou a atenção para a possibilidade de isso ser prejudicial numa época de tanto charlatanismo espírita; por outro lado, Keller se achava no direito de cultivar impunemente suas idiossincrasias, como se pode ver no grande tempo que desperdiça retocando detalhes, inclusive correndo o risco de comprometer a coesão de suas composições. Nisso, ele é guiado pelo sentimento de que seus trabalhos existem em função dele próprio, para que todas as suas energias possam se expressar; e porque essas idiossincrasias existem, elas precisam ser expressas de algum modo. O que decide aqui é o trabalho, e não o resultado. É uma concepção artística que tem afinidades profundas e autênticas com a Idade Média, com essa época dourada que os românticos cultuam, a época da competência artesanal. Mas o que para os românticos tinha de permanecer eternamente irrealizado, justamente porque era objeto de uma nostalgia, realiza-se aqui na medida das possibilidades da época. Era o próprio anseio que separava os românticos do objeto pelo qual ansiavam, ou então sua nostalgia talvez fosse apenas o símbolo desse abismo intransponível. Mas é certo – e tome-se isso apenas como exemplo – que Leibl esteve bem perto de Holbein, tão perto quanto se pode chegar, e os pré-rafaelitas ingleses passaram longe dos florentinos tanto quanto se possa imaginar.

Mais do que qualquer outra arte, a poesia é determinada pelas correntes de sua época; e também o fato de que aqui pudesse surgir algo que recorde a grande arte – ainda que apenas como um reflexo radiante partindo do trabalho em direção à vida – tem seus fundamentos na psicologia da época. Alguns desdobramentos modernos, sobretudo econômicos, foram retardatários na Alemanha, e muitas formas sociais – sobretudo formas de vida – já superadas historicamente se conservaram aqui por muito mais tempo que em qualquer outro lugar. Até meados do século passado, havia na Alemanha, especialmente nas regiões periféricas, cidades em que a antiga burguesia permanecera viva e imutável, aquela burguesia que é o oposto exato da atual. Nascidos no seio dessa burguesia, esses escritores são seus grandes e autênticos representantes. E desempenham esse papel conscientemente. Com isso não quero dizer que internalizaram intelectualmente sua situação, mas que neles as percepções históricas se converteram em sentimentos vitais, em fatores vitais de efeito prático; que pátria, estirpe, classe social eram vivências determinantes em todos eles. O decisivo não é o amor com que abraçavam tudo isso – que também acontece em outros casos, e até de modo mais evidente e eficaz, em razão da falta de profundidade da vivência, que torna mais patética e sentimental a forma de expressão. Não, a vivência decisiva desses escritores, em especial de Keller e Storm, é sua forma burguesa de encarar a vida; seria quase possível dizer que a importância da Suíça e de Schleswig nas vivências de Keller e Storm, respectivamente, é apenas uma consequência do modo sensível, não abstrato, como ambos percebem e compreendem o mundo. Seria quase possível dizer isso porque a vivência desses poetas não significa mais que: "vim de tal lugar e sou assim e assim"; e a consequência disso foi que não puderam enxergar de maneira segura e autêntica senão aquilo que o solo nativo lhes trouxe, que sua percepção sobre os seres humanos se tornou dependente dos valores constituídos nessa particularidade. Em suas obras, a burguesia se torna histórica. Na obra desses últimos grandes poetas da velha e inabalável burguesia, despeja-se uma luz profundamente sombreada por cima dos acontecimentos cotidianos da vida burguesa. Nesses escritos, gestados quando a velha burguesia alemã começava a se fazer "moderna", interiores à moda antiga surgem ainda cercados por uma aura cintilante e fantástica, típica dos contos de fadas. E à medida que essas habitações em estilo rococó e *biedermeier* são gentilmente vivificadas, renascem – ainda que apenas como uma lembrança – também seus habitantes, seres amáveis, finos, simples e um tanto provincianos. No caso de Keller, é a riqueza peculiar de seu humor – típico de um conto de fadas – que remove das coisas ordinárias seu caráter ordinário; em Storm, as coisas permanecem como são, e quase não se percebe o humor que as reveste; mas percebe-se que seus olhos deslizaram sobre elas com uma disposição amorosa, contemplando melancolicamente seu fim; percebe-se que seu olhar guarda o sentimento e a recordação de tudo o que essas coisas lhe trouxeram, e que, não obstante, ele é capaz de observar seu declínio com a segurança tranquila de quem, banhado em lágrimas, acha-se diante do inevitável.

Porém, no mundo de Storm essa poesia do ocaso não é ainda completamente consciente (ela é muito mais consciente em Keller). Seus burgueses ainda caminham com segurança e não sentem o caráter burguês de sua existência como um problema. E quando deparam com um destino trágico, é como se se tratasse do destino de um único homem, como se esse destino se fechasse completamente nele; não se dão conta dos abalos que afetam o conjunto. Tudo o mais permanece seguro, apesar da infelicidade e dos golpes do destino, apesar do fato de que esses homens só são verdadeiramente fortes quando resistem a algo, de que o seu maior gesto de virilidade é aceitar que as coisas passem – a vida, a felicidade ou a autorrealização – e mesmo assim continuar firme, contemplando tudo isso com os olhos cheios de lágrimas reprimidas. É a força da renúncia, a força da resignação, a força da velha burguesia frente à nova vida – e nisso Storm é moderno a contragosto. Algo se vai, deixando em alguém a lembrança da partida, mas esse alguém continua a viver e não sucumbe à perda. Porém, a lembrança viverá eternamente em seu íntimo; havia coisas, mas elas se foram, coisas que, um dia, poderiam ter sido...

> *Ich seh dein weisses Kleid vorüberfliegen*
> *Und deine leichte, zärtliche Gestalt –*
>
> *Und süsser strömend quillt der Duft der Nacht*
> *Und träumerisch aus dem Kelch der Pflanzen.*
> *Ich habe immer, immer dein gedacht;*
> *Ich möchte schlafen, aber du musst tanzen.*[18]

2

Máxima dureza e máxima ternura, monotonia e ricas nuances de cores: da mistura desses elementos em porções exacerbadas surge o mundo de Storm. Das margens do mar do norte ouve-se o rugido das ondas, e diques de proteção tentam aplacar a fúria selvagem das tempestades invernais, mas o ar puro e, mais ainda, a densa névoa tecem uma

---

[18] "Vejo o teu vestido branco passar/ Cobrindo tua figura leve e delicada.// O perfume da noite flui numa doce corrente,/ Como num sonho, do cálice das plantas./ Eu sempre pensei em ti, sempre;/ Gostaria de dormir, mas tens de dançar." (N.T.)

superfície macia sobre pradarias, costas arenosas e pequenas cidades. Uma tranquilidade serena, simples, monótona derrama-se sobre tudo. Os prados, os campos, as pequenas ilhas no mar, em nenhuma parte nota-se algo que seja realmente belo, que nos encante à primeira vista, que nos arrebate. Tudo é simples, tranquilo, cinzento e monótono, e somente olhos nativos podem enxergar alguma beleza aqui. Somente os olhos daqueles a quem cada árvore e cada arbusto recordam grandes e profundas vivências, somente aqueles seres que, nas etapas decisivas de sua vida, foram acompanhados pelas sombras do lento anoitecer ou pelos tons timidamente vermelhos do poente litorâneo são capazes de enxergar cores nessa monotonia cinzenta. Igualmente tranquilas e monótonas são as pequenas cidades com suas casinhas simples, uniformes, no antigo estilo alemão, com seus pequenos jardins, com seus pequenos cômodos repletos de quinquilharias herdadas dos avós ou de antepassados ainda mais antigos. E mesmo o tom cinzento dessas casas, desses aposentos, decompõe-se num arco-íris de mil cores aos olhos do nativo, para quem cada armário é capaz de contar a história de muitas coisas que ele viu e ouviu ao longo de sua vida.

> *Am grauen Strand, am grauen Meer*
> *Und seitab liegt die Stadt;*
> *Der Nebel drückt die Dächer schwer,*
> *Und durch die Stille braust das Meer*
> *Eintönig um die Stadt.*
> *Es rauscht kein Wald, es schlägt im Mai*
> *Kein Vogel ohn Unterlass;*
> *Die Wandergans mit hartem Schrei*
> *Nur fliegt in Herbstesnacht vorbei,*
> *Am Strande weht das Gras.*[19]

E as pessoas também se assemelham à paisagem que as rodeia. À primeira vista, talvez se pudesse achar que não existe nenhuma diferença entre elas. Fortes, simples, louros, firmes são os homens;

---

[19] "Junto a uma praia cinzenta de um mar cinzento/ Existe uma cidade;/ A névoa pressiona os telhados/ E o bramido do mar atravessa o silêncio/ Qual cantilena sobre a cidade./ Nenhum bosque murmura, em maio/ Nenhum pássaro entoa um canto sem fim;/ O ganso selvagem com seu duro grito/ Sobrevoa as noites outonais,/ A grama se agita na praia." (N.T.)

sonhadoras, serenas e ainda mais louras são as mulheres e as meninas. É como se a tranquilidade ensolarada do idílio infantil iluminasse a todos por igual; como se as mesmas pequenas alegrias e as mesmas suaves dores inspirassem aquelas cantigas calmas, monótonas, que acompanham tudo o que aqui cresce e prospera; como se todos tivessem um mesmo destino; como se homem e destino corressem um para o outro no mesmo ritmo, e em ambos – antes do encontro e no momento do encontro – houvesse a mesma determinação simples, dura e firme, e, depois do encontro, cada homem demonstrasse a mesma abnegação, a mesma força para continuar tranquilamente sua marcha e resignadamente computar as perdas, a mesma altivez, a mesma robustez para suportar os golpes da vida. Na atmosfera gris do mundo de Storm, os contornos rígidos que configuram o homem e o destino se mesclam um no outro. Muitas vezes é como se todas as suas novelas e poemas falassem sempre a mesma coisa: quando o destino irrompe, os verdadeiramente fortes sobrevivem, e os fracos sucumbem. Mas, em todos os casos, das feridas abertas pelo destino brotam as mais belas riquezas e os mais intensos poderes da alma. Cada destino parece ser o mesmo porque os homens são taciturnos, e os grandes gestos de suas vidas guardam um parentesco profundo. No entanto, basta recuar alguns passos para que a monotonia da vida desapareça – como fazemos diante de um quadro, embora pelo motivo oposto. Então nota-se que cada homem e cada acontecimento são somente parte de uma sinfonia, e que esta, talvez de modo não intencional, mas por certo não declarado, é o resultado direto da soma desses homens e eventos; dito de outro modo, é como se cada um fosse apenas uma balada ou um fragmento de uma balada, um substrato daquela matéria da qual um dia um grande épico haverá de surgir, o épico da vida burguesa.

    Esse épico, se um dia for escrito, dará testemunho de uma força tranquila e segura. Será desprovido de acontecimentos, ou, pelo menos, estes não serão decisivos; a única coisa sobre o que falará é como os homens encaram aqueles poucos fatos que lhe sucedem. Aquilo que ocorre com eles, não aquilo que fazem. Nesse mundo, as ações desempenham um papel pequeno e pouco significativo. Os homens só querem fazer aquilo que lhes é concedido, e seu passo firme, seguro, leva-os, de fato, aonde precisam chegar. Tudo o que decide o curso da vida, tudo o que na vida causa perguntas perturbadoras, dores profundas, tudo isso vem sempre de fora, como um acontecimento; eles próprios nada fazem para provocá-lo e lutam em vão quando se veem frente a ele. O valor moral, que introduz diferenças entre os indivíduos, manifesta-se na resposta de cada um ao inevitável. O destino vem de fora, e perante ele a força interior é impotente, porém, justamente por isso, o destino tem de se deter no limiar da casa onde a alma habita, e nunca poderá entrar; o destino até pode arruinar esses homens, mas não irá nunca vergá-los. Esse é o verdadeiro sentido da resignação que se pode apontar como a essência da poesia de Storm. Certa vez, Storm protestou com muita veemência contra a opinião de que o trágico requer uma culpa; não apenas seus motivos externos, mas também a essência de sua concepção de mundo contêm muita coisa que lembra a tragédia de destino. Como a própria ideia de que cada pormenor, cada sutileza imponderável, pode ter um papel decisivo na vida. Mas em Storm isso não passou de uma mera possibilidade, pois ele não encarava a vida como um jogo caótico de acasos imponderáveis; permaneceu apenas a ideia de que a vida de um homem possa se configurar desse modo, e que nada, nenhuma escolha interna ou externa, seja capaz de determinar qual vida, em que momento e como, obtém semelhante configuração; que a vida esteja completamente entregue ao acaso, ao entrelaçamento casual de circunstâncias casuais. Nesse caso, não restaria nada a fazer senão aceitar, resignar-se, e ver no acúmulo de dores o enriquecimento da alma.

No mundo de Storm o destino possui uma força de ação mecânica que não admite nenhuma resistência externa. Porém, esse destino não é nenhum poder místico, supraterreno, não é uma intervenção de poderes superiores na vida ordinária.[20] O mundo de Storm é o

---

[20] No original, *gewöhnliche Leben*. O jovem Lukács usa indistintamente os termos *Alltäglichkeit, Alltag, empirische, gemeine* para se referir a essa esfera prática da vida. Em "Metafísica da tragédia" e "Da pobreza de espírito", a vida ordinária ou cotidiana é contraposta de modo incisivo à vida verdadeira (*wahre*), real (*wirkliche*) ou vivente (*lebendige*). A oposição será formulada em termos sistemáticos na sua estética do período de Heidelberg (1912-1918) a partir da distinção neokantiana entre a esfera empírica e as esferas de valor: "'Vida' e validez [*Geltung*] se excluem por princípio e isso tem como consequência que uma objetividade autônoma, homogênea e constitutiva apenas pode valer [*gelten*] na relação com um sujeito normativo correspondente, mas nunca pode ser concebida a partir da 'vida' do, 'homem inteiro' da realidade da experiência vivida [*Erlebniswirklichkeit*]"

mundo do cotidiano, sua poesia – como disse Kuh, certa vez – é a poesia do cotidiano sagrado. Assim, o destino nada mais é do que o poder das relações humanas, o poder dos pensamentos humanos, dos pactos humanos, dos preconceitos, dos hábitos e dos mandamentos morais. No mundo de Storm não existem lutas internas entre poderes antagônicos na alma de um homem. O dever, aquilo que tem de ser feito, é fixado desde o princípio e para sempre com uma determinação que exclui qualquer controvérsia, só podendo haver dúvidas, quando muito, quanto à prática. Somente o destino, essa configuração das circunstâncias exteriores independente da força humana, pode colocar o homem diante de uma encruzilhada; mas também aqui não haveria risco de pecado. Esses homens são incapazes de fazer o mal. Não se trata de que todos os homens desse mundo estejam protegidos contra a possibilidade do mal, mas para eles a ética é uma função vital, tão natural quanto a respiração; um ato não ético é por princípio impossível. Por isso a vida é lançada em profunda desgraça quando o poder inexorável das circunstâncias impõe ao homem uma ação que sua infalível sensibilidade ética e seus valores morais condenam. E, mesmo assim, não surge disso nenhuma tragédia. Pelo menos, não em seu sentido externo; pois ainda que o julgamento ético da ação seja duro e irrevogável, a força do sentimento é ao mesmo tempo grande o bastante para deixar intacta a essência do homem, apesar de tudo o que lhe aconteça. Algo lhe acontece, e, bravamente, ele deixa o caminho da felicidade, sofre com valentia por aquilo que é incapaz de evitar, e em momento algum pensa em se isentar das consequências de seu "ato". Pois, ao mesmo tempo, sabe que não fez nada, as coisas aconteceram com ele, mas tudo nele permaneceu intacto; nele permaneceu algo que nenhuma força exterior é capaz de atingir.

Essa é a força que tem a consciência do cumprimento do dever como forma de vida, como visão de mundo, e que conservou sua antiga validade universal operante com o rigor de um imperativo categórico, ainda que há tempos se haja perdido a fé ingênua de que isso possa ter

---

(LUKÁCS, 1974b, p. 26). Na sua estética final, travando uma discussão com *Ser e Tempo*, de Heidegger, Lukács investe duramente contra esse dualismo, procurando agora articular geneticamente as objetivações superiores à vida cotidiana (cf. PATRIOTA, 2010). (N.T.)

a menor influência sobre o que acontece. O mundo se move de algum modo, alguma coisa o move, mas o quê? Por quê? Para quê? Por que fazer perguntas onde não há respostas? Por que sofrer diante de portas eternamente fechadas? Por que sustentar a alma com as mentiras douradas e consoladoras de tempos idos? Cumprir com o nosso dever: eis o único caminho seguro na vida. O estado de alma de um personagem de Storm, um velho à beira da morte, talvez expresse da melhor forma essa percepção da vida. Encontra-se de pé em um quarto repleto de memórias de uma vida rica e bela, e milhares de pequenos sinais lhe dizem que é chegado o fim; ouve os sinos tocarem ao longe e sabe que a esperança de muitos homens está depositada nessa cantilena.

> "Sie träumen," – spricht er – leise spricht er es.
> "Und diese bunten Bilder sind ihr Glück.
> Ich aber weiss es, dass die Todesangst
> Sie im Gehirn der Menschen ausgebrütet."
> Abwehrend streckt er seine Hände aus:
> "Was ich gefehlt, des einen bin ich frei;
> Gefangen gab ich niemals die Vernunft,
> Auch um die lockendste Verheissung nicht;
> Was übrig ist, – ich harre in Geduld."[21]

Apenas o gesto é aqui verdadeiramente importante, não o conteúdo; a irreligiosidade de Storm era profundamente religiosa. Somente aqui, face a face com a morte, quando não resta mais nenhum combate, pode-se reconhecer claramente essa força tranquila com a qual o homem fita o destino nos olhos, pois em outros momentos da vida, naqueles pontos em que a luta não está – objetivamente – tão decidida de antemão, talvez a fraqueza seja mais óbvia. Tão difícil quanto distinguir entre o interior e o exterior, na relação entre o homem e o destino, é distinguir entre a fraqueza e a força. O que é força interior normalmente aparece exteriormente como fraqueza, pois o sentimento vital desses homens é tão profundamente unitário,

---

[21] "'Eles sonham' – diz ele baixinho./ 'E essas imagens coloridas são sua felicidade./ Mas eu sei que o temor da morte/ Está entranhado no cérebro dos homens.'/ Ele estende as mãos, defendendo-se:/ 'Estou livre dos erros que cometi;/ Nunca encarcerei a razão;/ Nem mesmo pela promessa mais tentadora;/ De resto, espero com paciência'." (N.T.)

os mandamentos éticos que alicerçam sua vida são tão inabaláveis, que eles reagem aos eventos brutais da realidade exterior com tanta prontidão ética que é como se tudo tivesse brotado inteiramente deles; daí que também possam fundir esses eventos em sua alma. A essência de sua força reside nessa capacidade de fusão; sua fraqueza consiste em que – na maioria dos casos –, mesmo quando se posicionam com firmeza, parecem esperar que algo externo venha ao seu encontro, pois raramente saem, eles próprios, em busca de algo, e por isso raramente deparam com algo contra o qual possam lutar vitoriosamente.

No entanto, esses são apenas os contornos mais gerais desse mundo. E justamente por não serem plenamente tangíveis, nunca são efetivamente delineados, nem suas consequências são extraídas a fundo. Nas valorações de Storm – e particularmente na de seus personagens – há muitos traços da concepção de mundo expressa por Hebbel, conterrâneo de Storm, em seu *Meister Anton*. Mas porque Storm, menos arguto e rigoroso em sua visão, observou menos a decadência daquele mundo e, ao mesmo tempo, não deu tanta importância à permanência de valorações e concepções de mundo individuais quanto ao conjunto total da vida, não se verificam nele as limitações impiedosas e doutrinárias de *Meister Anton* nem a configuração de uma outra vida, de um mundo novo capaz de se contrapor ao seu. De fato, em seu mundo existem homens que vivem uma vida completamente diferente, porém nem mesmo estes configuram uma oposição declarada aos seus característicos tipos humanos. Nas ações dos indivíduos mostram-se as maiores oposições: um é decente, e o outro não; um é digno da mais alta confiança, e o outro é leviano e irresponsável; para um, o prêmio da vida é a ordem e a autoconsciência segura do trabalho bem feito, para o outro, o gozo momentâneo de alegrias superficiais obtidas a qualquer preço. Essas oposições poderiam prosseguir ao infinito, e, no entanto, existe um território onde os extremos se harmonizam perfeitamente: o território das valorações éticas. A ética governa esse mundo a tal ponto que mesmo aquele que não age eticamente sente eticamente; neste caso, seu único problema é ser fraco, é não ter a força para viver de acordo com a lei de seu sentimento, daquilo que se passa em seu íntimo. E quando encontramos alguém com um padrão distinto de sensibilidade, trata-se então de um caso grotesco, que beira o patológico, que é meramente interessante ou bizarro.

A eterna transitoriedade das coisas, o envelhecimento inevitável, ternura e indulgência amorosas – essa é a atmosfera de toda decadência. A fraqueza é um dado natural tanto quanto a força: ser forte, honrado, fiel ao dever não é mérito, mas graça. O mesmo vale para seu contrário. Uma atmosfera de fatalidade domina aqui por dentro e por fora. Ser um bom homem não é mérito. Talvez seja um acaso feliz, mas só talvez, já que isso não tem consequências para a vida mesma. Em todo caso, é uma distinção: cria uma aristocracia, instaura distâncias entre os homens. A mais segura aristocracia, tão segura que nela não há lugar para orgulho ou rigidez, apenas para a suavidade do perdão e da compreensão frente aos demais, aos que são inferiores.

> *Der eine fragt: Was kommt danach?*
> *Der andere nur: Ist es recht?*
> *Und also unterscheidet sich*
> *Der Freie von dem Knecht.*[22]

Da mistura de aspereza e sentimentalismo surge a atmosfera típica do mundo de Storm. Os acontecimentos são os mais simples e cotidianos possíveis, e os homens atingidos por eles nem estão além do cotidiano nem são mais interessantes que ele. São simples habitantes de pequenas cidades alemãs, em geral, membros da pequena burguesia (às vezes, da classe trabalhadora ou mesmo de algumas antigas famílias patrícias). A vida cotidiana segue tranquilamente, até que de repente irrompe o destino, mas, sem interromper o seu fluxo, apenas imprime algumas rugas em faces outrora jovens; o choque expulsa alguém de seu curso vital, mas ele volta a viver em outro lugar sob o mesmo ritmo. Apenas alguns poucos indivíduos, de uma constituição mais fraca, sucumbem sem escapatória.

Mas o sentimentalismo – e a isso conduz o desenvolvimento de Storm – não só não desempenha nenhum papel no curso dos acontecimentos, como também não atenua seu caráter anguloso e duro. Sentimental é apenas o modo como nos homens – a partir de um olhar retrospectivo – ressoa o que aconteceu com eles e com os demais. O sentimentalismo é só a comoção desencadeada pelo reconhecimento das relações entre destinos. Seu sentido artístico consiste

---

[22] "Um se pergunta: 'o que virá disso?'/ O outro, apenas: 'é correto?'/ E assim se distingue/ O homem livre do escravo." (N.T.)

apenas em acompanhar com uma suave execução em *legato* os duros acontecimentos em *staccato*, dissolvendo as tragédias na atmosfera de um réquiem; e seu sentido humano é preservar a determinação inflexível das valorações éticas frente a uma sagacidade míope.

A atmosfera dos idílios de Storm é semelhante à de suas tragédias; são belezas que crescem da mesma raiz. É o mesmo caso de seus interiores mais simples e reduzidos: cenas que não nos dão nada além da atmosfera íntima e delicada da mobília antiga de um antigo aposento, onde a narração de histórias há muito esquecidas é o tema quase imperceptível dessas variações, e o propósito do conjunto não é outro senão tornar sensível e perceptível a atmosfera do pequeno ambiente doméstico. Pois em toda parte impera a mesma atmosfera fundamental: o sentimento do crescimento orgânico, da engrenagem natural das coisas, do se adequar à necessidade dos movimentos provenientes das interações, o reconhecimento da impossibilidade de separar e classificar as coisas segundo níveis de importância. O sentimento histórico se torna um sentimento vital. A atmosfera desses aposentos recorda os interiores da antiga Holanda, mas aqui tudo é atmosférico, lírico, sentimental. O que lá era a autoconsciência segura de uma vitalidade ingênua e feliz converte-se aqui num consciente desfrute de belezas murchas. Na atmosfera desses aposentos freme com um suave pedantismo a consciência de que estão já meio desaparecidas e logo desaparecerão completamente; o sentimento histórico projeta sobre todas as coisas não apenas a beleza do florescimento, mas também os reflexos melancólicos, porém sem luto, da inexorável lei da transitoriedade e do definhamento. O sentimento histórico desse curso natural das coisas, ao se fazer consciente, coloca-o ao mesmo tempo mais perto e mais longe; a relação com a transitoriedade se torna mais lírica e subjetiva, ao mesmo tempo que se forma à sua volta uma atmosfera fria de gozo puramente artístico.

Mas esses interiores são apenas o pano de fundo da maioria das novelas de Storm, e são raros os casos em que esse pano de fundo se descola do restante, tornando-se um fim em si mesmo, um quadro fechado em si mesmo. Decerto, e por motivos exclusivamente formais, a atmosfera desses interiores é idílica. Mas há também algumas de suas novelas em que o próprio conteúdo é idílico; em que essa atmosfera vital não surge apenas de um olhar enternecido que pousa sobre velhos móveis e da circunstância de que toda a cena consiste apenas nesse olhar, mas que é construída também pela marcha e pelo conteúdo dos acontecimentos. O tom dessas novelas é aquele do fim de uma tormenta, do sol brilhando após a passagem das nuvens; e essa é a raiz de seu íntimo parentesco com as tragédias. Em ambas, nuvens tempestuosas se acumulam sobre as cabeças dos personagens; em ambas, estes esperam com os mesmos sentimentos a queda do raio; a única diferença é que num caso o raio cai, no outro não. A felicidade provém do exterior tanto quanto a infelicidade; chega de algum lugar e adentra a morada das almas, encontrando junto a elas um lar. Batem à porta que querem e ao acaso escolhem, entre as pessoas respeitáveis, a quem visitar. Domina nesses idílios, como nas tragédias, o sentimento do "assim quis o destino". Às vezes, não há nada que perturbe a melodia da felicidade idílica, e aquela atmosfera de fatalidade da tragédia ressoa apenas na passiva entrega com a qual os homens se deixam embalar nas ondas da felicidade.

Tragédia e idílio. Entre esses dois extremos tem lugar todo o espetáculo humano do mundo de Storm, e o modo como ambos se mesclam constitui a atmosfera peculiar de sua obra. O traço essencial profundamente burguês dessa poesia é a insegurança absoluta da vida frente à realidade externa e a inabalável firmeza quando se trata da alma. Essa é a atmosfera vital de uma burguesia que começa a se sentir insegura; e nessa atmosfera, a grande e velha burguesia em vias de desaparecimento se torna histórica, profundamente poética em seu último e ainda íntegro poeta. E essa atmosfera domina toda a sua obra, inclusive aquelas criações que, graças ao seu amor por estilos antigos, recuam em épocas ainda mais antigas e nas quais, por esse motivo, sente-se algo de friamente construído, de artificial.

E o mundo dos versos é, em contornos ainda mais definidos e puros, o mundo desse sentimento vital. Os homens, ou as sombras de homens que projetamos por trás dos versos, são ainda mais sutis; mais profundos são os motivos que os movem, mais puras são as tragédias que vivem. Trata-se, sem dúvida, de uma consequência da forma. A essência do homem que povoa o mundo de Storm é tal que a melhor forma de expressá-la é por meio de uma manifestação vital desencadeada pelo destino, por meio de sua atmosfera. As ações, os fatos, os acontecimentos, o elemento externo em geral, tudo isso é completamente supérfluo, necessário apenas porque — como Storm escreveu a Kuh certa vez — existem matérias que só se deixam configurar eficazmente como verso a partir de motivações mais amplas. Mas é justamente por isso que, naqueles versos em que essas motivações não são necessárias, Storm obtém configurações anímicas de uma complexidade e pureza que nunca seriam possíveis em suas novelas, pois, para a interioridade tranquila e simples dos homens que buscava configurar (e talvez possamos dizer: para a sua própria interioridade), só essa forma de expressão podia ser plenamente adequada. É que esses homens e seu criador são demasiado tranquilos para se lançarem na torrente ruidosa dos acontecimentos e demasiado simples para que uma dissecação de sua alma pudesse revelar segredos profundos, paisagens de beleza desconcertante e nunca vista. A verdadeira beleza desse mundo e de seus homens é a realização lírica de uma atmosfera vital simples, cálida e tranquila, e sua forma autêntica, realmente perfeita, não podia ser outra senão uma lírica igualmente simples e tranquila. Por sua própria simplicidade, essa lírica abarca as sutilezas com uma força muito mais pura que a novela, aparentemente mais adequada a semelhante propósito, mas cuja forma exige uma projeção em fatos externos ou uma dissecação analítica. O mundo da lírica de Storm ergue-se entre ambos e pela soma de seus recursos:

> *Du bissest die zarten Lippen wund,*
> *Das Blut ist danach geflossen;*
> *Du hast es gewollt, ich weiss es wohl,*
> *Weil einst mein Mund sie verschlossen.*
>
> *Entfärben liessest du dein blondes Haar*
> *In Sonnenbrand und Regen;*
> *Du hast es gewollt, weil meine Hand*
> *Liebkosend darauf gelegen.*
> *Du stehst am Herd in Flammen und Rauch,*
> *Dass die feinen Hände dir sprangen;*
> *Du hast es gewollt, ich weiss es wohl,*
> *Weil meine Augen daran gehangen.*[23]

---

[23] "Mordes o doce lábio,/ E o sangue escorre;/ Foi tua vontade, bem sei,/ Porque minha boca já cobriu a tua.// Deixaste que teus cabelos louros perdessem a cor/ Sob o efeito do sol e da chuva;/ Foi tua vontade, pois minhas mãos/ Já os acariciaram uma vez./ Estás junto ao fogo, entre a chama e a fumaça/ E tuas mãos te fogem/ Foi tua vontade, pois meu olhar já se fixara nelas." (N.T.)

3

As formas de Storm são a lírica e a épica, ou, mais precisamente, a lírica e a novela. Pois Storm sequer se permitiu alguma vez a experiência com outras formas. Ao longo de seu desenvolvimento, ele apurou continuamente sua visão, aproximando suas novelas cada vez mais – porém, de modo completamente involuntário – do romance. E Keller, que nunca quis reconhecer uma distinção de princípio entre a novela e o romance, costumava lhe aconselhar a não simplificar demais sua matéria, a não deixar tanta coisa de fora, a não abstrair tanto, de modo que essa matéria, a partir de sua ampliação natural, pudesse resultar em romances. Nessa questão, Storm não seguiu o conselho de seu amigo e permaneceu sempre fiel a sua forma novelística. É verdade que seu conceito de novela se aproxima muito do antigo conceito de romance e, em muitos aspectos, é o contrário da antiga e autêntica novela. Num prefácio que seria suprimido depois, ele se volta polemicamente contra a antiga definição de novela, a saber, a exposição breve de um acontecimento interessante e extraordinário, que culmina numa reviravolta inesperada. E afirma que a novela é a forma mais rigorosa e fechada da prosa literária, irmã do drama, capaz, como ele, de expressar os problemas mais profundos. E como o drama poético vem sendo expulso do palco moderno, cabe à novela assumir sua herança.

Nesse ponto, Storm antecipa o desenvolvimento moderno, impressionista, que irá resultar numa novela de caráter completamente interior, preenchendo a antiga moldura com conteúdos exclusivamente anímicos. Antecipa-se àquelas transformações que, em suas últimas consequências, dissolvem toda construção sólida e toda forma numa sucessão tênue e requintada – puramente vibratória – de matizes psicológicos. A novela moderna ultrapassa em termos de conteúdo as possibilidades da novela; seu tipo mais característico são as novelas do jovem Jacobsen. Os temas se tornam mais requintados, profundos, amplos e densos do que seria permitido no âmbito da forma novelística, e por isso – o que à primeira vista é um paradoxo – essas novelas se tornam menos profundas e requintadas que as novelas simples do passado. Seu refinamento e sua profundidade repousam exclusivamente na matéria bruta, não trabalhada, em homens e destinos tais como são imediatamente, bem como no parentesco de um e outro com os sentimentos vitais do homem moderno. Dito em termos breves, a essência da novela como forma consiste em que uma vida humana seja expressa mediante a força infinitamente sensível de uma hora do destino. A diferença de extensão entre a novela e o romance é apenas um símbolo da verdadeira e profunda diferença que determina ambos os gêneros; um símbolo do fato de que o romance abarca a totalidade da vida, inclusive em termos de conteúdo, pois situa o homem e seu destino na plena riqueza de um mundo inteiro, ao passo que a novela o faz apenas formalmente, configurando episódios da vida com tamanha força sensível que, frente a sua universalidade, todas as demais partes da vida se tornam supérfluas. Por um lado, a profundidade e o refinamento do conteúdo privam as situações decisivas da novela de frescor e força sensível; por outro, ela mostra os homens de modos tão múltiplos e em relações tão múltiplas que nenhum acontecimento específico seria capaz de expressá-lo completamente. E assim surge um novo gênero artístico, um gênero que é um contrassenso – como todos os produzidos pelo desenvolvimento moderno –, gênero cuja forma é a falta de forma. Pois o que se pode conseguir com ele não são mais do que alguns episódios da vida de um homem; porém, nem os episódios podem mais se tornar simbólicos (como na novela), nem o todo é forte o bastante para constituir um universo fechado e totalizador (como no romance). Daí que essas novelas recordem monografias científicas, ou antes esboços de monografias: sua essência é antiartística – ainda que seus meios sejam realmente artísticos –, pois o todo não pode mais desencadear um sentimento independente do conteúdo concreto, suscitado pela forma; sentimento que, por isso, não pode ser afetado por nossa mudança de opinião em relação ao conteúdo. O efeito dessas obras, como o das obras científicas, repousa tão somente no conteúdo, num tipo de interesse essencialmente científico que as novas observações ali reunidas podem despertar. Esses escritos (e essa é a hipótese a ser testada, não a sua demonstração) perdem seu sentido quando suas observações envelhecem, na verdade, já quando se tornam conhecidas e perdem o apelo da novidade. E a diferença fundamental entre arte e ciência talvez seja que uma é finita, a outra infinita, uma é fechada, a outra aberta, uma é fim, a outra é meio; uma – do ponto de vista de suas consequências – é incomparável, algo de primeiro e último, a outra se torna supérflua a cada aperfeiçoamento; numa palavra: uma tem forma, a outra não.

Storm deve ter percebido esse risco de algum modo e talvez por isso tenha se distanciado com tanta cautela do romance. É como se tivesse percebido o que lhe faltava para ser um verdadeiro romancista, porque seus temas são obrigatoriamente temas de novela, não podem nem devem ser ampliados em romance. Quando Emil Kuh certa vez chamou de clássicas suas novelas, Storm se defendeu contra essa apreciação: "É próprio do clássico" – escreveu numa carta endereçada a Kuh – "que suas obras desenvolvam o conteúdo espiritual essencial de uma época em formas artísticas perfeitas [...] Seja como for, terei de me contentar com um lugar menor". Essa afirmação toca já na questão do estilo, embora ele não se refira propriamente a isso. A visão de Storm não podia abarcar a riqueza poliédrica de mundo, que é uma exigência formal do romance; ele só tinha olhos para o detalhe, para possibilidades novelísticas. Mas sua visão é tão refinada, tão interiorizada, que dificilmente conseguiria encontrar um meio de expressão na forma simples e forte da antiga novela, forma em que não há senão fatos, acontecimentos externos, em que, como diz Friedrich Schlegel sobre Boccaccio, os estados de alma mais profundos e subjetivos são expressos apenas indiretamente, apenas pela mediação sensível das imagens. Nas primeiras novelas de Storm, a forma é dissolvida numa interioridade concebida apenas em termos de vibrações líricas, anímicas, expressas sem mediações: "aqui e ali [...] talvez se desejasse algo um pouco mais determinado individualmente", observa Mörike, cheio de dedos e respeitosamente, sobre essas novelas. As próximas gerações de escritores buscarão expressar a interioridade mais rica possível, abarcando todo o conteúdo anímico de um ou de alguns homens; mas sempre de tal modo que tudo isso que cresceu dentro da forma épica amplie e enriqueça essa mesma forma, que nenhum conteúdo se perca numa expressão rude e imediata, interessando apenas como conteúdo.

Assim a forma reconduz à questão da interação e da relação entre o interno e o externo. Artisticamente, as inclinações pessoais de Storm lhe abriram o caminho para essa síntese. Por um lado, sua interioridade não possui essa intensidade patológica dos escritores atuais. Ele não é dominado pelo desejo e pela obsessão de explorar cada estado de alma em seus mais secretos recônditos; pois, como observou Kuh, ele sempre para antes de chegar ao último pórtico. Por outro lado, seus olhos não enxergam os acontecimentos externos nem com uma dureza brutal nem com uma sensibilidade exacerbada. Ambos os elementos não estão tão distantes um do outro a ponto de não se poder criar uma unidade orgânica a partir deles.

A unidade no tom obtém-se pela unidade da exposição, a forma épica pelo recurso à narração direta, essa forma mais ancestral e profunda da épica, que determina suas condições de existência. Entre as novelas de Storm, quase não se encontra uma que não esteja inserida numa moldura, em que seja ele mesmo o narrador e não um terceiro, criado para esse fim, que narra a partir de suas memórias ou com base em esboços e relatos. Mas quando narra ele próprio, o faz como se cada detalhe fosse extraído de suas recordações ou como se contasse a alguém um episódio característico de sua vida. Isso é uma revitalização da antiga tradição narrativa (incluindo Keller ou Meyer), o resgate artístico da essência original da novela. Para Storm, isso não era apenas um modelo interessante: em sua produção, essa oralidade, esse modesto resquício da cultura verdadeiramente épica, desempenha um papel impossível de avaliar em toda a sua extensão. A oralidade era o critério pelo qual julgava se o estado de alma configurado em sua obra havia encontrado uma verdadeira expressão. Mas essa oralidade, na verdade, limita-se a reforçar o efeito da moldura, pois seu significado real é muito maior que a expressividade imediata e harmoniosa que caracteriza seu estilo narrativo. Dito em poucas palavras, eis talvez sua essência: criar uma distância a partir da qual já não seja visível a dualidade entre externo e interno, entre ato e alma. O principal é que a recordação – que é a forma típica da narração de ambientes – não analisa as coisas, raramente conhece seus verdadeiros motivos e nunca expressa os acontecimentos como uma sucessão de tênues vibrações anímicas, quase imperceptíveis em suas modificações. Daí que os acontecimentos sejam narrados na forma de imagens com grande impacto visual ou de fragmentos de diálogos, nos quais, no entanto, tudo o que é necessário está presente. A recordação e a técnica natural da narração de recordações conduzem a uma outra forma de épica, igualmente segura e forte: a balada. Os aportes provenientes da balada compensam o que essas novelas perderem do ponto de vista novelístico. Ao expulsar da novela suas tendências analíticas, realçando o momento sensível e simbólico, a influência da balada impede que a novela se dilate, ampliando-se em direção ao romance (que não tolera a pobreza do mundo que abarca). Por outro lado, esse distanciamento ameniza a dispersão dos acontecimentos e sua excessiva dureza em relação à vida anímica dos personagens. Essas imagens de intenso apelo visual se conectam entre si com plena coerência, pois o narrador vivencia apenas aquela parte dos acontecimentos que o vincula à unidade, apenas o que foi significativo para ele, apenas aquilo que se tornou o centro da construção. Ao mesmo tempo, a técnica de representação se torna mais eficaz em termos de configuração sensível, já que a memória guarda apenas os aspectos visíveis e audíveis do que é essencial no ser humano, construindo lentamente, a partir desses traços, o típico e o universal. Esse método de representação é o contrário daquele dos novelistas modernos: estes começam fixando a tonalidade básica de fundo, os traços mais cotidianos e gerais de seus personagens, depois as cores vão se definindo a partir de uma refinada e talvez exagerada elaboração do tema principal. Já Storm, embora não consiga trabalhar suas descrições anímicas com maior amplitude de conteúdo, compensa essa deficiência convertendo toda a sua psicologia em forma, enquanto o mundo mais rico dos modernos permanece carente de elaboração.

  E, no entanto, também essa solução demonstra que Storm é a estação final de um percurso. Em apenas uma geração toda a sua psicologia se tornaria superficial, sua visão de mundo se converteria numa abstração diante da vida vivente. Pois as circunstâncias simples e sensíveis que compunham o pano de fundo de suas narrações logo só existirão na lembrança. Um escritor cuja percepção de mundo permanecesse no nível de Storm não se distinguiria de um autor de folhetins, pois qualquer tentativa de uma análise mais contundente, que introduzisse problemas mais profundos, teria de ameaçar ou mesmo destruir o frágil ponto de equilíbrio que caracteriza a épica de Storm. De fato, a solução estilística de Storm não chega a ser uma solução que resulte diretamente da essência efetiva de sua matéria, mas uma harmonia que nasce de suas possibilidades mais pessoais, que mantém em equilíbrio – com grande sutileza e infinita cautela – uma série de tendências dispersas. Em que pese toda a sua perfeição formal, a arte épica de Storm não se constitui como uma *"art robuste"* (como, por exemplo, a de Maupassant). Nesse sentido, como o último e limítrofe representante da grande literatura burguesa alemã, ele é, de fato, o ourives meticuloso e sereno da novela moderna. E, com isso, definem-se ao mesmo tempo o limite e o alcance de seu valor. Nele e no mundo descrito por ele restou apenas a monumentalidade da grande épica antiga, a de um Jeremias Gotthelf, por exemplo; já a atmosfera de decadência que circunda esse mundo não é ainda suficientemente forte e consciente para se tornar novamente monumental, como o será nos *Buddenbrooks* de Thomas Mann.[24]

Mas é principalmente no âmbito da poesia que Storm se revela o último exemplar de sua espécie, o encerramento de um ciclo, seu vértice, seu ponto de chegada; originada da canção popular, desde Günther, passando pelo jovem Goethe, pelos românticos e seus descendentes, sobretudo os opostos polares Heine e Mörike, essa lírica irá desaguar em Storm. Porém, se nas novelas ele se lança em busca de uma transição para o novo, do qual possui apenas uma vaga ideia, na poesia se mantém firmemente atado às velhas formas, recusando não apenas todo experimentalismo, como também toda poesia que não seja lírica no sentido rigoroso do termo. Apesar disso, em comparação com suas novelas, seus versos possibilitaram-lhe uma expressão não apenas mais pura e robusta de seu sentimento vital, como também mais complicada, nervosa, vibrante e moderna. No entanto, creio que essa oposição não seja real; pois, em ambos os casos, as razões teóricas são apenas fenômenos colaterais das interações entre formas e sentimentos. Seu dogmatismo no campo da lírica, que recusa todo compromisso, é somente um reflexo de seu firme sentimento de segurança, do mesmo modo que sua atitude mais conciliadora diante dos experimentos novelísticos, que ultrapassam os aspectos primitivos do gênero a partir de uma reavaliação de sua forma, é apenas um sintoma da insegurança

---

[24] Em "Betrachtungen eines Unpolitischen" [Considerações de um apolítico], de 1918, Thomas Mann saudou vivamente a coletânea de ensaios de Lukács como um livro "belo" e "profundo", tecendo um extenso comentário sobre o ensaio em que é citado, cujo grande mérito, a seu ver, consistia em traçar uma clara linha divisória entre a "maestria ético-artesanal" dos estetas alemães, do qual ele próprio era herdeiro e continuador, e "o esteticismo monástico de Flaubert, cuja conduta de vida burguesa era uma máscara niilista" (cf. MANN, 1988, p. 298-301). (N.T.)

interior do narrador. Os motivos, que residem tanto na alma do poeta quanto na matéria, são fáceis de captar e, em grande medida, já foram indicados aqui: toda dissonância que se mostra no mundo externo, que determina o destino dos homens e o modo como Storm concebe e valoriza esse mundo, está completamente ausente na lírica. O sentimento do destino pode encontrar na lírica uma expressão pura e imediata, e isso era para Storm – inclusive em suas novelas – o reflexo lírico dos acontecimentos, sua vivência determinante.

A essência da forma lírica de Storm é a plena utilização de todo grande valor do passado: a máxima concisão expressiva; um controle rigoroso, de efeito impressionista, alusivo, no uso de imagens e comparações; a força sensível de palavras que irrompem subitamente em contraste com um vocabulário extremamente parco; e, sobretudo, uma musicalidade indizivelmente refinada, profunda e segura; musicalidade que o longo desenvolvimento dessa lírica, sempre em contato com a grande música, havia refinado a ponto de que cada modulação sonora nascesse de um propósito consciente; uma musicalidade que, talvez devido a essas circunstâncias, manteve-se rigorosamente dentro dos limites do autêntico *Lied* alemão. Mas talvez fosse um exagero dizer que o estilo dessa lírica era determinado pelo canto. Essa possibilidade de pensar a poesia como canto determina aqui, como possibilidade que permanece e deve permanecer sempre aberta, os limites no qual a força do som, essa expressão puramente acústica da alma, pode e deve se estabelecer; desnecessário dizer que a condição e o princípio estilístico dessa lírica não é o canto propriamente dito, mas a mera possibilidade de que venha a ser cantada.

A lírica de Storm, sob todos os aspectos, é o ponto de chegada desse desenvolvimento. Não apenas porque os motivos simples estavam todos gastos, mas sobretudo porque Mörike havia levado o caráter imagético da língua ao preciosismo, e Heine havia quase destruído a forma ao infiltrar valores intelectuais nos estados de alma. Storm recolheu os novos valores de ambos e os reinseriu na forma simples e rigorosa de antes. Mas nele essa simplicidade já é uma estilização consciente, a última síntese decorativa de um grande desenvolvimento; com simplicidade voluntariamente primitiva, ele chega ao ápice de todas as possibilidades já utilizadas, de modo que qualquer nova tentativa terá de ser frustrada; depois de Storm esse caminho não podia dar senão num jogo vazio e maneirista. Nele – em seus poemas realmente bons – essa lírica profundamente sonora, suavemente atmosférica e, apesar disso, fiel à linhagem da dureza nórdica ainda está livre de todo maneirismo. Dureza e sentimentalismo se encontram nessa lírica, assim como ironia e sentimentalismo se encontram na lírica de Heine, mas aqui ambos se mesclam, em vez de se oporem com rispidez, de modo a anular seu efeito, como costuma ser o caso em Heine.

> *Über die H[e]ide hallet mein Schritt;*
> *Dumpf aus der Erde wandert es mit.*
>
> *Herbst ist gekommen, Frühling ist weit –*
> *Gab es denn einmal selige Zeit?*
>
> *Brauende Nebel geisten umher;*
> *Schwarz ist das Kraut und der Himmel so leer.*
> *Wär' ich hier nur nicht gegangen im Mai!*
> *Leben und Liebe, – wie flog es vorbei!*[25]

Bravura, resignação e dureza – eis a atmosfera vital da lírica do último grande lírico burguês à moda antiga.

---

[25] "Sobre a estepe ressoa meu passo;/ O surdo som da terra caminha comigo.// O outono chegou, a primavera está distante:/ Já houve uma época feliz?// Névoas escuras pairam em volta como fantasmas;/ Negra é a erva e vazio o céu./ Melhor fosse que eu nunca tivesse passado aqui em maio!/ Vida e amor – como voam!" (N.T.)

A nova solidão e sua lírica:
Stefan George

1

O rótulo da *impassibilité*! Rótulo inevitável àquele que não escolheu compartilhar das pequenas alegrias e insignificantes dores de todo mundo, que não se dispõe a perambular pelo mercado de uma cidadezinha qualquer se intrometendo em cada um de seus estimulantes debates. Rótulo que recai sobre quem quer que não viva imerso no coletivo, que não traga o coração nas mãos e, em especial, que ainda veja na arte um trabalho sério; que busque produzir uma poesia completa em si mesma, poesia dotada de vida própria, sem caminhos para fora de si, independente de estados de alma comuns e que nada exige do leitor além de que saiba ler. Isso explica por que o *Tasso* e o *Orestes* de Goethe, mesmo dilacerados pela histeria, parecem frios como o mármore. E se os soluços de Baudelaire nos passam despercebidos é porque ele é mestre em adjetivar seus tormentos. E agora, após Grillparzer e Hebbel, após Keats e Swinburne, Flaubert e Mallarmé, é a vez de Stefan George. É a sua vez de ser o poeta "frio", distante "da vida", sem vivências, e cujos versos são como taças de cristal belas e perfeitas; poeta que suscita a reverência dos pares da confraria e a admiração perplexa das gentes, mas que só a poucos importa de fato.

Mas o que vem a ser essa frieza, essa *impassibilité*, de que tanto se fala? Não há dúvida de que um sentimento que persiste tem lá suas razões; mas é igualmente certo – e milhares de documentos o provam – que aquilo que ontem foi considerado frio e de uma objetividade cortante hoje é suspeito de abrigar uma lírica oculta e talvez amanhã possa ser visto como demasiado brando, demasiado confessional, demasiado subjetivo e demasiado lírico. Esse conceito muda tanto quanto os conceitos de clássico e romântico, pois, como observou Stendhal, tudo já foi romântico e tudo se tornará clássico: o clássico é o romântico de ontem, o romântico é o clássico de amanhã. Daí que sejam apenas cronológicas as diferenças entre *impassibilité* e subjetividade, entre frio e calor; em outras palavras: essas categorias fazem parte apenas da evolução e da história, mas não da estética. É assim de fato? A meu ver, o problema consiste em o leitor comparar o seu próprio sentimento diante da vida com aqueles que (na sua opinião!) o poeta tem diante do mundo que criou, de modo que a distinção entre frio e calor, oriunda apenas dessa tentativa de identificação, acaba sendo projetada sobre o próprio poeta. Por isso sempre há de parecer frio um poeta que, por exemplo, entenda a morte de um ser humano ou de qualquer outra coisa como necessária e útil, em vez de triste e lamentável. É que, nesse caso, o poeta inseriu o fato dentro de uma causalidade que ainda não é percebida de modo espontâneo pelo público; e esse sentimento perante o poeta só cessará de existir quando brotar na alma do leitor um outro sentimento: o de que aquilo que, a princípio, em seu isolamento, causara a sensação revoltante de acidente ou fatalidade não passa de uma necessidade natural — reconhecida de modo geral e sentida desde sempre. E assim acontece a cada mudança de sentimento. Claro que esse ponto de vista não é o da arte. A arte é sugestão com a ajuda da forma. E essa concordância entre escritor e leitor nem sempre tem de ocorrer; sua ausência pode até não impedir o efeito de algo escrito de modo realmente sugestivo ou, melhor dizendo, nem sempre pode impedi-lo; mas pode modificá-lo e o modifica sempre. Essa questão não tem a ver com o valor da obra, mas antes com a sua situação social. É a história daquele caminho que uma obra escrita percorre do romântico ao clássico, do bizarro à sublime simplicidade, do naturalismo à estilização, do frio ao calor, da exclusividade à popularidade, da *impassibilité* à confissão — ou o inverso; como o sol, que "nasce" pela manhã, "chega ao ápice" ao meio-dia e "morre" ao final da tarde. Talvez um dia vejamos *Madame Bovary* nas mãos de nossas filhas, talvez num tempo não muito distante Ibsen substitua Schiller nos programas de formação dos colégios e — quem sabe? — sejam feitas canções populares a partir dos poemas de Stefan George.

A frieza de George é apenas o resultado do "não-saber-ler" do leitor atual combinado a uma porção de sentimentalismos que talvez não passem de uma insignificância. Ele é frio porque suas entonações são tão delicadas que nem todos podem distingui-las. Frio porque suas tragédias são tais que o homem mediano de hoje ainda não as percebe como trágicas, crendo então que esses poemas surgiram apenas em função de belas rimas. Frio porque os sentimentos expressos pela lírica comum não desempenham mais qualquer papel em seu viver.

Apesar de tudo, talvez um dia canções populares possam ser feitas com seus poemas.

Talvez. Mas a impenetrabilidade do *odi profanum* nem sempre é apenas o destino histórico — e assim também determinado por casualidades — de um poeta; na maioria das vezes, ela é fruto de uma interação tão estreita e profunda entre a individualidade do poeta e sua época que chega a determinar os grandes e mais decisivos problemas formais. E uma exclusividade desse tipo não se deixa alterar pela passagem e pelas transformações do tempo e dos sentimentos.

Existem escritores que não encontram eco em sua época devido ao conteúdo de suas obras. E também existem estetas assim. Ou melhor: existe uma *l'art pour l'art* de natureza sociológica e psicológica. Naturalmente, refiro-me a dois polos extremos de uma escala com infinitas gradações. Quem é o esteta? Goethe talvez tenha sido o primeiro a perceber esse problema, referindo-se ao assunto numa carta a Schiller: "Infelizmente, alguns dentre nós, modernos, às vezes nascem poeta, vagando por aí sem um destino certo, pois, se não me engano, os direcionamentos particulares deveriam advir da realidade exterior, e as circunstâncias é que deveriam determinar o talento". Talvez seja até supérfluo acrescentar: o esteta é alguém que nasceu numa época em que o sentido racional para a forma está morto, em que a forma é encarada como algo que se recebe pronto da história e que, por isso, mostra-se agradável ou desagradável segundo o humor de cada um; mas o esteta não pode se adaptar a isso, pois nem está inclinado a adotar passivamente aquelas formas que foram criadas para expressar estados de alma estranhos a ele nem está disposto a falar sobre seus próprios sentimentos de modo bruto, como de bom grado fazem as gentes em épocas não artísticas; mas, ao contrário, segundo suas forças, ele constrói para si próprio um "direcionamento particular" e cria a partir de si próprio as condições que determinam seu talento.

George é um esteta apenas nesse sentido da palavra, nesse seu único sentido. Ele é um esteta, e isso significa que hoje ninguém precisa de canções (ou melhor, que apenas algumas pessoas têm essa necessidade e, mesmo assim, de modo vago e obscuro); daí que ele tenha de encontrar em si próprio todas as possibilidades musicais que lhe permitam exercer algum efeito sobre seu leitor ideal, desconhecido e que talvez não exista nem mesmo remotamente. Essa é a forma da poesia atual. E se tudo isso – por mais verdadeiro que possa ser – não diz nada de decisivo sobre sua verdadeira natureza, possamos ao menos afastar do caminho que ainda há por trilhar algumas daquelas frases vazias que se leem sobre o poeta. Temo escrever também para aqueles que até hoje só ouviram coisas desse tipo a seu respeito e ainda não adquiriram ouvido para a sua poesia.

2

Canções de um viajante, eis as canções de Stefan George. Estações do longo e interminável caminho de um viajante que sabe sua meta, mas que talvez não chegue a lugar algum. Reunidas, essas canções formam um grande ciclo, um grande romance, dentro do qual se completam reciprocamente, esclarecem-se, reforçam-se, abrandam-se, realçam-se, refinam-se (sem que tudo isso seja intencional). São como a peregrinação de Wilhelm Meister – e um pouco, talvez, como em *L'Éducation sentimentale* –, mas uma peregrinação completamente interior, completamente lírica, sem todas aquelas aventuras e acontecimentos. Vemos apenas reflexos anímicos de acontecimentos; apenas o enriquecimento da alma, não as fontes da riqueza. Apenas o caminhar errante, mas não o possível destino dos caminhos; apenas os martírios da separação, mas não o significado da caminhada a dois; apenas a intempestiva bem-aventurança de mãos que se entrelaçam pela primeira vez, mas não se as afinidades recíprocas resultaram em sentimento maduro; apenas a doce melancolia dos pensamentos e os êxtases intelectuais amargamente alegres que surgem quando se contempla a fugacidade das coisas. E solidão, a enorme solidão daquele que viaja só. Um caminho longo, que vai de solidão em solidão, passando por regiões de vida partilhada, para, ao fim do grande amor, retornar à solidão e daí seguir rumo a outras estações solitárias feitas de dores ainda maiores, mais agudas e definitivas.

> *Kaum legtet ihr aus eurer hand die kelle*
> *Und saht zufrieden hin nach eurem baun:*
> *War alles werk euch nur zum andern schwelle*
> *Wofür noch nicht ein stein behaun.*

> *Euch fiel ein anteil zu von blüten saaten*
> *Ihr flochtet kränze tanztet überm moos.*
> *Und blicktet ihr zu nächsten bergesgraten*
> *Erkort ihr drüben euer los.*[26]

Ou talvez em versos ainda mais belos:

> *Solang noch farbenrauch den berg verklärte*
> *Fand ich auf meinem Zuge leicht die fährte*
> *Und manche stimme kannt ich im geheg*
> *Nun ist es stumm auf grauem abendsteg.*

> *Nun schreitet niemand der für kurze strecke*
> *Desselben ganges in mir hoffnung wecke*
> *Mit noch so kleinem troste mir begehr*
> *So ganz im dunkel wallt kein wandrer mehr.*[27]

De que tipo são as tragédias de Stefan George? Seus poemas esboçam apenas o retrato imaginário do poeta, e as respostas que oferecem são meramente simbólicas: são ideias platônicas da tragédia, libertas de toda realidade empírica. A lírica de George é uma lírica casta. Ela extrai das vivências apenas o mais geral, o simbólico,

---

[26] "Mal largastes a ferramenta/ E olhastes contente vossa construção/ Todo esse trabalho foi para vós apenas a soleira do labor seguinte/ Para o qual nenhuma pedra estava sequer talhada// Parte das sementes de flores vos pertencia/ Tecestes coroas, dançastes sobre os musgos/ Mas ao olhar os cimos das montanhas em volta/ Escolhestes vosso destino mais além." (N.T.)

[27] "Enquanto vapores coloridos ainda transfiguravam o monte/ Encontrei facilmente em meu trajeto os caminhos/ E reconheci no entorno mais de uma voz/ Agora não se ouve nada na senda cinzenta da tarde// Agora ninguém caminha que possa, por um breve trecho,/ Despertar em mim esperança de caminho,/ Que console meu desejo, ainda que pouco/ Nessa funda escuridão não caminha mais nenhum viajante." (N.T.)

privando, assim, o leitor da possibilidade de reconhecer os detalhes da vida íntima. Naturalmente, o poeta fala apenas de si – de que outro modo, pois, as canções poderiam surgir? Ele fala somente de si ao falar do mais profundo, do mais recôndito, tornando-se, a cada confissão, ainda mais misterioso, escondendo-se ainda mais em sua solidão. E ao lançar os raios luminosos de seus versos sobre sua vida, ele apenas nos distrai mediante um jogo de luz e sombra, mas nada revela de si.

Todo poema é uma mistura de matéria concreta e símbolo. Antigamente – pode-se pensar em Heine, Byron e no jovem Goethe – a vivência era concreta, e o poema, sua tipificação, ou seja, vivência tornada símbolo. O acaso, aquilo que "só acontece uma vez" – cujo percurso podia ser facilmente reconstruído a partir do poema –, crescia diante de nossos olhos, ganhando um significado mais amplo, um valor que se transmitia a qualquer um. A vivência era palpável, e sua representação, típica; o acontecimento era individual, e os comentários e as comparações o generalizavam. Essas histórias eram descrições abstratas de paisagens específicas, aventuras estilizadas de pessoas conhecidas. George tipifica a vivência antes mesmo de se colocar questões poéticas. Na introdução de um dos volumes de sua obra, ele escreveu: "a vivência sofreu tantas transformações através da arte que se tornou insignificante para o criador, e saber o 'porquê' disso traria a qualquer outra pessoa mais confusão que clareza". Entretanto, no que toca à expressão dessas vivências que se tornaram completamente típicas, desatadas para todo o sempre da pessoa do poeta, destiladas mil vezes, ele possui palavras de maravilhosa instantaneidade, furtivas, repentinas, cheias de delicadeza e mais discretas que o crepitar de folhas em brasa. Suas paisagens não existem em parte alguma, e, no entanto, cada uma de suas árvores e de suas rosas são concretas, e o céu que exibem refulge com as cores únicas e jamais repetíveis de uma determinada hora do dia. Não conhecemos o homem que vai pela região, mas por um momento surpreendemos as ínfimas oscilações de seu mais íntimo ser, perdendo-o de vista em seguida e, na verdade, para sempre; não sabemos quem ele amou, não sabemos por que ele sofre e por que de repente se exalta, e, no entanto, o conhecemos melhor nesse momento do que se soubéssemos de toda a sua vida. A técnica de George é o impressionismo do típico. Seus poemas são registros de instantes altamente simbólicos.

[...]
Wie wir durch laubes lohenden zinnober
Und schwarzer fichten grünmetallnen schaft

Den und den baum besuchten stumme gäste
Getrennten gangs in liebevollem Zwist
Und jedes horchte heimlich im geäste
Dem sang von einem traum der noch nicht ist[28]

O conteúdo dessas canções é aquilo que a contragosto irrompe por entre lábios contidos, o sussurro de uma última confissão revelada num quarto escuro e de cabeça baixa. Infinitamente íntimas, essas canções mantêm o poeta infinitamente longe de nós. São escritas como se o leitor tivesse vivido com ele cada pequeno detalhe de tudo o que ocorreu antes e então fosse capaz de intuir com ele o que vem em seguida; como se o autor falasse com seu melhor amigo, aquele tipo de amigo que só se tem uma vez, que sabe tudo sobre sua vida, que compreende a mais leve sugestão e que talvez se ofenda com o relato de fatos, mas que, justamente por isso, está interessado profundamente nos pormenores. (O lírico do passado estava destinado a um leitor mais comum, não iniciado.) Por isso, essa lírica só pode falar das coisas mais pessoais, mais profundas, que mudam a cada minuto; por isso, pode renegar de modo tão categórico, talvez como nunca foi feito antes, a atmosfera "ela me ama, ela não me ama" e expressar apenas as tragédias mais refinadas, as mais intelectuais.

Noch zwingt mich treue über dir zu wachen
Und deines duldens schönheit dass ich weile
Mein heilig streben ist mich traurig machen
Damit ich wahrer deine trauer teile.[29]

---

[28] "[...] como através do dourado das folhas e do verde metálico dos abetos/ Visitamos esta e aquela árvore, hóspedes silenciosos// Por caminhos separados em amante discórdia/ E cada um escutando secretamente entre os troncos/ O sonho de um canto que ainda não existe." (N.T.)

[29] "A fidelidade me obriga a continuar velando por ti/ E a beleza de tua tolerância me faz esperar/ Minha sagrada inspiração é ficar triste/ De modo a partilhar mais verdadeiramente teu luto." (N.T.)

As canções de George expressam os mesmos sentimentos e surgiram para satisfazer as mesmas necessidades dos dramas privados e das novelas líricas. Num sentido estrito, é provável que elas – em grande parte – nem sejam mais poemas, e sim algo novo, diferente, algo que só agora começa a surgir. E creio que os que mais se aproximaram disso a que os poetas de todas as tendências atualmente aspiram e em nome de que se despojaram de todos os efeitos seguros e experimentados do passado, a ponto de destruírem as formas que eles próprios consideravam sagradas, são George e alguns poetas franceses, belgas e holandeses. O que houve então? Já o dissemos: não atribuímos mais um lugar decisivo em nossas vidas às grandes tragédias, aos sentimentos implacáveis e opostos categoricamente uns aos outros; é como se, em sua maior parte, isso fosse demasiado forte para os nossos órgãos receptivos, que, assim, teriam sido demasiado leves para os órgãos de nossos pais. Nossa vida está constituída de tal modo que olhares furtivos, uma palavra dita ao acaso, uma ideia mal interpretada são hoje as formas pelas quais as almas se comunicam. Como se o curso de seu diálogo fosse mais brando e, no entanto, mais ágil, e a área de contato fosse maior, mais espessa e repleta de fissuras. O grande e complicado aparato de quase todos os dramas e novelas de hoje consiste apenas em preparar um desses momentos em que seres humanos se encontram ou passam um pelo outro sem se notarem. Seus personagens se estendem em conversas absolutamente supérfluas, desimportantes e aborrecidas, até que de repente uma música surge ao fundo, e com ela ouvimos o rumorejar de profundos desejos da alma (e o que surge nesse momento é a lírica); mas tudo isso apenas para que, nervosos e impacientes, aguardemos outros momentos assim. Os homens se odeiam, mutilam-se e se matam, e no final, no Gólgota da grande destruição, um sino distante faz ressoar a mensagem da eterna comunhão, do eterno estranhamento... Rejeitando todo mecanismo maçante de preparação, as novas canções oferecem apenas esses momentos de intensidade. Por isso, podem ser mais coesas em sua técnica e mais firmes em seu efeito do que tudo o que hoje se produz nesse campo. Intimidade e sensificação: esses dois polos tinham de ser reunidos pelo drama privado e pela novela lírica; a poesia que agora surge conseguiu unificá-los completamente, deixando-os subsistir de forma real e plena, sem dissonâncias.

Qual é a essência dessa nova lírica? Sobre isso já dissemos bastante coisa, mas agora tentaremos resumi-la em algumas poucas frases. Tecnicamente, ela consiste – como na música – no predomínio do acompanhamento sobre a voz solista. O que isso quer dizer? A antiga lírica era poesia de circunstância (Goethe assim a denominou), e sua forma, talvez justamente por isso, era a mais típica, a mais simples e aquela que mais se fazia compreender pelas gentes – a forma da canção popular estilizada. E como complemento paradoxal desse desenvolvimento paradoxal surgiu o correlato necessário da nova canção popular: o *Lied*; necessário, porque essa forma é determinada pela escuta de um canto imaginário e, portanto, só pode alcançar a sua completa perfeição quando efetivamente cantada. E, de fato, hoje não podemos mais conceber essas canções sem sua música; e aquilo de cuja ausência nossa sensibilidade talvez se ressinta num poema de Heine ou Mörike é justamente o que Schubert e Schumann, Brahms e Wolf acrescentaram com suas composições: a grande generalidade metafísica da vivência, aquilo que nela é típico e ultrapassa a experiência pessoal. A essência da nova poesia da palavra (*Wortdichtung*) é tornar supérflua essa música de acompanhamento, emprestando às combinações de vogais e consoantes sonoridades que nos transmitam aquilo que talvez mais tarde – ou talvez nunca – venha a ser expresso, aquilo que não se consegue expressar com as palavras, mas apenas despertar na alma com os sons das palavras. A nova lírica extrai de si própria sua música, ela é ao mesmo tempo texto e música, melodia e acompanhamento; uma totalidade fechada que não requer mais nenhuma complementação.

> *Es lacht in dem steigenden jahr dir*
> *Der duft aus dem garten noch leis.*
> *Flicht in dem flatternden haar dir*
> *Eppich und ehrenpreis.*
>
> *Die wehende saat ist wie gold noch*
> *Vielleicht nicht so hoch mehr und reich*
> *Rosen begrüssen dich hold noch*
> *Ward auch ihr Glanz etwas bleich.*

> *Verschweigen wir was uns verwehrt ist*
> *Geloben wir glücklich zu sein*
> *Wenn auch nicht mehr uns beschert ist*
> *Als noch ein rundgang zu zwein.*[30]

Assim tinha de ser. Aquelas canções só foram concluídas depois de cantadas – mas quem, nos dias de hoje, comporia música como essa para nós? A universalidade daquelas canções é tal que elas podem emocionar ao mesmo tempo centenas de pessoas numa sala de concerto; hoje, porém, não sentimos mais em sincronia com ninguém, e se alguma coisa ainda é capaz de tocar muitos de nós ao mesmo tempo, toca apenas a uma multidão de solitários; um estado de alma dessa natureza não pode se transmutar num sentimento de massa. Essas canções – em sentido ideal – foram escritas para um único homem, e apenas um homem pode lê-las, recolhido e a sós. Se os *Lieder* de Heine ouvidos em um concerto nunca pareceram ofensivos a ninguém, os novos versos só podem ser ouvidos por alguém muito próximo.

E aqui não se está falando do acaso; não pode ser obra do acaso que a grande lírica inglesa, maravilhosamente musical, mas que nunca foi posta em música, e que talvez não comporte nenhuma música, apenas agora comece realmente a ter alguma influência sobre o continente; não pode ser obra do acaso que essa poesia, combinada com o efeito dos franceses, tenha enterrado de vez a tradição de canções populares da Alemanha, que se tornou estéril; que a produção lírica do Goethe tardio, que antecipou todos os nossos desenvolvimentos, nunca tenha sido tão amada quanto hoje; e nem que se comece a descobrir e amar aqueles poetas que foram considerados como não musicais e não líricos em sua própria época: Brentano, Hebbel e Konrad Ferdinand Meyer. E não é por acaso que, ao mesmo tempo, na França, o *Lied* germânico tenha destruído a solenidade quase eclesiástica dos ritmos parnasianos, colaborando, assim, para que em seu lugar surgisse uma

---

[30] "Sorri para ti no ano que avança/ O perfume ainda suave do jardim./ Teu cabelo se tece/ suave e graciosamente.// A semente que se agita é como ouro/ Talvez nem tão altas e ricas/ As rosas ainda vistosas te saúdam/ Embora seu esplendor tenha arrefecido.// Calemos o que nos está vedado/ Prometemos ser felizes/ Ainda que nada mais nos reste/ Senão um passeio a dois." (N.T.)

lírica nova, mais íntima, próxima da antiga lírica inglesa e da mais recente lírica alemã.

Intimidade e sensificação: esses opostos expressam tecnicamente o problema anímico da proximidade e da distância. Vimos qual a relação entre técnica e forma nos versos de George; e de tudo o que foi dito até aqui, fica claro que semelhante polaridade resulta da técnica de leitura do leitor solitário, não sendo difícil entender por que isso tinha de se configurar desse modo (e essa já não é mais uma questão técnica). É verdade que a leitura do indivíduo solitário contribuiu para isso, mas a solidão do homem atual exige que os elementos se misturem nessa relação. Proximidade e distância: o que significa a relação desses elementos um com o outro? Do ponto de vista das relações humanas, significa o ritmo que a alternância entre contar e calar produz. Hoje contamos tudo, contamos a alguém, a qualquer um, a todos, mas, na verdade, nunca contamos realmente nada; qualquer um está tão próximo de nós que a proximidade distorce aquilo que entregamos de nós ao outro e, no entanto, está tão distante de nós que tudo se perde no caminho entre nós e ele. Compreendemos tudo, e nossa máxima compreensão é um estado de deslumbramento, uma incompreensão exacerbada até a religiosidade. Com força selvagem, procuramos romper o cárcere doloroso de nossa solidão, mas o que está mais próximo de nós é o gozo refinado de nossa eterna solidão. Um niilismo psicológico resume todo o nosso conhecimento dos homens: enxergamos milhares de relações, mas nunca captamos um vínculo efetivo. As paisagens de nossa alma não existem em parte alguma, no entanto, cada uma de suas árvores é concreta, e cada uma de suas flores também.

3

Portanto, de que tipo são as tragédias de Stefan George? Numa palavra: são as tragédias do professor Rubek – porém, não declaradas; generalizadas no sentido de que o destino de Rubek – o distanciar-se da vida – é hoje o destino de qualquer ser humano; no sentido de que a cada minuto de nossas vidas somos colocados diante do trágico dilema de arte ou vida. É o conflito de se despedir e não conseguir partir, como no "epílogo" de Ibsen, porém em termos ainda mais puros, mais agudos, mais verdadeiros, sem o mito do amor único e eterno; vivendo sempre a mesma experiência, esta árvore, o brilho de lua, a simpatia fugaz, sempre de um modo diferente, e, no entanto, sempre a mesma experiência. O eterno desejo de pertencer a algum lugar e a nobre resignação em face da velha tristeza de não poder pertencer a lugar nenhum.

O homem das canções de George (caso se prefira, o poeta, ou melhor, o perfil que vemos surgir diante de nós do conjunto de sua obra, ou ainda, o homem cujo conteúdo parece ser expresso nesses versos) é um solitário, desprendido de todo vínculo social. O conteúdo de cada uma de suas canções e da obra como um todo é aquilo que precisa ser compreendido e que não se pode jamais compreender: que dois seres humanos nunca possam se tornar um só. E, além disso: a grande busca, por milhares de caminhos, em vastas solidões e nas artes, a busca por um ser humano mais simples, primitivo e não degradado.

> *Tanzende herzen die ich bewundre und suche*
> *Gern mich erniedernd dass ich eure bälle nicht hemme*
> *Die ihr mich rühret ihr leichten – und ganz erfüllet*
> *Die ich verehre dass selber ihr lächelnd erstaunet:*
>
> *Die ihr mich schlinget in euren geselligen reigen*
> *Nimmer es wisst wie nur meine verkleidung euch ähnelt,*
> *Spielende herzen die ihr als freund mich umfanget;*
> *Wie seid ihr fern von meinem pochenden herzen.*[31]

Também a natureza está estranhamente distante desse homem imaginário – postulado por nós – das canções de George. Ela não é mais a boa mãe de seus filhos, que vive com eles todas as suas alegrias e tristezas; nem é mais a paisagem romântica para os seus sentimentos. E se é mil vezes verdade que sem as folhas dourado-ferruginosas de

---

[31] "Corações dançantes que admiro e busco/ Baixando-me prazerosamente para não molestar vossos bailes/ Vós que me comoveis, que sois leves, que me realizais/ Vós que venero, enquanto vos surpreendo sorridente:// Vós que me cingis em vossos bailes amigos/ Nunca soubestes que apenas as minhas vestes se assemelham às vossas/ Corações brincalhões que me cercais como a um amigo;/ Quão distante estais do meu palpitante coração." (N.T.)

um arbusto outonal nunca teria havido aquele encontro entre as duas almas, e se conhecemos o significado que uma lua e seu brilho verdejante possuíram no somatório final de uma vida, nada disso altera o fato de que esses homens estão sós na natureza, em inescapável e mortal solidão. A comunhão só existe pelo breve instante em que as mãos se entrelaçam, quando um desejo, antecipado na mente, é realizado, quando a aproximação se estreita em um passo, quando a companhia um do outro se prolonga por mais um instante; depois, cessa toda ilusão de pertencimento.

E, no entanto, essa é a lírica das relações humanas. Da "convivência íntima" ["*inneren Geselligkeit*"], para usar uma bela expressão de George. A lírica da amizade, da vizinhança das almas, das relações intelectuais: simpatia, amizade, entusiasmo, amor, tudo aqui misturado; aqui toda amizade é intensamente erótica, e o amor é sempre profundamente intelectual. E no momento da separação sabe-se apenas que algo não mais existe; e nunca saberemos o que era aquilo que deixou de ser. A grande discrição é aqui quase sintomática: símbolo da fusão dos sentimentos atuais. Talvez seja culpa apenas da técnica que não vejamos claramente o que acontece nem com quem; mas talvez essa técnica sirva apenas para encobrir; pois, ainda que pudéssemos ver, não perceberíamos nada corretamente.

Essa é a lírica da intelectualidade moderna, uma expressão de seus sentimentos vitais e estados de alma particulares, uma intelectualidade que não está mais disposta a expressar – com a ajuda de simplificações e apelo ao popular – seu lado "humano universal".[32] Porém, não se

---

[32] Nos escritos de maturidade, o intelectualismo e o aristocratismo de Stefan George serão duramente condenados por Lukács, que os associará às tendências do período que conduziram ao processo de nazificação da Alemanha. Embora reconheça que, pessoalmente, George "rejeitou as formas demagógicas" do nazismo, Lukács entende que, "objetivamente, existem nexos não superficiais" entre sua poesia e o estado de espírito que propiciou a subida de Hitler ao poder. "Com a perda de todo parâmetro social para medir o pleno desenvolvimento interior do indivíduo, com o surgimento de um aristocratismo da interioridade, perde-se todo parâmetro moral e artístico para que se justifiquem ou rejeitem sentimentos, ideias e vivências. Não se trata mais de saber se algo é bom ou mau, mas se é belo ou feio, se a vivência é rica ou pobre" (LUKÁCS, 1953b, p. 119). Em *Die Zerstörung der Vernunf* [A destruição da razão], Lukács escreveu que alguns poemas de Stefan George "contêm e dão a conhecer um presságio profético do 'Führer'" (LUKÁCS, 1974a, II, p. 208-209). (N.T.)

trata de uma lírica intelectual, de uma lírica "moderna" num sentido superficial; os requisitos externos da nova vida não desempenham nela nenhum papel (como é tão comum em Dehmel), nem são travadas disputas intelectuais entre visões de mundo distintas. As canções de George descrevem como essa nova alma se dá a conhecer em todas as suas manifestações sentimentais, das menores às mais decisivas na vida. Nisso, George não é nem revolucionário nem experimentalista; sob o aspecto do conteúdo ele não dá um passo além do terreno da lírica, mas quer oferecer apenas reflexos puramente líricos – no sentido antigo – daqueles fenômenos vitais que talvez até hoje não tenham sido expressos em versos.

E seu desenvolvimento conduz de modo cada vez mais firme e exclusivo a esse ponto. Depois das paisagens fantásticas dos contos de fadas e dos sufocantes jardins suspensos dos primeiros poemas, sua obra se torna cada vez mais simples, austera e econômica nos meios. Uma espécie de pré-rafaelismo se impõe no desenvolvimento dessa lírica, não o pré-rafaelismo inglês, mas sim o autenticamente primitivo, o florentino: aquele que não torna a austeridade picante, mas que assume a austeridade como base de sua estilização; que faz do primitivismo um princípio ético-artístico, não sendo capaz sequer de reparar em belezas que possam vir a perturbar a composição; que se utiliza da leveza aérea e da rigidez quebradiça de suas linhas para espiritualizar a matéria; que – embora consciente e calculadamente – deseja conter a vida dentro de si apenas mediante uma técnica puritana, preferindo abandonar a vida a se desfazer dessa sua pureza de neve e às vezes rígida.

Existe algo de profundamente aristocrático na lírica de Stefan George, algo que, com um olhar imperceptível, um aceno discreto, apenas esboçado, afasta toda banalidade ruidosa, todo suspiro fácil e toda emoção barata. A lírica de George praticamente não conhece o lamento: tranquila, talvez resignada, mas sempre valente, de cabeça erguida, mira a vida nos olhos. Podemos ouvir em seus versos os acordes finais do que há de melhor nos dias de hoje: o olhar com que o Cezar, de Bernard Shaw, encara a vida; os gestos com os quais os personagens de Hauptmann – Geyer e Kramer, Wann e Carlos Magno – encerram a peça; e sobretudo o aperto de mão de Allmer e Rita, deixada sozinha nas margens do fiorde, onde as estrelas já estão a brilhar, e os dois elfos perdidos, nunca possuídos, desaparecem para sempre na distância. Um adeus belo, forte, corajoso, ao modo das pessoas elegantes, sem choro e lamentações, com o coração dilacerado, mas com cadência firme, "contida", como nas palavras maravilhosas e verdadeiramente goetheanas, que resumem tudo:

> *Wie dein finger scheu die müden flicht!*
> *Andre blumen schenkt dies jahr uns nicht*
> *Keine bitte riefe sie herbei*
> *Andre bringt vielleicht uns einst ein mai.*
>
> *Löse meinen arm und bleibe stark*
> *Lass mit mir vorm scheidestrahl den [p]ark*
> *Eh vom berg der nebel drüber fleucht*
> *Schwinden wir eh winter uns verscheucht.*[33]

1908

---

[33] "Quão timidamente teus dedos fazem tranças!/ Este ano não nos brindará com outras flores/ Nenhum rogo foi feito por elas/ Outras talvez em maio floresçam/ Solta meu braço e sê forte// Deixemos juntos o parque antes do raio cortante/ Antes que a névoa desça da montanha/ Desapareçamos antes que o inverno nos surpreenda." (N.T.)

Nostalgia e forma:
Charles-Louis Philippe

Ma, poiché la piacque di negarlo a me, lo mio signore Amore, la sua mercede, ha posta tutta la mia beautitudine inquello che non mi quote venir meno.

La vita nuova. XVIII

1

Nostalgia e forma. Fala-se sempre que a Alemanha é o país dos nostálgicos, e que a nostalgia alemã – a *Sehnsucht* – é tão forte que destruiria qualquer forma, tão imensamente poderosa que não seria possível falar sobre ela sem gaguejar. Apesar disso, fala-se sobre ela a todo momento, e sua falta de forma é sempre transfigurada poeticamente numa forma nova e "superior", forma que é a única expressão possível de sua essência. Mas não seria lícito perguntar – e Nietzsche percebeu isso claramente – se essa falta de forma da nostalgia é de fato um índice de sua força e não de uma debilidade intrínseca, de uma condescendência e de um nunca-ir-até-o-fim?

Creio que a diferença entre uma paisagem tipicamente alemã e uma tipicamente toscana expresse do modo mais claro essa relação. Sim, é fato que muitas florestas alemãs possuem algo de nostálgico, triste e melancólico, no entanto também são aconchegantes e convidativas. São aéreas, elusivas em seus contornos; suportam tudo o que ocorre nelas e com elas. Fazem com que nos sintamos confortáveis e em casa; podemos até retirar do bolso um caderninho de notas e – acompanhados pelo sussurrar nostálgico das folhas – compor um *Lied* cheio de nostalgia. Já a paisagem do sul é dura, hostil e distante. Outrora disse um pintor: "É como uma pintura em si e para si". De fato, não se pode entrar numa pintura, não se pode viver dentro dela, muito menos querer que ela ecoe nossos anseios. Nossa relação com uma pintura, com algo que se condensou em forma, é uma relação clara e unívoca, ainda que enigmática e de difícil explicação: é o sentimento ao mesmo tempo de proximidade e distância que caracteriza a grande compreensão, uma profunda união que, no entanto, permanece sendo uma relação entre dois seres distintos e separados. Uma relação nostálgica.

Foi nesse tipo de paisagem que os grandes nostálgicos do romance cresceram e se formaram. Daí que tenham se tornado duros e violentos, reservados e criadores de forma. Todos os grandes artistas que deram forma à nostalgia e todas as grandes configurações da nostalgia vieram do sul: o Eros de Platão e o grande amor de Dante, Don Quixote e os heróis sarcásticos de Flaubert. A grande nostalgia é sempre taciturna e veste muitas máscaras. Talvez não soe tão paradoxal dizer que a máscara é a sua forma. Mas a máscara é também a grande e dupla luta da vida: a luta para ser reconhecido e a luta para permanecer oculto. A "frieza" de Flaubert foi logo desmascarada, mas não se tornou Beatriz um símbolo puro, e a nostalgia de Sócrates, uma filosofia da nostalgia?

Em *O banquete*, as perguntas são colocadas com grande clareza: quem é o amante e qual o objeto de seu amor? Qual a aspiração e qual o objeto dessa nostalgia? Nenhum dos companheiros de Sócrates o compreendeu quando ele formulou a grande diferença discutida nessa obra com palavras claras e que dizem tudo. Ele disse: o amor é um reencontro consigo mesmo, "Eros nos retira tudo o que é estranho e nos devolve tudo o que é nosso". Aristófanes encontrou a imagem mais bela para isso: outrora todas as criaturas eram o dobro do que são hoje, mas Zeus as cortou pela metade, e então surgiu o ser humano. A nostalgia e o amor são a busca pela metade perdida de si mesmo. Trata-se da nostalgia menor, ou seja, aquela que se pode realizar. Os homens que provêm da estirpe desse mito podem se reconhecer em cada árvore, em cada flor, e cada encontro de suas vidas torna-se uma noite de núpcias. Mas aquele que contemplou a grande dualidade da vida será sempre dual e, por isso, sempre solitário; nenhuma confissão, nenhum lamento, nenhuma entrega e nenhum amor fará desse par uma unidade. Sócrates compreendeu isso quando explicou que Eros é pobre e feio, adquirindo beleza – uma beleza alheia – apenas por meio da nostalgia.

Eros está no meio: não ansiamos o que nos é estranho e muito menos o que já nos pertence. Eros é um salvador, mas a redenção é uma questão apenas para os não redimidos; e uma verdadeira questão apenas para os que não podem ser redimidos de modo algum. Eros está no meio: a nostalgia une os desiguais, mas ao mesmo tempo nega toda esperança de que essa união resulte numa unidade; a unidade é o retorno à pátria original, mas a verdadeira nostalgia foi sempre errante. A nostalgia constrói sua pátria perdida a partir dos sonhos de seu desterro [*Verlassenseins*], e toda a sua vida consiste em buscar o caminho que a possa conduzir à pátria sonhada. A autêntica nostalgia está sempre voltada para dentro, por mais que seu caminho seja trilhado do lado de fora. Está meramente voltada para dentro, mas nunca encontrará sua paz nessa interioridade. Pois também essa interioridade, seu eu mais próprio e profundo, é uma mera criação de seus sonhos; e na distância infinita dos próprios sonhos pode buscá-lo como uma alteridade e como aquilo que se perdeu. Pode criá-lo, mas nunca poderá possuí-lo. O nostálgico é estranho a si porque não é belo, e, porque não é belo, é estranho à beleza. Eros está no meio: é verdadeiramente o filho da riqueza e da pobreza. "*L'amour*", diz Marie Donadieu, de Charles-Louis Philippe, "*c'est tout ce que l'on n'a pas*".[34]

Essa foi a confissão de Sócrates, mais aberta e clara que suas últimas palavras sobre o galo de Asclépio. No entanto, a revelação era uma outra forma de velamento. Sócrates não conseguia ficar calado. Era um homem vulgar: sentimental e dialético. Por isso "se escondia em nomes e expressões como um sátiro selvagem sob sua pele". Sua fala nunca terminava, e nada obscurecia sua transparente clareza. Mas Sócrates nunca era monológico. Saía de um grupo para outro, sempre falando ou ouvindo quem falava. Toda a sua vida parece se dissolver na forma dialógica de seu pensamento. E quando se calou pela primeira vez em sua vida – ao esvaziar o cálice de cicuta e começar a sentir seus pés enrijecerem –, cobriu-se com seu manto. Ninguém contemplou a face transfigurada de Sócrates; Sócrates a sós consigo mesmo e sem máscara.

Mas o que havia por trás de suas palavras? A compreensão da completa falta de esperança para a nostalgia? Muita coisa fala a favor disso, mas Sócrates nunca se pronunciou a esse respeito. Nenhuma

---

[34] "O amor é tudo aquilo que não se tem." (N.T.)

palavra e nenhum gesto jamais revelaram onde se deve buscar a fonte de sua filosofia da nostalgia. Ele se tornou o mestre e o arauto da nostalgia, dissecando sua essência com palavras sagazes, insuflando a nostalgia em toda parte com o *páthos* ironicamente sedutor de seu discurso, furtando-se sempre e em toda parte a toda realização. Amou cada um dos belos jovens de Atenas e em todos eles despertou o amor, mas desiludiu a todos. Pois suas palavras os seduziam para o amor, ele, porém, os guiava para a virtude, para a beleza e para a vida. Todos queriam Sócrates desesperadamente e todos eram desesperadamente desejados por Sócrates.

O amor sempre lança o amante para além de si mesmo; "quer procriar no belo e dar à luz o belo", diz Sócrates. Sócrates impeliu sua vida nessa direção e para ela atraiu e desiludiu os jovens. Fez com que de amados se tornassem amantes, e o amante é mais divino que o amado: porque seu amor nunca será correspondido, porque será sempre um caminho para a autorrealização. "Eles são o que éramos; e o que devemos tornar a ser", disse Schiller sobre o objeto da nostalgia. Mas aquilo que passou e se perdeu só se transforma em valor porque criamos o que perdemos, extraindo de seu nunca-ter-existido um caminho e uma meta: é assim que toda nostalgia se eleva acima do objeto que estabelece para si mesma e perde os vínculos com sua própria meta.

A nostalgia se alça para além de si mesma, e o amor tem sempre algo de ascético. Sócrates converteu sua nostalgia numa filosofia cujo ápice é inalcançável, a meta suprema de toda nostalgia humana: a intuição intelectual. Lançando-se nesse conflito final e insolúvel, a sua nostalgia deixou de ser conflitante para a vida: o amor – a forma fenomênica mais típica da nostalgia – se tornou parte do sistema, objeto de sua explicação do mundo, símbolo da unidade do mundo; outrora uma divindade do amor, Eros veio a se converter num princípio cósmico. O homem Sócrates desapareceu por trás de sua filosofia.

Mas aos homens e aos poetas nunca será permitido atingir essa elevação. O objeto da nostalgia possui um peso próprio e uma vida centrada em si mesma. Essa elevação é sempre a tragédia, e herói e destino precisam se converter em forma. Mas apenas herói e destino podem existir aqui, e herói e destino precisam permanecer juntos.

2

Na vida, a nostalgia tem de permanecer amor: essa é a sua felicidade e a sua tragédia. O grande amor é sempre ascético. Não importa que ele alce o objeto amado a altitudes sublimes, estranhando-o de si mesmo e do amor, ou que apenas o utilize como trampolim. O pequeno amor rebaixa o amor e gera mutilações ou uma nova ascese. O grande amor é o amor natural, real, normal, mas entre os homens de carne e osso foi o outro amor que se tornou natural: o amor como repouso e silêncio, o amor do qual nada se segue nem pode seguir. Diz Marie Donadieu: *"L'amour c'est lorsque l'on s'assied le dimanche soir et tout cela vous suffit"*.[35] É a luta entre o amor profano e o sagrado. Na vida, a nostalgia se converteu em amor, e agora o amor luta por independência contra seu senhor e criador.

A luta do amor travada entre o homem e a mulher é apenas um reflexo dessa luta. Um reflexo impuro e confuso, embora a verdade aqui resida na confusão. Se pudesse tornar-se claro e puro no ser humano, o próprio amor morreria. O grande amor se desvincularia de seu objeto, convertendo-se em nostalgia pura, pois não necessitaria mais de nenhum objeto, ao passo que o amor menor faria de qualquer ocasião um lugar de descanso. O amor da mulher é o mais próximo da natureza e profundamente vinculado à essência do amor: o amor superior e o inferior, o sagrado e o profano, estão inseparavelmente unidos nela. A mulher que ama é sempre nostálgica, mas sua nostalgia é sempre prática. Apenas o homem pode conhecer uma nostalgia pura, e apenas nele a nostalgia costuma ser completamente dominada pelo amor.

O amor é mais forte na luta que a nostalgia; na maioria das vezes, o que desperta a nostalgia é uma fraqueza. Uma fraqueza inconsciente de sua fonte e que só por isso sente a si mesma como fraqueza. Não pode resistir a nada, assim lhe parece, e raramente sabe que na verdade não resiste porque não quer. Segundo Sócrates, Eros é sofista e filósofo, e Philippe, certa vez, disse numa linguagem simples e bela: *"ceux qui souffrent, on besoin d'avoir raison"*.[36]

---

[35] "O amor é quando a gente se senta domingo à noite e tudo nos basta." (N.T.)
[36] "Os que sofrem precisam ter razão." (N.T.)

No romance de Philippe, os dois tipos de amor se defrontam um com o outro mediante a disputa de dois homens por uma mulher (na mulher, o amor é tão unitário que nunca se desenvolve em tipos conflitantes). Um cafetão e um jovem estudante do interior travam aqui a sua primeira grande batalha; disputam uma prostituta. As contradições externas da situação são levadas ao extremo dentro de um quadro belamente descrito: o objeto do amor desses homens é acidental, e, no entanto, ambos estão presos a ele; a mulher, por sua vez, graças a sua talentosa flexibilidade, consegue se adaptar aos dois amores. O combate demora para acontecer, mas quando acontece dura apenas um instante. É apenas uma questão de força, uma questão de determinação para possuir; nesse sentido, não pode haver dúvida sobre o resultado. Basta ao cafetão fazer um gesto à sua prostituta para que ela o siga docilmente, muito embora o amor decidido do outro, bem como o cansaço e o asco que aos poucos vão se apoderando dela, comecem a atraí-la em outra direção. O estudante fica só e desesperado: "*Tu n'as pas assez de courage pour meriter le bonheur: pleure et crève!*".[37] A correlação de forças é sempre a mesma. No último romance concluído de Philippe, um caso semelhante havia se transformado num episódio trágico-grotesco. Um rapaz calmo e educado ama uma jovem calma e pura. No idílio de uma habitação, lentamente cresce o amor entre eles: nada acontece; não há apertos de mãos nem abraços. Aos poucos, ele quer conduzir a amiga, que nunca conheceu outra coisa na vida afora o trabalho, ao amor e à felicidade. Mas eis que surge outro homem, mais forte e mais simples, e poucos instantes ao seu lado serão o bastante para que a jovem, despertada pelo outro amor, jogue-se nos braços másculos do estranho. Também aqui não houve nenhuma disputa, e a vitória foi decidida no instante em que o amor simples e vulgar entrou em cena. No vencido, o reflexo é diferente. Não percebe sua derrota como um fracasso pessoal. Para ele, trata-se da infâmia da vida, da vitória da imundície sobre a pureza. Philippe expressa esse sentimento com uma plasticidade grandiosa, quase grega. Quando o protagonista toma conhecimento do ocorrido por meio do próprio sedutor, que é seu amigo, ele, sempre tão inteligente e hábil com as palavras, fica sem saber o que dizer. Sai do café, onde haviam conversado, e vomita.

---

[37] "Não tens bastante coragem para merecer a felicidade: chora e rebenta!" (N.T.)

Entre estes dois livros, Philippe escreveu *Marie Donadieu*, seu romance sobre o amor. É o mesmo conflito, porém mais rico e matizado; o conflito perpassa todo o conteúdo do livro. O confronto, o momento em que se decide quem será o possuidor, talvez seja aquele configurado com mais intensidade aqui, embora não passe de mais um episódio. Pois a questão fundamental era outra, a saber: a da autocompreensão do amor superior, seu distanciamento em relação ao amor ordinário e sua conversão em nostalgia. Tudo aqui é levado ao extremo. Também aqui há uma disputa de dois amigos por uma mesma mulher, porém ambos são homens sensíveis e distintos. Homens que nutrem uma suspeita tácita e cautelosa sobre o valor humano do amor, que, justamente no momento em que disputam entre si, sentem-se solidários em oposição à mulher. "Você acredita", diz Raphael, o mais simples e forte dos dois, ao seu amigo Jean Bousset, enquanto se despedem, "acredita mesmo que ela sofre? Ela sofre menos que nós dois".

Jean compreende o amor, mas Raphael compreende a mulher. Quando Jean – muito antes de começar a amar Marie – se encontra pela primeira vez com Raphael e Marie, reconhece neles o amor. "*Je sais*", pensa consigo, "*que ce n'est pas toi, Raphael, qu'aime Marie, pas vous, Marie, qu'aime Raphael, mais vous aimez je ne sais que part de vous même, la meilleure et la plus profonde, qui se mire dans l'autre et y multiple son image. Car l'amour est l'étendue et la multiplication*".[38] Ele reconheceu a natureza de seu próprio amor. Porém, não sabia nem podia saber disso antes que Marie entrasse em sua vida e tivesse de deixá-lo depois. De fato, ele havia reconhecido apenas seu próprio amor. E em vista da felicidade de ambos, pensara: "Vocês são felizes e ricos, eu, porém, sou pobre, sozinho e sem rumo; pois existe um caminho do anacoreta, do aventureiro e do amante – qual deles escolhi para mim? Não serei eu uma aberração por não trilhar caminho nenhum?". Ele ainda não sabia que seu caminho era a união dos três. Não havia compreendido nada sobre Marie e Raphael. Involuntariamente, seus inteligentes e belos

---

[38] "Sei que não é você, Raphael, quem ama Marie, não, nem você, Marie, quem ama Raphael. Vocês amam uma certa parte de vocês mesmos, a melhor e a mais profunda, que se mira na outra e nela multiplica sua imagem, pois o amor é a extensão e a multiplicação." (N.T.)

monólogos na presença de Marie despertaram-na pela primeira vez para o fato de que possuía uma alma e que ninguém havia reconhecido isso antes. Ele, porém, não era inteligente o bastante para se dar conta disso. Escapa-lhe o momento em que suas palavras se apossam dela. Por conta disso, ela também não tinha consciência do que sentia. A verdade é que não teriam encontrado o caminho um para o outro se o acaso não os tivesse ajudado.

Raphael sentava-se tranquilo e sorridente com ambos. Adorava o amigo; suas palavras o distraíam. Para ele, tudo é simples e claro, por isso é de poucas palavras e não perde tempo jogando conversa fora. Aquilo pelo qual se interessa é mais simples e verdadeiro do que supõem o poeta e o nostálgico. Jean fala com desenvoltura e é sensível à grande verdade; mas a pequena verdade de Raphael tem um peso, ao passo que a sua é abstrata e sem carnes.

Entretanto, esse peso é suficiente apenas para uma decisão, e a vida é maior, mesmo se mais fraca, que uma decisão. Raphael possui Marie, ela é sua por completo; apenas quando está ausente é que o amor pode surgir entre Marie e Jean. Basta que retorne e lhe diga "venha comigo" para que ela, sem a menor resistência, se vá com ele, e Jean, também sem resistência, a deixe partir. Ele suavemente diz a Jean: "você fala e medita, e acredita possuir a verdade. Mas as mulheres são como crianças. Não devemos nos irritar com elas". E Marie vai com ele, como se não houvesse nada mais natural no mundo do que isso; tão natural quanto foi, na época em que ainda era mocinha, entregar-se ao primeiro homem de sua vida.

Mas ela traía Raphael, e o amor que tinha por Jean lhe fazia pura, abrindo-lhe regiões até então desconhecidas de sua alma. Antes de Jean aparecer em sua vida, ela era um animalzinho inquieto e de cabelos louros, ávida de aventura, desejosa de prazeres e sabores; não tinha noção de fidelidade nem de verdadeira entrega: Raphael era apenas um porto seguro, o lugar para onde sempre retornava de seus extravios. Ela vivia o que Jean sabia teoricamente: que o amor não é um prazer, mas um reconhecimento; mas ela nunca poderá distinguir o prazer do reconhecimento, ao passo que ele sempre os unificará apenas no plano do reconhecimento. Ambos possuem a mesma unidade, mas suas unidades nunca se encontram: no gozo mais intenso ele permanece um asceta, mesmo sendo um conhecedor e um desfrutador, um epicurista da ascese; já o reconhecimento dela será sempre vazio: ela reconhece apenas inconscientemente, a fim de que um dia não precise mais de nenhum reconhecimento. Ela talvez tenha sido a única mulher de toda a sua vida, e mesmo assim lhe foi infiel até no abraço mais estreito. Ela lhe era fiel antes mesmo de conhecê-lo, da mesma forma que traía Raphael em seus encontros fugazes.

Jean despertou sua alma. Ou melhor: deu-lhe uma alma. A errância chega ao fim. E essa alma abre suas asas com calma e beleza. Ele a fez pura e nostálgica, e sua nostalgia – essa é a grande e maravilhosa nostalgia prática da mulher – alça voo em busca da posse perdida. Assim como os pastores indianos, inspirados pela nostalgia, cantam e dançam, imitando as palavras e os movimentos de Krishna, a fim de poderem se sentir em comunhão com ele, sua cabecinha loura e tola segue o ritmo das ideias de Jean. Nesse caminho de retorno, traz nos lábios as palavras que aprendera com ele: quer conquistá-lo com as armas com que fora ela própria conquistada.

Mas ele rejeita seu amor. Ela foi para ele apenas uma escola de autoconhecimento; ela cumpriu seu dever e agora pode seguir seu caminho. No amor apenas o homem será reconhecido: a mulher aprende a reconhecê-lo, e ele, a reconhecer a si próprio; ela, porém, nunca será reconhecida. Passados alguns meses da grande separação, ela volta para ele. No entanto, ele lhe diz: é tarde demais. Quando foi embora de sua vida, ela lhe deu uma nova solidão. Foi sempre solitário, mas essa solidão era diferente. Era mais amarga e dolorosa que as outras que conhecera, era a solidão de quem viveu o amor e foi deixado. Ficou sozinho consigo e com o mundo; aprendeu a desfrutar de si e do mundo e agora sabe o que é dado e o que é negado. Com simplicidade e calma, fala-lhe dessa sua grande vivência que os separa para sempre: *"Ah, il y avait bien autre chose que toi dans le monde"*.[39] Diz isso a ela, que senta em seu colo e lhe abraça; sua alma e seu corpo lutam por esse único bem, enfim reconhecido. Cheia de astúcia e arte, ela despe a blusa e o envolve com seus braços nus; ele vê e sente seu maravilhoso busto, no entanto se levanta, voltando-se para a janela. É tarde demais. Hoje sua vida é outra – a

---

[39] "Ah, bem que havia alguma coisa além de ti no mundo!" (N.T.)

vida vivente, como a chama, citando Dostoiévski – e que é para ele a única verdadeira. Seu amor se transformou em nostalgia, e ele já não precisa mais de nenhuma mulher e de nenhum amor.

Não o diz com as palavras, apenas com as entonações e cadências de sua voz: ela se tornou para ele a única mulher do mundo. Ele é um pequeno burguês em Paris, não um trovador, e talvez nunca mais fale dela outra vez. Mas cada palavra e cada ação em sua vida serão como uma canção tácita em homenagem ao que ela lhe deu: entrar em sua vida e deixá-lo em seguida; roubar sua solidão e devolvê-la em seguida. Sua nova felicidade, que ele tenta explicar a ela com circunlóquios confusos e atrapalhados, repousa no mesmo lugar que a felicidade indestrutível de Dante após Beatriz recusar sua reverência: *"In quelle parole che lodano la mia Donna"*.[40] Porém, nunca lhe disse isso, nem poderia, nem nunca há de querer lhe dizer.

A nostalgia o fez duro e forte. Ele, que a viu partir muda e aos prantos, desfigurada e tremendo de dor, possui agora a clara força da renúncia. A força para ser duro e mau. Pois ele destruiu a vida dela.

3

A pobreza é o pano de fundo de todos esses livros. Ela é aqui verdadeiramente – e não apenas num sentido simbólico como o do Eros – a mãe da nostalgia. Charles-Louis Philippe é o poeta da pobreza de uma pequena burguesia concentrada em pequenas cidades. Essa pobreza é antes de tudo um fato, uma constatação simples, dura, sem romantismos e óbvia. E sua obviedade a torna transparente e luminosa. Sua gente anseia por se livrar da pobreza, anseia por um pouco de liberdade e de sol, por qualquer coisa de grande, mas que, mesmo em seus sonhos, possui o pequeno e adorável formato de seu mundo, algo que só poderia ser descrito com a palavra "vida" e que, na linguagem franca dessas pessoas, significa um pouco mais de dinheiro ou um emprego melhor. No entanto, essa nostalgia é irrealizável – ou seja, é uma verdadeira nostalgia. Pois a pobreza não

---

[40] "Naquelas palavras que enaltecem a minha dama." (N.T.)

é nada exterior a essas pessoas: elas não são pobres porque nasceram pobres ou se tornaram pobres, mas porque sua alma estava predestinada a ser pobre. A pobreza é aqui uma visão de mundo: uma nostalgia confusa – expressa em termos claros – de algo diverso e um amor ainda mais profundo por aquilo que se deseja abandonar; a nostalgia de cores frente a uma vida cinzenta e, ao mesmo tempo, a descoberta de cores ricamente nuançadas na monotonia do entorno. Um eterno regressar. É o destino de todos os heróis de Philippe: eles querem progredir, e parece que estão progredindo, mas de repente surge um obstáculo, e retornam à estaca zero. São os fatores externos? Creio que não. A meu ver, o que eles querem é desistir, mesmo quando não são conscientes nem das metas nem dos motivos; algo neles ama a pobreza e a condição de oprimido – assim como Jean Bousset, que, amando alguém, amava a sua solidão –, e o impedimento externo é internalizado, convertendo-se numa barreia intransponível. Certa vez, Philippe definiu o pobre como *"celui qui ne sait pas se servir du bonheur"*.[41] Seu regresso é circular: a pátria que voltam a encontrar já não é a mesma. Perderam a unidade com ela, amam-na profunda e intimamente e também voltaram a ser amados, porém, em última instância, tornaram-se estrangeiros, e seu amor ficará eternamente incompreendido e sem resposta. De agora em diante, algo em suas vidas estará sempre aberto e em perpétuo movimento: sua condição social se tornou um estado de nostalgia.

Também essa renúncia parece uma fraqueza, mas se converte numa visão de mundo rica e venturosa, capaz de produzir grandes tesouros em sua definitiva maturidade, embora todos saibam que isso não passe de um sucedâneo. *"Les maladies sont les voyages des pauvres"*,[42] diz Philippe, e aqui talvez se expressem com a máxima clareza os dois lados desse sentimento, o da riqueza interior e o da pobreza exterior. É um cristianismo profundo e verdadeiro: um cristianismo que retorna aos seus autênticos começos, como uma sabedoria de vida dos pobres. No entanto, completamente terrena, corpórea, afirmadora da vida. O paradoxo de Chesterton, segundo o qual "o cristianismo é a única moldura na qual o hedonismo pagão se preservou", mostra-se

---

[41] "Aquele que não sabe se servir da felicidade." (N.T.)
[42] "As doenças são as viagens dos pobres." (N.T.)

aqui ainda mais paradoxal, embora completamente natural e simples.
Pois nos romances de Philippe o cristianismo não é apenas uma moldura que absorve o paganismo, mas um paganismo ele próprio, um
hedonismo da renúncia e do sofrimento. O que buscam esses novos
cristãos não é a salvação da alma, mas a si mesmos ou a felicidade,
ou a ambos; apenas seus caminhos e métodos estão profundamente
de acordo com a essência do cristianismo. O paganismo tardio e o
cristianismo moderno convergem e se misturam já desde a época em
que eram meros fatos históricos; hoje são formas de sentir atemporais
e jamais dissociáveis. A atividade e o amor se tornaram brandos e
contemplativos, mas a bondade é consciente e, todavia, ingenuamente
hedonista. *"En ce temps-là"*, diz Jean Bousset sobre o passado, *"on était
un guerrier. Aujourd'hui c'est le temps de la vie"*.[43]

Daí que certo sabor idílico timbre todas as formas de exteriorização dos seus personagens. E o romance que foca na vida da pequena
cidade, *Le Père perdrix*, é, por isso, seu livro mais típico. Um velho
operário se vê obrigado a adotar um estilo de vida idílico. Depois que
ficou incapacitado para trabalhar, passa os dias sentado em um banco
de praça defronte à sua casa. Ora brinca com as crianças, ora alguém
senta ao seu lado para conversar, na maioria das vezes Jean Bousset (sua
juventude também é retratada nesse romance). Uma grande e profunda
calma forma-se em torno desse velho operário, que durante sua longa
vida não ouviu outra coisa senão o ruído de seu próprio trabalho fabril.
A princípio, essa calma dentro e em volta dele gera angústia e tédio,
porém aos poucos a novidade se transforma em hábito vital, em fonte
de riqueza e beleza. O romance é um idílio da pequena cidade: a calma
é seu verdadeiro protagonista, o elo que une e agrupa as mais distintas
esferas do viver. Certo dia, o velho recebe a visita de seus filhos – que
já são casados e moram longe dele – e, malgrado a austera parcimônia
de gastos pequeno-burguesa, deu-se uma grande festa. Tudo se passa
no mais puro idílio. Ainda que nos quadros de uma condição pequeno-burguesa e pobre, domina aqui o divertimento pagão e o alegre esquecimento de si. O modo como essas pessoas comem e bebem, como
se entregam aos prazeres do corpo, é descrito com uma graciosidade
firme e robusta, que faz lembrar o relato da procissão de Adônis em

---

[43] "Naquele tempo, era-se guerreiro. Hoje é o tempo da vida." (N.T.)

Teócrito. Entretanto, por conta da festança, retiram-lhe o subsídio paroquial. Tudo se passa no mais puro idílio. E Jean Bousset, ainda mais ingênuo e sonhador, perde o emprego e a carreira por ter infantilmente levantado sua voz confusa e desesperada em defesa dos trabalhadores. O idílio da pequena cidade se transformará num idílio parisiense. Jean Bousset obtém um modesto emprego em Paris e leva consigo o velho operário, que nesse ínterim havia perdido sua mulher. Vivem juntos num pensionato, o idoso e o jovem de louras mechas. Uma convivência pacífica, bela e idílica. Mas o velho sente que sua vida perdeu o sentido e que é um estorvo para o amigo, então discretamente se mata.

Philippe considerava esse tipo de escrúpulo uma fraqueza; em carta para um amigo, ele disse que, com isso, havia procurado retratar uma *"résignation condamnable"*.[44] Seu amor estava conscientemente voltado para os fortes, para os que se sustentam em si mesmos e nunca desistem. Ele sempre os deixava vencer, embora Jean Bousset, o melhor dos mais fracos, não quisesse vencer, e os demais tivessem ganhado mais com a derrota ou com o caminho para ela do que o vencedor com sua vitória. Portanto, não era esse amor de Philippe pelos fortes também uma mera nostalgia?

É dessa luta contra o próprio sentimentalismo que se desenvolve a riqueza e a força de sua arte. Ele quer legitimar a força pura; e ainda que fale de vício e depravação, finda sempre por revelar uma profunda simpatia por todas as criaturas, um sentimento de fraternidade por cada homem e cada mulher. Seu culto do herói termina numa compaixão budista por todos os seres vivos – num cristianismo sem condenação. Uma concepção completamente mundana: o mundo é o inferno, o purgatório e o céu, e todos os indivíduos habitam esses três reinos. *"Ce n'est rien, Seigneur. La faim des tigres ressemble à la faim des agneaux. Vous nous avez donné des nourritures. Je pense que ce tigre est bon puisqu'il aime sa femelle et ses enfants et puisqu'il aime à vivre. Mais pourquoi faut-il que la faim des tigres ait du sang, quand la faim des agneaux est si douce?"*[45]

---

[44] "Resignação condenável." (N.T.)
[45] "Isso não é nada, Senhor. A fome dos tigres se assemelha à fome dos cordeiros. Vós nos tem dado o alimento. Creio que o tigre é bom porque ama sua fêmea e seus filhotes e porque gosta de viver. Mas por que a fome dos tigres tem de ser sangrenta, quando a fome dos cordeiros é tão doce?" (N.T.)

Mas esse mesmo sentimento o ajudou a vencer seu próprio sentimentalismo. Para ele, não há nada mais natural que a dureza da vida. A atmosfera alegre e afirmadora da vida de suas cenas idílicas é um "sim, apesar de tudo". Seus romances não são idílios covardes. Cada um deles tem como pano de fundo uma ameaça externa. Não fosse assim, a luz que se reflete na imperturbabilidade de seus acontecimentos se tornaria monótona e pálida. Mas o sentimento vital da maior parte dos poetas idílicos é demasiado fraco para suportar o espetáculo de um verdadeiro perigo; seus belos mundos de imperturbável felicidade são uma fuga dos perigos da vida, não a manifestação encantada dessa calma em meio a sua dureza brutal. É por isso que neles o perigo ameaçador – basta pensar em Dafne e Cloé ou no Pastor Fido – é sempre algo puramente decorativo, externo e pouco honesto. Também em Philippe os perigos chegam sempre de fora: suas cenas idílicas são puras, harmoniosas, sem dissonâncias internas. Mas a dureza cruel do exterior é seu constante pressuposto, seu eterno pano de fundo – e geralmente também sua testemunha. A pobreza é esse exterior em todos os seus livros. Em *Bubu de Montparnasse*, um livro sobre prostitutas e cafetões, fala-se também de sífilis. A relação verdadeiramente bela e pura entre o estudante e a pequena prostituta começa quando ele contrai sífilis dela. A sífilis os aproximou. Ele se sente excluído da felicidade sadia do lar paterno: não deve ele então devotar seu amor à única pessoa que restou, àquela mulher responsável pelo seu desterro?

Mas Philippe queria deixar esse mundo de branda compaixão; aspirava a um mundo mais duro e rigoroso. A ética e o trabalho deveriam ser o caminho para esse novo mundo. Sua ética foi sempre forte; o próprio Bubu foi talhado segundo um princípio ético. Quando Bubu descobre que sua amada está doente, quer deixá-la, mas seu amigo, outro cafetão, considera que isso seria indigno de sua parte. "*On ne lâche pas une femme parce qu'elle a la vérole*";[46] o desenvolvimento de Philippe – como de todo homem forte – vai do idílio à objetividade. E sua objetividade foi o trabalho. Em seus escritos passa a ser cada vez mais patente a ideia de que, na vida, só o trabalho fortalece e salva; isso lhe pareceu ser o caminho para superar o lirismo e o sentimentalismo. No entanto, o lirismo nunca se deixa

---

[46] "Não se deixa uma mulher pelo fato de ela contrair sífilis." (N.T.)

expulsar; quanto mais honesta e enérgica é a luta contra ele, mais ele retorna por vias sutis. *Charles Blanchard*, seu último romance, deveria representar seu desenvolvimento final: uma educação para o trabalho; deveria ser o seu *Wilhelm Meister*. Mas o estranho é que nenhum talento lírico conseguiu ser bem-sucedido nisso; todos morrem antes de completar sua obra, e sua objetividade fica como um ponto de interrogação frente a uma encruzilhada. Philippe parece ser, nesse sentido, uma rara exceção. Para ele, a meta nunca é problemática, como o é para os outros; mas nele os caminhos que deviam conduzir à meta permanecem incompletos. Os fragmentos que restaram desse caminho revelam o poeta idílico profundo e sofisticado que ele sempre foi. Para a objetividade, seria necessário um salto – um salto que ele nunca deu.

4

A nostalgia é sempre sentimental – mas existem formas sentimentais? A forma é uma superação do sentimentalismo; na forma não há mais nostalgia nem solidão: as coisas se realizam plenamente ao se converterem em formas. Mas as formas da poesia são ainda temporais; sua realização pressupõe um "antes" e um "depois"; não é um ser, mas um devir. E o devir engendra a dissonância: se a realização é possível, então é também necessária, não podendo nunca existir como algo estático e natural. Na pintura não pode haver dissonância alguma, sob pena de destruição da forma, cujo reino se encontra além de toda categoria temporal; aqui a dissonância teria de ser resolvida por assim dizer *ante rem*, constituindo uma unidade indissociável com sua resolução. Mas uma verdadeira dissonância, uma dissonância efetivamente realizada, estaria condenada a permanecer dissonância eternamente, sem jamais resolver; transformaria a obra num rascunho e a devolveria à vida comum. A poesia não pode viver sem dissonância, pois sua essência é o movimento, e todo movimento tem de ir da dissonância à consonância e vice-versa. Quando Hebbel falou de uma beleza anterior à dissonância, expressou uma verdade apenas relativa: pode-se apenas tentar alcançar essa beleza ideal, mas não alcançá-la de fato. Existiria aqui uma forma não sentimental? O conceito de forma da poesia já não é um símbolo da nostalgia?

A lírica pura e o idílio puro são os dois polos opostos aqui: a nostalgia e sua realização convertidas em forma, em si e por si mesmas. Todos os fatos e acontecimentos precisam ser excluídos do mundo da lírica, de modo que o sentimento, gravitando em torno de si mesmo sem objetos tangíveis, repouse sobre si mesmo; no idílio, toda nostalgia teria de ser silenciada, teria de ser sua autossuperação definitiva, unívoca e sem resto. Por isso, o idílio é o maior paradoxo da poesia, assim como a tragédia, pelo mesmo motivo, o é para a pintura: a nostalgia conduz os homens para o mundo da ação e dos acontecimentos, mas nenhum deles é digno o bastante para realizá-la. No idílio, o acontecimento, em sua simples existência empírica, deveria absorver em si toda nostalgia; esta deveria se dissolver completamente nele. No entanto, um acontecimento deveria permanecer um acontecimento, sensível e valioso para si mesmo, e a nostalgia não poderia nunca perder sua força e sua infinitude. No idílio, o aspecto puramente exterior da vida teria de se converter em lírica, em música. Pois a lírica é a poesia em sua naturalidade deslumbrante e grandiosa; em comparação a ela, todas as demais formas não passam de um meio-termo metafísico [*metaphysische Kompromisse*]. Essa é a meta de toda poesia de ações e acontecimentos, de toda poesia da nostalgia ativa, capaz de surtir efeito na vida. Mas para alcançá-la é preciso ir além de toda exterioridade. No grande momento da tragédia, o herói é erguido pelo seu destino acima de seus atos. O herói da épica grande e pura corre em meio às aventuras de sua vida; também ele abandona toda exterioridade, mas numa direção horizontal (e não vertical, como na tragédia), e a quantidade e a variedade das coisas que são deixadas para trás na épica substituem a intensidade do impulso para o alto no trágico. No idílio, porém, essa exterioridade não precisa ser superada.

Um acontecimento descrito com objetividade é a expressão sem resto de um sentimento infinito: eis a essência do idílio como forma. Uma forma intermediária entre a épica e a lírica; sua síntese. No sistema da estética clássica, o idílio e a elegia, que se pertencem e se completam profundamente um ao outro, aparecem como elos entre a épica e a lírica. Com isso, tornaram-se conceitos atemporais, transcendentes a qualquer casualidade histórica. O idílio é a forma mais épica de ambos; e porque necessariamente representa um único acontecimento, um único destino, pois de outro modo se converteria em épica pura, aproxima-se imensamente da técnica da novela, uma forma que, em última análise, é-lhe essencialmente estranha. Porém, creio que seu conceito deva ser compreendido mais amplamente. Sempre houve composições desprovidas da vontade de criar uma imagem do mundo própria da grande épica, cuja ação, às vezes, mal chega a ser a de uma novela, mas que, por outro lado, ultrapassa o caráter particular da novela e, a partir do sentimento de uma alma, adquire uma outra força, que tudo abarca. Nelas, o herói é apenas uma alma e a ação, apenas sua nostalgia, mas aqui alma e nostalgia tornam-se herói e ação. Na maioria das vezes essas composições são denominadas romance lírico. Prefiro designá-las pelo termo medieval *chantefable*; elas correspondem ao conceito mais profundo e amplo do idílio, mas com um claro pendor à elegia (a título de exemplo, cito casualmente alguns nomes: *Amor e Psyche*, *Aucassin e Nicolette*; a *Vita nuova* e *Manon Lescaut*; *Werther*, *Hyperion e Isabella*, de Keats). Essa é a forma de Charles-Louis Philippe.

Não se deve dizer que se trata de uma forma menor. Apenas seu formato é pequeno, suas feições, exteriores. Seus acontecimentos parecem arbitrários, "apenas a paixão casual entre os sujeitos", como diz Hegel. No entanto, a forma repousa sobre uma rigorosa necessidade, e toda necessidade é um círculo, e todo círculo, uma totalidade plena, configuradora de mundo. O pequeno e o arbitrário são condições dessa forma: a realidade como ela é, após um acontecimento pequeno e casual, torna-se então transparente. Aqui tudo pode significar tudo. A vida é paradoxalmente elevada e rebaixada: algo pequeno decide sobre a alma, algo externo simboliza a vida interior; mas isso só é possível porque tudo pode ser alma, porque, do ponto de vista das supremas necessidades anímicas, toda exteriorização da alma é sempre pequena e arbitrária. Os acontecimentos são casuais, como na novela, mas por outros motivos. Não se trata de que a necessidade morta e ordinária que vincula os acontecimentos externos seja rompida por aquilo que chamamos de acidente; mas sim que toda exterioridade, com todas as suas necessidades, seja rebaixada à condição de acidental pela alma, e diante dela tudo se torne igualmente acidental. Essa conversão da lírica em épica significa que a exterioridade é conquistada pela interioridade, e o transcendente se faz objeto da intuição. O rigor da forma consiste no fato de que ela permanece épica, no fato de que o externo e o interno permanecem unidos e separados com a mesma intensidade e que a realidade do que é efetivo não é dissolvida nem desfeita. É banal e fácil dissolver a exterioridade em estados de alma; mas é uma verdade superior e um milagre que o centro da alma, a pura nostalgia, transite pela realidade corpórea fria e indiferente, ainda que como um desconhecido e um estranho peregrino.

Talvez com base nesse sentimento, a Idade Média, cujas configurações eram mais claras, manteve uma separação rigorosa entre a lírica e a épica. Porém, em virtude disso, a forma medieval não pôde ser mais que uma sobreposição de elementos arquitetonicamente estruturados; para ela, era impossível realizar aquela misteriosa separação no dentro-um-do-outro [*Trennung im In-einander-verschlungen-sein*]. Essa possibilidade surgiu em nossa época graças à descoberta do atmosférico, por meio do qual aquilo que se oculta nas coisas não tem mais de irromper de dentro delas para se torna visível, podendo se revelar nas coisas e entre as coisas, no brilho de sua superfície e nas vibrações de seus contornos: o inefável pode permanecer não dito. A forma do *Werther* é mais mística que a de *Vita nuova*.

Mas o desregrado panteísmo dos sentimentos que é típico de nossa época parou na possibilidade, tensionando-a ao extremo e dissolvendo todas as formas num lirismo nostálgico, informe e obscuro. Os poetas se acomodaram, deixaram de dar forma aos sentimentos e acontecimentos, escrevendo poemas que fluem caoticamente, sem nenhum fim, numa prosa que não conhece qualquer norma. O estilo atmosférico dissolveu tudo em estados de alma e balbucios. E por isso o oculto teve de desaparecer novamente: o não dizer se converteu num falatório barulhento e inconveniente, a profundidade, em trivialidade, e a totalidade de seus instantes brilhantes e nuançados, numa monotonia cinzenta e árida.

Detiveram-se na mera possibilidade. Pois o atmosférico não salva as coisas da rigidez de seus contornos para deixá-las se dissolverem na insubstancialidade e na inconstância dos estados de alma, na incorporeidade da falta de feições, mas sim para lhes dar algo novo, uma firmeza luminosa e um peso flutuante. O atmosférico é um princípio da composição. Passada a embriaguez do impressionismo, isso foi reconhecido por Cézanne e seus discípulos, e parece que também na poesia se tornou missão dos franceses recriar as velhas formas a partir desses novos meios de expressão. Em Flaubert, o realismo objetivo, o traço limpo e seguro, ainda era uma máscara e uma ironia; na França mais recente esses caminhos se tornaram o meio de expressão dessa nova lírica épica. Charles-Louis Philippe foi um dos primeiros a seguir nessa direção e, talvez, o maior e o mais profundo. Seus pequenos livros trazem histórias rigorosas em sua construção, narradas com uma dura objetividade, e sua lírica foi tão completamente absorvida pela clareza de seus desenhos que sua voz tem de passar despercebida até mesmo em meio ao silêncio retumbante dos pálidos romances de nostalgia. Para muitos, ele será um sucessor do realismo, um poeta dos pobres, como tantos outros. E isso é bom, pois prova que a nostalgia de Philippe foi redimida verdadeiramente pela forma.

1910

O instante e as formas:
Richard Beer-Hofmann

1

Alguém morreu. O que terá havido? Talvez nada, talvez tudo. Talvez a dor seja apenas de algumas horas, ou dias, ou talvez meses, e depois tudo se acalme outra vez e a vida prossiga como antes. Talvez aquilo que outrora parecia coeso se desfaça em mil pedaços; talvez uma vida de repente perca todo o seu conteúdo de sonhos, ou, talvez, de uma nostalgia estéril floresçam novas forças. Talvez algo desabe, talvez algo novo se erga, talvez nem uma coisa nem outra, talvez ambas. Quem sabe? Quem há de saber?

Alguém morreu. Quem era ele? Não importa. Quem poderia saber o que ele era para outra pessoa, para as pessoas em geral, para os mais próximos, para um estranho? Terá sido próximo de alguém? Terá participado da vida de alguém? Ou foi somente a bola lançada a esmo de seus próprios sonhos frustrados? O trampolim para um salto no escuro, um muro solitário ao pé do qual apenas uma vegetação rala e miúda brotasse, e, mesmo assim, como um ser estranho? E se foi realmente algo para alguém, o que foi, como e por quais meios? Por meio do peso e da essência de sua singularidade ou mediante fantasias, palavras ditas inconscientemente e gestos casuais? O que uma pessoa pode ser para outra?

Alguém morreu. E a eterna distância, o eterno vazio entre os seres humanos, põe-se como uma questão dolorosa, eternamente estéril para aqueles que ficaram sós. Não há nada a que possam se agarrar, pois a ilusão de conhecer outro ser humano alimenta-se apenas de novos milagres, das surpresas previstas da convivência continuada; apenas isso pode conferir um halo de realidade a essa ilusão errante e rarefeita. O pertencimento mútuo só se mantém vivo pela continuidade, e quando esta é destruída, até o passado desaparece; pois tudo o que se pode saber de outra pessoa é apenas expectativa, apenas possibilidade, apenas desejo ou medo, apenas um sonho cuja realização só é possível através de acontecimentos *a posteriori*, que, por sua vez, logo se pulverizam novamente em meras possibilidades. E toda ruptura – se não foi um desfecho consciente, um corte que rompe todos os fios que unem o passado à vida vivente, unindo-os novamente a fim de obter uma forma em si completa, pronta, petrificada em obra de arte –, toda ruptura não apenas destrói o futuro por toda a eternidade, mas também aniquila todo e qualquer passado.

Dois homens, dois velhos amigos, voltam a se falar pela primeira vez após um ano de separação: "Mas a conversa foi praticamente sobre amenidades indiferentes; pois sabiam que uma palavra dita ao acaso ou a escuridão do entardecer pelas ruas vazias mais tarde soltaria suas línguas, e eles diriam algo muito diferente um ao outro". Porém não haveria esse "mais tarde". Não haveria mais outro encontro, pois um deles morreria naquela noite, e a catástrofe inesperada, brutal, iluminaria com uma luz súbita e cortante o que o amigo era para ele, o que poderia ter sido para ele esse amigo que tanto amara, de quem sempre se sentira tão próximo, que julgara compreender tão bem e por quem acreditara ter sido tão bem compreendido.

As perguntas se acumulam, as dúvidas se põem, e as possibilidades liberadas giram freneticamente numa dança de bruxas. Tudo gira; tudo é possível, e nada é certo; tudo se mistura: sonho e vida, desejo e realidade, medo e verdade, a dor disfarçada e a tristeza encarada com valentia. O que resta? O que é certo nessa vida? Onde, nessa vida, pode o homem fincar raízes sólidas – ainda que em terra erma e árida, desprovida de toda beleza e riqueza? Onde existe algo que não escorra por entre os dedos ao se querer extraí-lo da massa informe da vida e segurá-lo firmemente nas mãos, ainda que apenas por um instante? Onde se separam sonho e realidade, eu e mundo, conteúdo profundo e impressão elusiva?

Alguém morreu, e uma força tempestuosa arranca do solitário sobrevivente questões que giram em redemoinho. Talvez a morte seja apenas um símbolo da solidão de quem fica, a necessária ressurreição de todas aquelas questões que pulsavam de forma latente, mas que viviam encobertas por belas palavras em belas horas de sonho. Na morte – na morte do outro – manifesta-se talvez do modo mais crasso, com uma intensidade que nem a força dos sonhos consegue deter, o grande problema da convivência humana: o que um ser humano pode significar na vida de outro. A irracionalidade da morte talvez seja apenas o maior acidente de todos os inúmeros acidentes do instante; a ruptura causada pela morte, a grande estranheza que se sente diante do morto, talvez seja igual – ainda que mais tangível e perceptível – aos milhares de estranhamentos e hiatos que podem ocorrem em qualquer conversa. E sua verdade e seu caráter definitivo só são mais claros do que tudo o mais porque apenas a morte, com a força cega da verdade, retira a solidão dos braços de toda possibilidade de contato, de toda abertura a novos abraços.

Alguém morreu. O que restou para os vivos e o que é feito deles a partir disso, eis o objeto das poucas novelas de Beer-Hofmann. É o mundo do esteta vienense: um mundo de deleites infinitos, de vínculos fugazes, em que sonho e realidade se confundem, e os sonhos impostos à vida acabam sendo violentamente aniquilados; esse é o mundo de Schnitzler e Hofmannstahl. Seus personagens vivem a vagar sem destino, e a riqueza de seus êxtases e tragédias é o que confere conteúdo às histórias narradas; almas unidas à sua por um parentesco profundo e verdadeiro falam com uma entonação que lhes soa familiar. E todavia esse mundo não é totalmente o seu; Beer-Hofmann não "é" um "deles", ainda que pudéssemos e quiséssemos dar a essa palavra todo o seu significado. Sua poesia provém desse mundo, cresceu em seu solo, porém outros raios de sol e outras chuvas fizeram brotar flores de outras cores e formas. É irmão deles, mas são tão diferentes como apenas irmãos muito parecidos podem sê-lo. Todos escrevem a tragédia do esteta (dentre outras), o grande acerto de contas com a vida introspectiva, vivida da alma para dentro, feita só de sonhos projetados na realidade, com o refinamento de um solipsismo que beira a ingenuidade, cuja crueldade contra os outros não é mais nenhuma crueldade, cuja bondade não é mais bondade e cujo amor não é mais amor; e porque todos lhe estão tão distantes, transformados em matéria para a única vida que conhece – a vida interior, a vida de sonhos –, o esteta já não pode sequer ser injusto e mal com alguém. O que quer que ele possa fazer com o outro e o outro possa fazer com ele, são seus sonhos que dão forma às coisas, que moldam as coisas, até que elas correspondam completamente ao estado de alma de seus instantes vividos. E todo acontecimento – que ao final é apenas a consequência acidental de milhares de possíveis causas, entre as quais a verdadeira nunca pode ser identificada – sempre irá se encaixar nesse sonho de um modo a ficar belo e harmonioso.

> Em todas as coisas ele não buscou nada além de si mesmo e não encontrou nada além de si mesmo. Apenas seu destino se realizou efetivamente, e o que não era seu destino passou longe dele; os acontecimentos eram como peças encenadas num palco, que, embora falassem de um outro, pareciam falar apenas dele; só importava aquilo que podia lhe dar alguma coisa: um frenesi, uma excitação, um riso fugaz.

E a conta disso tudo? Como eu já disse: o brutal aniquilamento dos sonhos impostos à vida. Quando o destino desfere seus duros golpes no tecido harmonioso dos sonhos, de modo que nenhuma arte é mais capaz de tecer tapetes coloridos com seus fios esgarçados; quando a alma, exausta de seus jogos sempre novos e no entanto eternamente repetidos, anseia pela verdade, pela verdade concreta e indestrutível, e começa a perceber seu eu – que tudo absorve e a tudo se adapta – como uma prisão; quando todas as comédias imagináveis já foram encenadas no palco dos sonhos, e o ritmo da dança se torna lento e comedido; quando aquele que faz do mundo inteiro o seu lar, mas permanece sem pátria, começa finalmente a buscar um lugar para se fixar; quando aquele que tudo compreende passa finalmente a acalentar um sentimento poderoso de autolimitação – é que chegou o momento de acertar as contas. A lamentação do Claudio de Hofmannsthal, a resignação com que, em Schnitzler, um Anatol qualquer, à medida que envelhece, cava sua própria solidão; encontros tragicamente irônicos, quando sorrisos sempre irônicos em finos lábios se tornam amargos e o jogo é mantido apenas para mascarar a agonia sufocante do dilaceramento interior. Nessas situações, a vida se vinga: uma vingança cruel, impiedosa, que, com meia-hora de humilhação e tormento concentrados, retribui a arrogância de toda uma vida.

A poesia de Beer-Hofmann também provém desse solo, mas suas cordas são mais tensas que quaisquer outras, e, no entanto, soam mais profundas e suaves, embora em outras mãos já tivessem rebentado. Não há nada de "literário" em seus estetas; o mundo que existe apenas dentro deles não é produto dos êxtases isoladores de sua própria arte ou da arte de outros, mas da riqueza turbulenta da própria vida, do peso de ouro de cada um de seus milhares de instantes; e tampouco da renúncia e da resignação. Nessas vidas hiper-refinadas também existe muita dose de frescor e inocência, de vigor e anseio nostálgico pela essência das coisas, embora tudo isso frequentemente se confunda com jogos estéreis e um ceticismo mortificante. Com esses jogos, queriam abarcar a vida, conquistar para si toda a sua plenitude; seus jogos, ainda que não soubessem, eram redes lançadas para capturar a verdade que se pode ter sobre os seres humanos e a vida. Seu esteticismo era assim apenas uma condição momentânea, por mais que os preenchesse, por mais que eles próprios acreditassem nele como a única forma de sua vida, que seu único conteúdo fosse sua capacidade de sentir. Os estetas de Beer-Hofmann talvez sejam os mais extremos da literatura, e, no entanto, não são trágicos – pelo menos não como estetas. Pois o que os impele a trilhar esse caminho de solidão não é uma impossibilidade em avançar nem uma fraqueza, e nem é preciso que toda a sua vida naufrague para que venham a tremer diante si mesmos. Não. Alguém morre, e essa catástrofe brutal e inesperada, que destrói para sempre qualquer possibilidade de conhecer o outro, põe fim a todos os jogos que nunca haviam existido por si mesmos e que agora perdem todo o seu sentido. Salta a mola da máquina que fazia as marionetes do teatro de bonecos dançarem, e, ainda que funcione por mais alguns instantes, a máquina logo será silenciada para sempre. E se as fantasias, agora livres de toda inibição, lançam um último olhar à alma, perscrutando-a de um extremo a outro sem finalidade, ao final se cansam e se vão, pois os limites impostos pela realidade eram a única razão de sua existência. Mas essa vida agora terminou.

Assim, a tragédia do esteta de Beer-Hofmann é parecida com a do príncipe de Homburg, na qual, como escreveu Hebbel, a sombra da morte, o calafrio que se sente diante dela, possui o mesmo efeito purificador que, em geral, só a morte mesma é capaz de possuir. Alguém morre, e, despojados de seu conteúdo, os sonhos antes concentrados em torno dele desabam sobre si mesmos, e, com eles, todas as outras formações oníricas. E no homem que agora se encontra privado de todo o seu conteúdo vital uma nova vontade de viver faz com que germine uma nova vida: não tão bela quanto a antiga, porém mais forte; menos harmoniosa e perfeita em si mesma, porém melhor inserida no mundo, na alteridade, na vida verdadeira; menos sensitiva e refinada, porém mais profunda e trágica. Talvez sonhos ainda mais rarefeitos criem em torno do viajante solitário véus de névoa ainda mais densos; e, apesar disso, ou justamente por isso, eles se dissipam antes que seja tarde. Os estetas de Beer-Hofmann são tão sensitivos que basta uma irrelevância qualquer, um acontecimento casual, para que tudo dentro deles comece a girar, e, no entanto, são suficientemente fortes para impedir que a bancarrota dos conteúdos de sua vida arraste consigo a vida mesma. Mais valentes e refinados, mais ligeiros e complicados que os outros, entrelaçam – tendo no estado de alma de cada instante vivido seu único ponto fixo do mundo – tudo com tudo; mas quando sua grande vivência desfez essas conexões fictícias, desfez apenas seu conteúdo, a forma permaneceu. Apenas separou a forma do conteúdo, despojou-os do sentimento de serem o ponto de partida de tudo, apenas conferiu realidade ao que existe do lado de fora e pôs fim à loucura de que seu eu era um ponto fixo e o centro do mundo; agarrou-os e os lançou na vida, na conexão de tudo com tudo.

> Foi isso o que deduziu daquela hora noturna: sua vida não irá se extinguir aos poucos como um som solitário emitido no vazio. Sua vida se tecia num grande círculo festivo, instituído desde o princípio originário, transpassada pelo som de leis eternas que ressoavam através do todo. Nenhuma injustiça poderia lhe acometer, sofrer não era ser abandonado, e a morte não o apartava do todo. Pois comungando com o todo, necessário ao todo e imprescindível ao todo, cada ação talvez fosse um ofício, sofrer talvez fosse uma dignidade e a morte talvez uma missão.
>
> E aquele que percebia isso podia caminhar na vida como um justo; olhando não para si mesmo, mas voltando seu olhar para os horizontes distantes [...] O medo se tornou estranho para ele; pois

onde quer que batesse, fosse na rocha mais dura, o justo brotava como água, e a justiça, como um rio sem fim.

Esse é, portanto, o novo mundo, o caminho da superação do esteticismo: o sentimento profundamente religioso da conexão de tudo com tudo. O sentimento de que não há nada que eu faça que não desperte mil ressonâncias em toda parte, ressonâncias que, em sua maior porção, não irei conhecer nem posso conhecer, e que, assim, qualquer um de meus atos – tenha eu consciência disso ou não – é a consequência de milhares de ondas que se encontram em mim e que partem de mim para outros. Que tudo acontece verdadeiramente em mim, mas que o que acontece em mim é o todo; que meus destinos são forças desconhecidas, mas que meus instantes fugazes são também os destinos desconhecidos para mim do desconhecido. Assim, o acidental se torna necessário; o acidental, o momentâneo, converte-se com tanta força em lei universal que deixa de ser acidental e momentâneo. É a metafísica do impressionismo. Tudo é casual do ponto de vista daquele em quem as ondas se encontram; qual onda a encontra, quando e onde a encontra; nenhuma delas pode ter qualquer relação com seu verdadeiro percurso interior na vida. Cada onda é um jogo do acaso: apenas isso justifica o fato de a vida ser um jogo de ondas casuais. E se tudo é casual, então nada é casual, então não existe acaso, pois o acaso só tem sentido em sua coexistência com a lei, sobrepujando-a apenas em casos concretos.

Num mundo assim, o que um ser humano pode significar na vida de outro ser humano? Infinitamente muito e, no entanto, infinitamente pouco. Pode ser para o outro seu destino, sua transformação, seu guia, sua renovação e seu aniquilamento, e tudo isso inutilmente, pois nunca terá êxito em conhecê-lo no íntimo. Essa não é a tragédia do não ser compreendido, nem do não poder compreender, nem mesmo a tragédia dos refinados egoístas que criam tudo a sua própria imagem. Aqui, é o ato mesmo de compreender – o mais belo e profundo, o mais sensível e altruísta – que é esmagado sob as rodas do destino. Também nesse caso Beer-Hofmann separa os opostos mais que os outros. Para estes, a tragédia consiste no fato de que entre os homens não há nem pode haver compreensão; já para ele, no fato de que a compreensão, embora possível e real, não tem nenhuma força. Sim, os homens podem compreender tudo, perscrutar e considerar com profundo amor e introspecção o que ocorre com os outros e por que ocorre, mas essa compreensão não tem nem pode ter nenhuma relação com o efetivamente ocorrido. Do mundo da compreensão pode-se apenas lançar olhares para o mundo da vida; mas as portas desse mundo estão eternamente fechadas, e nenhuma potência da alma pode ajudar a abri-las. As coisas ocorrem, e não sabemos por quê; e ainda que o soubéssemos, continuaríamos sem saber de nada; tudo o que podemos saber, o máximo a que chegamos, não é senão o que nos ocorre quando o destino nos surpreende e o que ocorre com quem contribuiu para a realização de nosso destino e também com aquele de cujo destino nos tornamos parte. Podemos saber tudo isso e amar o outro por isso, mesmo quando nossa vida é destruída em virtude desse encontro. Podemos participar de modo profundo e verdadeiro da vida de alguém, mas cada um permanece só em seu destino mais íntimo.

A poesia de Beer-Hofmann cresceu dessa visão. E todas as nossas categorizações perdem seu sentido diante do espanto que ela provoca: a crença e a dúvida, o amor e a renúncia, a compreensão e a estranheza e todos os nossos demais conceitos. Pois essa vida realmente funde tudo em si: tudo está contido nela, e ao mesmo tempo ela é a negação de tudo. E nesse coro cada uma de nossas palavras pode tão somente caracterizar o afeto da estrofe, mas de cada estrofe cresce aqui uma antiestrofe, e – como na música – estrofe e antiestrofe não existem senão juntas, e apenas a conexão lhes dá sentido, significado e realidade.

2

Toda obra literária, inclusive aquela surgida apenas da harmonia de belas palavras, conduz a grandes portais pelos quais não há passagem. Toda obra literária leva a grandes instantes nos quais relanceamos a profundidade daquelas escuras gargantas dentro das quais teremos de nos lançar um dia; e o desejo de cair nesses abismos é o conteúdo secreto de nossas vidas; nossa consciência nos permite contorná-los o quanto possível, mas eles permanecem lá diante de nossos pés, como vertigens em visões que se abrem inesperadamente do topo de uma montanha, ou quando, na névoa de uma tarde, desaparecem as rosas que haviam exalado seu perfume em torno de nós. Toda obra literária é construída em torno de questões, e sua marcha é tal que, de repente, inesperadamente e, no entanto, com força irresistível, pode ir dar na borda de um abismo. E cada uma de suas marchas – quer passe por ricas palmas em flor e por campos em que florescem brancos lírios – nos conduzirá unicamente à borda do grande abismo, sem que possa parar em nenhum outro lugar antes de atingi-la. Esse é o mais profundo sentido das formas: conduzir ao grande instante de um grande silêncio e configurar a multiplicidade errante da vida como se tudo nela ocorresse apenas em virtude de instantes como esse. As obras literárias diferem entre si apenas porque os abismos podem ser alcançados por muitas sendas, e porque nossas perguntas brotam sempre de novos assombros. As formas são necessidades naturais apenas porque cada região possui um único caminho que conduz ao topo. Uma pergunta e, à sua volta, uma vida; um silêncio e, à sua volta, o rumor, o barulho, a música, o canto cósmico: eis a forma.

E no entanto – decerto, apenas hoje – a humanidade e a forma são os problemas centrais de toda arte. É verdade: a arte só pode surgir se for permitido indagar sobre os fundamentos de coisas que existem há milênios, que na tormenta dos milênios talvez tenham crescido a ponto de se tornarem estranhas às suas próprias origens; e se a arte de escrever possui algum sentido, é somente porque nos pode oferecer grandes instantes como esse. Só por isso a arte é para nós um valor vital, assim como a floresta e as montanhas, os seres humanos e nossa própria alma, embora seja mais complicada, profunda, próxima e ao mesmo tempo mais distante que todas essas coisas, colocando-se diante de nossa vida com fria objetividade e, no entanto, imbricando-se firmemente a sua eterna melodia. Apenas por isso, porque é humana e na medida em que é humana. E a forma? Houve tempos em que, se qualquer um de nós fizesse essa pergunta, a resposta seria: "e existe algo além das formas?". Houve tempos – acreditamos que tenha havido – em que isso que hoje chamamos forma e que buscamos com febril consciência e como a única coisa que perdura das mudanças constantes nos frios êxtases da arte era simplesmente a língua natural da revelação, o grito liberto de toda inibição, a energia imediata de gestos frenéticos. Ainda não se perguntava pelo sentido da forma, não se fazia nenhuma dissociação entre forma e matéria, forma e vida, pois não se sabia que uma diferia da outra, porque a forma não era outra coisa senão o método mais simples, o caminho mais curto para a compreensão entre duas almas iguais, a do poeta e a do público. Hoje também isso se tornou um problema.

 É impossível aferir teoricamente toda a extensão desse conflito. Se meditarmos sobre a forma e quisermos dar um significado ao termo, chegaremos à seguinte definição: o caminho mais curto, o método mais simples para a expressão mais forte e duradoura. E pensamos (com a sensação de que esse tipo de analogia ajuda a confirmar a ideia) na regra de ouro da mecânica e numa verdade da economia política, aquela segundo a qual tudo tende a obter o máximo de resultado com o mínimo de esforço. Apesar disso, existe um conflito; sabemos que existe. Sabemos que existem artistas para quem a forma é uma realidade imediata e de cujas obras a vida parece emergir de algum modo; obras que só nos dão a meta, mas que nos deixam insatisfeitos, pois uma meta só adquire beleza quando é também uma chegada, quando é o fim longamente esperado de um longo e árduo caminho (de outro ponto de vista, também se poderia dizer: obras que só nos dão o caminho e não a chegada, em que etc.). E existem artistas cuja alma é tão abundante de riquezas que toda obrigação é sentida como uma prisão e que, por não possuírem cálice, seu dourado vinho se evapora no nada: de cabeça baixa, renunciam com tristeza à perfeição; e obras que nunca poderão amadurecer caem de suas mãos cansadas e desistentes. Como certa vez foi dito por Hebbel, o grande conhecedor das formas: "minhas peças têm vísceras em demasia, as dos outros, demasiada pele".

 A questão também pode ser colocada assim: a riqueza e a forma. Ou seja: o que se pode e se deve abandonar em nome da forma? Algo precisa ser mesmo abandonado? Por quê? Talvez porque as formas não brotaram de nossa vida e porque, devido à anarquia que nela impera, essa vida se fez tão pouco artística e tão insegura e débil que não é capaz de adequar às próprias exigências – nem aproximadamente – aqueles elementos formais que mudam com o tempo e devem mudar a fim de dar lugar a uma arte viva. Por isso, hoje em dia, ou existe uma forma abstrata, resultado de uma reflexão sobre a arte, de uma relação entusiástica com as grandes obras do passado e do estudo de seus segredos (e essa forma não tem como assimilar as particularidades de nossa vida, suas belezas e seus tesouros verdadeiros apenas hoje), ou não existe absolutamente nenhuma forma, e todo efeito artístico ocorre por meio da força das vivências comuns, tornando-se incompreensível tão logo os conteúdos compartilhados desapareçam. Talvez seja esse o fundamento, mas é certo que existe aqui um conflito, como também é certo que nas épocas realmente grandes esse conflito não existia; do mesmo modo como nas tragédias gregas a lírica mais pessoal pôde se expressar diretamente, assim também a abundância de cores e motivos não foi capaz de comprometer as grandes composições do *Quattrocento* – e menos ainda as de épocas mais remotas.

Logo, hoje existem obras literárias que são eficazes por conta de sua forma e outras apesar de sua forma, e para muitas a questão consiste no seguinte (e isso deveria valer para todas): encontra-se uma harmonia nelas? Em outras palavras: há um estilo atual, pode havê-lo? É possível colher algo de essencial da forma-abstração, e de tal modo que toda a vida atual não se perca? É possível preservar para toda a eternidade as cores, o perfume e o pólen de nossos instantes, mesmo se amanhã talvez já nem existam mais? É possível captar sua essência mais íntima, ainda que desconhecida até para nós mesmos?

3

Beer-Hofmann e as formas. Trata-se aqui, na verdade, das duas formas literárias mais rigorosas, mais coesas, a forma da novela e a da tragédia. Novela e tragédia adoram abstrações: a abstração de seus personagens, de suas relações e circunstâncias é tal que um grau a mais e eles deixam de produzir a ilusão de serem reais. Uma é a abstração da grande racionalidade, da representação das necessidades que se cruzam, a dissolução total e perfeita de toda possibilidade; não apenas de todas as possibilidades colocadas, mas também de todas aquelas que podem ser deduzidas de modo puramente intelectual do tema em abstrato. A outra é a abstração da grande irracionalidade, o mundo da desordem, dos momentos não causais, dominado por instantes inesperados, surpreendentes, que tudo subvertem, refratários à análise. E ambas – de um modo que cada uma exclui *a priori* os efeitos e meios da outra e de todas as demais formas de arte – só podem construir personagens na medida em que os introduz na moldura de seus esquemas abstratos.

Esse é o grande problema estilístico de Beer-Hofmann (e como todos os problemas de todos os homens essenciais, não se trata de um problema exclusivamente seu, mas de um problema que nele se explicita de modo agudo); o acaso e a necessidade não são dissociáveis com clareza; um cresce do outro e deságua no outro, misturando-se com ele; torna-o inadequado para a estilização abstrata postulada pela forma. Num dizer breve: os objetos das novelas de Beer-Hofmann são irracionalidades, casualidades; mas nelas essas casualidades se tornam necessárias, e todas as suas belezas trabalham para o efeito planejado, com tão mais segurança quanto mais autênticas são. O drama de Beer-Hofmann contém a necessidade, mas sua necessidade é uma necessidade do acaso, e quanto mais finas e seguras são as estruturas que ele constrói entrelaçando as casualidades complementares, tão mais quebradiças se fazem suas construções e tão mais patente fica o caráter vacilante de suas bases. E o que esse problema estilístico significa para a novela, e o que significa para o drama? Para ambos significa a deterioração das proporções pela irrupção da riqueza dos instantes, pois – prescindindo da riqueza do mundo do poeta – em ambos os casos o *principium stilisationes* é já tão complicado, abarca tanta coisa, é tão pouco rígido e linear, que, com sua ajuda (e não há outra), é quase impossível simplificar personagens e situações, mantê-los numa distância adequada em relação a nós, colocá-los em relações justas uns com os outros e com o pano de fundo.

Nas novelas, isso significa que uma situação apresentada como insolúvel é, no entanto, resolvida; em seu conteúdo, a novela traz uma surpresa (justamente porque disfarça a surpresa na forma). Naturalmente, a solução só pode surgir de dentro, por meio de uma análise anímica ampla, plena e repleta de lirismo. O conteúdo das novelas é o desenvolvimento de um ser humano em consequência de uma catástrofe, de um acidente; mas essa é justamente a questão: pode o desenvolvimento de um ser humano ser objeto de outra forma artística que não o romance? (E que, nesse sentido, não é uma forma rigorosa.) Por que essa questão é importante? Porque um desenvolvimento anímico nunca pode ser sugestivo (e quanto mais anímico, menos sugestivo). Por quê? Talvez porque toda psicologia – agora estamos falando da arte, mas essa afirmação se estende para além dela – necessariamente só pode ter um efeito arbitrário. Porque o desenvolvimento mesmo não pode ser configurado artisticamente de modo a surtir um efeito imediato, porque a única coisa que se pode fazer é que cada um dos diferentes estágios, o começo e o fim do desenvolvimento, ou de uma parte sua, sejam corporificados com tal energia que também o segundo se mostre convincente – o que por experiência sabemos que é infrequente – e que, olhando retrospectivamente desde o ponto de chegada, aceitemos como possível o caminho; entretanto, nunca como o único possível, pois entre dois pontos podemos sempre imaginar inúmeras conexões psicológicas. E é natural que quanto menor a influência das coisas externas, quanto mais puramente anímico o desenvolvimento e quanto mais psicológica a forma, tanto menos convincente a configuração; quanto mais distantes os pontos forem colocados um do outro, tanto mais vínculos – e mais diversos – poderão se formar entre eles. O que separa de modo mais evidente a novela e o romance entre si é a extensão de seus mundos. A novela possui como objeto um acontecimento isolado, o romance, a vida em sua totalidade. A novela elege do mundo alguns poucos indivíduos e algumas poucas circunstâncias externas, bastando-lhe esse pouco; o romance recolhe com fartura tudo o que se possa imaginar, pois nada é supérfluo a seu objetivo. Beer-Hofmann – resumindo brevemente o problema estilístico – extrai do esquema de suas novelas efeitos que são típicos da forma romanesca, embora preservando o ponto de partida e a economia de meios da novela; assim, ele perde muito em termos de unidade e não ganha nada em contrapartida. Suas novelas sofrem uma cisão interna: visto da perspectiva do começo, o final é apenas um esmorecimento, e visto da perspectiva inversa, a base é arbitrária, e é arbitrário o caminho que leva ao desfecho do desenvolvimento. Assim, a beleza dessas novelas é sempre de caráter lírico. E é sintomático que essa dissonância nos soa tão mais estridente quanto mais profunda, sonora e fascinante é a lírica de Beer-Hofmann. Formalmente, suas melhores novelas são as mais pobres.

No drama, a situação é mais difícil, porém talvez mais simples também; Beer-Hofmann aprofunda o problema de tal modo que os contrários não se antepõem excludentemente. (Talvez seja esta a essência do conflito estilístico nas novelas: Beer-Hofmann almeja com elas efeitos de natureza superior àqueles que são próprios dessa forma, e por isso tem de se chocar contra seus limites.) Aqui ocorre o contrário, aqui os elementos visíveis têm de ser estilizados de modo que resultem em matéria apropriada para a expressão dramática. O que isso significa? No drama domina sempre a necessidade universal, uma lei cósmica inexorável que sempre se realiza e tudo abarca. (Nisso é indiferente seu conteúdo, ou seja, entre os conteúdos conta-se um número ilimitado dessas leis, e todas são igualmente aptas a servir de base à estilização dramática.) Desse ponto de vista não se pode fazer nenhuma objeção à fundamentação de *Grafen von Charolais*. O que aniquilaria qualquer outro drama – a completa casualidade de todas as catástrofes e de todas as reviravoltas do destino – se faz aqui profundamente comovente e em alguns casos intensamente dramático. Pois aqui o acaso é um dos *a priori* do drama, permeando toda a sua atmosfera; na verdade, ele produz o todo, sobre ele tudo se ergue, e justamente por isso é possível que tenha um efeito dramático, trágico. Pois o que realmente decide se um momento é dramático ou não é, no final das contas, o grau de sua força simbólica: até que ponto abarca em si toda a essência e todo o destino dos personagens, com qual intensidade é símbolo de suas vidas. Frente a isso, tudo o mais é mera exterioridade, e nada há que possa remediar a ausência dessa qualidade simbólica, nem sofisticação, nem veemência, nem paixão, nem força pictórica. Em alguns casos decisivos a irracionalidade permanece intacta. Pois, com os meios de expressão de que dispomos hoje, o processo pelo qual o acaso é superado como mero acaso (e assim tornado dramático) só pode ser um processo *a posteriori*, psicológico, exprimível apenas indiretamente, ou seja, através da alma daqueles que sofrem sua ação. Assim, o problema da sensificação imediata torna-se extremamente difícil, quase impossível, e, com ele, o da simbolização no interior das situações, que é de onde provém o verdadeiro efeito dramático. Dito mais claramente: se esse efeito é ou não produzido, ele não depende necessária e organicamente desses meios, de modo que o problema é justamente saber se para a expressão dramática de uma visão de mundo dispomos de outro recurso que não seja essa reflexão *a posteriori*.

No único drama até agora publicado por Beer-Hofmann essa questão não está ainda resolvida; das três grandes reviravoltas do destino que constituem a essência desse drama, uma pertence à pré-história, ao passado, possuindo uma força impactante e altamente sugestiva. Essa solução (presente também no *Édipo Rei*) já fora empregada por Ibsen e Hebbel como um meio de superar a irracionalidade. E embora seu efeito seja seguro, não se aplica indiscriminadamente, já que – como mostrou Paul Ernst sob outro ponto de vista – sempre acarretará um empobrecimento do poeta e de sua arte pelo fato de lhe permitir poucas variações e (no interior do drama) uma ínfima liberdade de movimento. As duas outras reviravoltas do destino, que não encontram essa solução, não são convincentes o bastante como acontecimento imediato, por mais que tudo o que provenha delas seja impactante. E, no entanto, não se pode por isso afirmar friamente que são fracassos – nem mesmo do ponto de vista abstrato do drama. O caminho de Beer-Hofmann é também aqui, como em geral, o mais arriscado, mas, talvez justamente por isso, um caminho promissor. Nenhuma de suas cenas é puramente psicológica; a segunda, a mais audaciosa, deixa isso bem claro. Nela, uma estranha conexão de acasos faz com que uma mulher que tem por seu marido e seus filhos um amor inabalável, uma mulher pura e altiva, que, em seus sentimentos, permanece fiel ao seu marido até a morte, seja seduzida por outro homem, um homem que não lhe despertava nada senão indiferença e talvez até desprezo. Uma estranha combinação de estranhos acasos os coloca juntos, completamente a sós, num quarto escuro; os orgulhosos apelos do jovem não produzem nenhum efeito, quando, de repente, no momento em que ela se sente mais segura de seu próprio amor, um tronco em chamas cai e, por brutal azar, acaba ferindo o rechaçado. E agora, embora nada de essencial tenha mudado dentro dela, suas palavras lhe despertam uma humana compaixão. E a cega compaixão faz a mulher dar o primeiro passo (do qual não precisaria se seguir nada): atender ao caprichoso pedido do jovem de acompanhá-lo num passeio pelo jardim:

> *Ich will, es soll die Nacht*
> *uns beide durch den Garten gehen seh'n,*
> *die Nacht, die überall ist! Zur Vertrauten*
> *will ich die Nacht! Wo immer ich dann bin,*
> *kann mit der Nacht von dir ich reden! Sie*
> *hat uns gesehn'n! Sie weiss von mir und dir!*
> *"Nacht" sag' ich dir, "du sahst sie ja – ist sie*
> *nicht wunderschön?" und klag ihr: "Nacht, sie liebt*
> *mich nicht und ich hab' sie so lieb!"*[47]

---

[47] "Quero que a noite/ nos veja caminhar pelo jardim,/ a noite que está em toda parte! Como confidente,/ quero a noite. Onde quer que eu me encontre,/ posso falar com a noite sobre ti! Ela/ nos viu! Ela sabe de ti e de mim!/ 'Noite', te

E as maravilhosas curvas dos caminhos do jardim, os flocos de neve que caem da noite enluarada, o contínuo fluxo de estranhas palavras, levam-na a dar os passos seguintes, de modo que tudo ocorre sem que ela tenha desejado, talvez sem que soubesse o que fazia. E quando depois, no grande embate trágico, uma profunda tristeza vem recobrir a cólera do marido e a irritação dos primeiros instantes, e ele faz a melancólica pergunta:

> *Was hat dich denn – du Stolze,*
> *Hierher – in dieses Haus – gebracht?*[48]

ela responde, movendo tristemente a cabeça, "Não sei", e buscando as palavras, "Ele disse...". Creio que aqui se fazem plenamente visíveis e claramente perceptíveis pela música das circunstâncias os terríveis e maravilhosos acasos que dominam a vida, os aterrorizantes milagres de estranhos instantes; eles adquirem uma vivacidade que torna imediatamente sensível o quão inexorável é seu domínio sobre a vida. Os acasos, os instantes, tornam-se simbólicos aqui, o símbolo de seu próprio poder soberano. E com isso foi dado o primeiro passo para a sua verdadeira expressão dramática. Apenas o primeiro; pois seu efeito sugestivo é também aqui, em grande parte, apenas um efeito *a posteriori*; os acontecimentos apenas facilitam e fundamentam o sentimento adquirido *a posteriori*; fornecem-nos apenas um pálido pressentimento, mas não possuem a violência da vivência imediata. Mas há momentos em que também isso se faz sentir.

Nesses momentos, e nos caminhos que eles abrem, aparecem com raro vigor os primeiros sinais de um estilo dramático moderno. Esse estilo é moderno não porque expressa a vida de hoje em seus aspectos superficiais, vazios de significado e que no fundo não interessam a ninguém (como o naturalismo, por exemplo), mas porque a peculiaridade de nossa sensibilidade atual, de nosso modo de valorar e pensar – seu tempo, sua ordenação e melodia –, quer amadurecer como forma, fundir-se em forma, chegar à forma. O drama de Beer-Hofmann está cheio de uma riqueza inaudita de

---

digo, 'a viste, não?/ Vistes, como ela é bela?'. E me queixo à noite: 'Noite, ela/ não me ama e eu a amo tanto!'". (N.T.)

[48] "O que te conduziu – orgulhosa/ para aqui – para esta casa?" (N.T.)

belezas insuspeitas. Já o modo como põe os problemas – embora o dia das respostas ainda esteja por vir – lhe traz a beleza das novas e maravilhosas soluções. Desde os tempos de Goethe e Schiller o verso foi necessário para manter os personagens do drama na distância exigida pela grande tragédia; mas já eles haviam renunciado à humanidade de seus personagens; e Schiller escreveu a Goethe, com orgulho ou resignação, que tipos característicos não pertencem de fato ao drama, e que as "máscaras ideais" das tragédias gregas são muito mais adequadas ao gênero dramático que os seres humanos de Shakespeare e do próprio Goethe. Beer-Hofmann é talvez, desde Kleist, o primeiro cujos versos conseguiram estabelecer o mundo do drama de tal modo que, a despeito da enorme proximidade com a vida de seus constructos individuais, nenhum deles está em desarmonia com o todo; e para isso não foi preciso abdicar em nada em termos de flexibilidade, fragilidade sutil e instantaneidade.

A técnica com que Beer-Hofmann compõe seus personagens – profundamente conexa à essência da estrutura do drama – é a técnica dos grandes instantes (O Browning de *Pippa Passes* e o jovem Hofmannsthal das cenas líricas são os precursores desse desenvolvimento). Cada um de seus personagens adquire vida de repente num determinado momento do drama (ou em vários, conforme sua importância) e deixa de ser o pano de fundo pitoresco do destino dos demais; e isso no instante em que seu destino e seu caráter se alinham ao eixo central do drama. E só a força que se acumula na intensidade humana de tais instantes confere ao conjunto de uma figura – por meio de luzes que se projetam sobre o passado e o futuro – seu traço característico. Assim a figura é trabalhada com riqueza de matizes até a diferenciação mais íntima, mas tudo isso se manifesta apenas nesses instantes, qualquer outro movimento é a consequência da energia potencial dada por tais instantes, e, por essa razão, sua pressão é mínima, de modo que, por mais intenso que possa ser, não é capaz de destruir a construção. Para resumir: os escritores de hoje (Hofmannsthal, por exemplo) simplificam suas figuras, reduzem suas qualidades ao estritamente necessário; Beer-Hofmann estiliza apenas suas formas de manifestação.

Ele se vale da mesma técnica ao tratar das conexões psicológicas e construtivas entre seus personagens, ao configurar suas relações humanas. A seleção rigorosa é também aqui temporal, é a seleção dos instantes mais intensos, mais significativos para o drama. Os seres humanos não possuem nenhum outro contato; Beer-Hofmann não faz experimentos com desenvolvimentos. E como nesses instantes os homens estão, por assim dizer, em contato uns com os outros em toda a sua superfície, como se encontram no drama com todo o seu ser e não por qualidades isoladas, a lírica mais ampla e mais polifônica não pode deixar de resultar dramática. Nos pontos que parecem resolvidos, na amplitude da base de estilização, a grande calamidade estilística a ser vencida torna-se fonte de grandes belezas: porque as relações entre os homens não podem conter nada que já não esteja rigorosamente contido no complexo do drama. Esse tipo de composição não é ameaçado pelos grandes perigos que cercam o drama psicológico moderno, pois seus personagens são mais amplos e nuançados do que é exigido para seu destino, de modo que a lírica mais pura e profunda de seus contatos continua sendo mera lírica imóvel, e, assim, desinteressante e tediosa. Mas também se evita o principal perigo da estilização atual, a saber: por resumir uma vida anímica entretecida de forma complexa em algumas poucas linhas, a figura, concebida talvez como normal do ponto de vista natural, adquire feições patológicas devido ao caráter unilateral do desenho. (O Jaffier, de Hofmannsthal, talvez seja nos dias de hoje o exemplo mais claro disso.)

E a grande solidão em que vivem os homens desse mundo, como em todos os dramas novos, não rarefaz suas relações uns com os outros, por mais que endureçam as linhas que separam seus perfis (de modo a torná-las bem visíveis sob a perspectiva do drama). Seus homens não falam rigidamente sem se ouvir, suas palavras se agarram umas às outras como braços entrelaçados num abraço, entretecem-se, buscam-se e se encontram, e só por trás desses encontros a solidão eterna nos olha com força intacta e por isso ainda mais comovente. Os precipícios que separam os homens estão adornados de roseiras em flor; desses homens partem raios em todas as direções, mas as rosas não podem preencher o abismo, e os raios de luz só retornam refletidos por espelhos.

Beer-Hofmann é um desses autores que, sem fazer disso um programa, evita todo tipo de acordo complacente e renuncia ao heroísmo fácil de seguir até o fim uma única tendência. Como as velhas abstrações seriam muito estreitas para seus conteúdos mais profundos, quer criar novas abstrações nas quais sua lírica se resolva em forma. Essa tendência o separa da arquitetônica puramente estilizada de Paul Ernst e dos torsos impressionantemente belos de Gerhard Hauptmann (e os nomes significam aqui apenas orientações). De todos aqueles que atualmente travam combates pela forma, ele é o mais heroico lutador. É como se uma profunda sabedoria o obrigasse a conter dentro de rigorosos limites a riqueza transbordante de seus instantes. Para ele, as formas ainda são limites contra os quais tem de travar combates difíceis e dolorosos, não em nome do que é dito, mas do que passa em silêncio, do que não se diz. Em cada uma de suas obras, o edifício tão belamente construído por ele sofre rachaduras em vários pontos, por onde, subitamente, perspectivas se abrem diante de nós, fazendo ver outros reinos, talvez da vida, talvez dele próprio. Quem sabe? E se a posteridade, com seu rigoroso distanciamento, que reconhece apenas o que está condensado numa forma, ao ter perdido a noção de toda expressão espontânea, demonstrar incompreensão e frieza frente a ele, nós, por nossa vez, não podemos deixar de amar aqueles instantes nos quais esse grande artista se revelou menor que o homem autêntico e profundo.

1908

Riqueza, caos e forma:
um diálogo sobre Laurence Sterne

O cenário é um quarto de mulher, simples e burguês, no qual o moderno e o antiquado se misturam num arranjo curioso e confuso. As paredes estão cobertas por um papel colorido convencional; os móveis são pequenos, brancos e desconfortáveis, típicos de um quarto feminino de classe média. Só a escrivaninha é bonita, grande e confortável; no canto, atrás de um biombo, há uma grande cama de ferro. Na parede, a mesma presença inorgânica. Retratos de família e gravuras japonesas, reproduções de quadros modernos e antigos hoje tidos por modernos: Whistler, Velázquez, Vermeer. Em cima da escrivaninha, a fotografia de um afresco de Giotto.

Junto à escrivaninha está sentada uma jovem. Sua beleza é desconcertante. Há um livro em seu colo: *Aforismos*, de Goethe; ela o folheia e parece ler; espera alguém. Batem à porta. Mas a jovem está absorta na leitura, de modo que só ouve a segunda batida; levanta-se para saudar quem vem entrando. É um colega de universidade. Tem aproximadamente a mesma idade que ela, talvez um pouco menos; entre 20 e 22 anos, louro e alto, com o cabelo repartido de lado; usa óculos e um casaco colorido, estuda filologia moderna e está enamorado da moça. Traz debaixo do braço alguns livros encadernados em couro e já desgastados – literatura inglesa do começo do século XIX; coloca-os em cima da escrivaninha; cumprimentam-se com um aperto de mãos e se sentam.

Ela – Quando você irá apresentar seu seminário?

Ele – Ainda não sei exatamente. Preciso rever várias coisas; e ainda tenho de folhear diversas edições do *Spectator* e do *Tatler*.

Ela – Por que se preocupa tanto com essa gente? O que você fez até aqui já está ótimo; quem é que vai dar falta disso ou daquilo?

Ele – Pode ser. Mas é que Joachim...

Ela (interrompendo-o) – Sim, porque tudo você discute com ele.

Ele (rindo) – Talvez não seja apenas por isso. Mas ainda que fosse, também é por minha causa. O trabalho agora me dá alegria, me dá prazer. É tão bom cuidar de detalhes. Tenho compreendido muita coisa graças a eles. No entanto, não preciso ficar quebrando a cabeça nem despendendo muita energia. Vivo de maneira confortável e chamo isso de minha "consciência científica" e gosto de me denominar um "estudioso sério".

Ela (que vai tomando gosto pela conversa) – Não seja cínico, Vincenz. Sei muito bem o quanto você leva a sério essa lapidação do material, o quanto a considera importante e profunda.

Vincenz (não está muito convencido, mas fica contente com essa explicação lisonjeira. Depois, após uma pequena pausa) – Talvez você tenha razão. Sim, você está certa (novamente, uma pequena pausa). Trouxe o Sterne. Como pode ver, não me esqueci dele.

Ela (pega o livro nas mãos, acariciando-o) – É uma bela edição.

Vincenz – Sim, de 1808. Fino. Você viu os Reynolds na frente? Fino, não acha?

Ela – E as outras gravuras, como são bonitas. Olhe só! (Contemplam por um momento as gravuras.) O que irá ler para mim?

Vincenz – Talvez comece com *Sentimental Journey*. Leia a sós o *Tristram Shandy*, se estiver mesmo disposta a encará-lo. De acordo? (Seu inglês é muito bom, mas intencionalmente afetado.) Ouça! (Lê o começo da viagem, o primeiro e breve episódio sentimental com o monge mendicante, a humorística classificação dos viajantes, a compra da sela, a primeira aventura platônico-sentimental com a desconhecida. Lê depressa e nervoso, com acento claro e puro, sem nenhum sentimentalismo, e justamente nas cenas sentimentais, embora de modo suave e quase imperceptível, adota um tom irônico. Lê de tal modo que a cada frase se nota que não se trata de assuntos importantes para ele, mas de algo que simplesmente lhe agrada entre as mil coisas belas que cruzaram seu caminho, e a forma como lhe agrada é uma questão de humor e de prazer com o próprio humor. E quando ambos estão profundamente absortos na leitura, ouve-se outra batida à porta, forte e decidida, e, de repente, entra Joachim, um de seus colegas da universidade. Tem a mesma idade que eles, talvez um pouco mais velho. É mais alto que Vincenz, moreno, e veste uma roupa simples, dir-se-ia até pobre. Tem traços duros, quase impassíveis. Também estuda filologia moderna e também está enamorado da moça. Por isso, não lhe agrada essa atmosfera de tranquila harmonia que sente pairar entre os dois. Aproxima-se e os cumprimenta. Toma o livro de Vincenz das mãos.) O que está lendo?

 Vincenz (um pouco nervoso, em parte por ter sido interrompido, em parte por notar a hostilidade oculta na pergunta) — Sterne.

 Joachim (diplomático, sorri) — Estou incomodando?

 Vincenz (sorrindo também) — Sim. Não é coisa para você. É bonito. Divertido. Rico. E nem um pouco linear.

 Ela (chateada com a interrupção) — Já querem começar a polêmica?

 Joachim — Não. Eu, pelo menos, não. Jamais. E hoje muito menos. (Dirigindo-se a Vincenz.) Você está errado apenas num ponto, e não tenha medo, não quero discutir: você diz que Sterne não é coisa para mim — embora de fato eu não goste dele, você está errado —, pois é para este aqui que ele não serve. (Aponta para o volume de Goethe, que continua sobre o colo da moça.) Leram-no antes de começar o Sterne?

 Ela (agradecida que alguém finalmente o tenha notado e, por isso, calorosa com Joachim e tacitamente hostil a Vincenz) — Sim, estava lendo Goethe. Por que a pergunta?

 Joachim — Porque, enquanto você lia Sterne, sem dúvida há de ter se perguntado: o que Goethe teria dito sobre isso? Não teria se incomodado com essa mescla de elementos heterogêneos? Não teria desprezado isso que vocês liam, devido a sua falta de ordem e de elaboração? Não teria chamado vosso poeta de diletante por oferecer os sentimentos tais como são, como matéria bruta, não trabalhada, por não fazer nenhum esforço para alcançar uma configuração unitária, uma forma, ainda que modesta? Já leu o que ele diz sobre os diletantes? Você se recorda? "Erro dos diletantes: querer unir imediatamente a fantasia com a técnica." Não se deveriam tomar essas palavras como guia para uma crítica a Sterne? E a lembrança da vivência dessas palavras não deveria impedir toda entrega a qualquer falta de forma?

Ela (tenta disfarçar sua insegurança com o tom de voz) – Sem dúvida, há algo de válido no que você diz, mas é certo que Goethe não...

Vincenz – Acho que sei o que você quer dizer, e, por favor, permita-me completar o que você começou: Goethe nunca foi dogmático, "Deixe-nos ser versáteis", ele disse, e era isso que você queria citar, não?

Ela (faz um caloroso e agradecido gesto de "sim" com a cabeça, e tal como antes do *intermezzo*, seu silêncio fala a favor de Vincenz, coisa que ambos percebem).

Vincenz (segue falando) – "As beterrabas do mercado são saborosas, de preferência misturadas com castanha, e esses dois nobres frutos crescem muito distantes um do outro". E eu poderia citar outras mil passagens. Não! Não é certo falar em nome de Goethe contra tais prazeres. Contra nenhum prazer, contra nenhum desejo. Contra nada que nos enriqueça, que possa dar algo novo a nossas vidas.

Joachim (um pouco irônico) – Ora, ora, disse tudo!

Vincenz (cuja irritação se torna cada vez mais explícita) – Como se eu não soubesse – e é impossível que você também não saiba – o que Sterne significou para Goethe, com quanta ternura e gratidão fala dele como uma das vivências mais importantes de sua vida. Não lembra? Não consegue se lembrar da passagem em que ele diz que também o século XIX precisa perceber o que deve a Sterne e começar a ver o quanto ainda pode vir a lhe dever? Não se lembra da passagem em que diz: "Yorick Sterne foi o espírito mais belo em ação; sua leitura faz a gente se sentir ao mesmo tempo livre e belo". Você não se lembra?

Joachim (aparentemente muito tranquilo e superior) – Citações nada provam. Você sabe disso tanto quanto eu. Sei que você poderia passar mais meia hora citando coisas que corroborem sua tese, mas você também sabe que eu poderia encontrar inúmeras citações a favor do meu ponto de vista, e sem me afastar de Goethe. E cada um de nós acabaria tomando para si o resignado aforismo de Goethe, segundo o qual não se pode convencer ninguém, porque os juízos falsos estão enraizados de modo muito profundo na vida de cada um e a única coisa que se pode fazer é repetir a verdade continuamente para os outros. E ainda pensaríamos naquele aforismo igualmente resignado, de que o nosso oponente acredita nos refutar quando apenas repete a sua opinião e não presta atenção à nossa. Não! As citações servem de apoio para tudo e não apoiam absolutamente nada! Ainda que tivesse contra mim todas as citações da literatura universal, sei que nessa disputa teria Goethe ao meu lado. E ainda que não fosse assim – pois ele podia se permitir muita coisa que nós não podemos –, meu primeiro sentimento continuaria verdadeiro: é uma falta de estilo ler Sterne depois de Goethe. E talvez eu tenha mais razão do que acreditava antes: é impossível amar Goethe e Sterne ao mesmo tempo. E quem dá muita importância aos escritos de Sterne, ou não ama o Goethe verdadeiro ou não compreende o próprio amor.

Vincenz – Creio que é você que não compreende Goethe, não eu (olha para a moça), não nós. Você ama nele algo que ele próprio considerava secundário. Mas numa coisa você está certo: não falemos em seu nome. Ele não poderia dar razão a nenhum de nós, mas apenas argumentar; além do mais, creio que ele não estaria nem um pouco preocupado em saber se sou eu ou você quem tem razão. E na realidade tanto faz quem tem razão.

Ter razão! Não ter razão! Que preocupação mais mesquinha e indigna! E passa longe do que estamos discutindo! A vida! O enriquecimento! Suponhamos que eu lhe desse razão – embora não o faça de fato: seríamos inconsequentes, pois os dois objetos de que nos ocupamos não se harmonizam. E aí? Se vivenciarmos as coisas só um pouco mais intensamente, a intensidade de nossas vivências irá refutar toda teoria que se imponha a nós do exterior. É simplesmente falso que entre duas vivências intensas possa haver uma contradição intensa e cortante. É falso, pois o essencial está lá onde agarrei as coisas pela primeira vez, na força da vivência: a possibilidade de que ambas as coisas possam se converter numa vivência profunda para nós exclui a possibilidade de uma contradição. A contradição se encontra em outra parte, ou seja, fora das vivências, fora de tudo o que podemos saber sobre elas – no nada, na teoria.

Joachim (um pouco irônico) – Certo, desse modo tudo está em tudo...

Vincenz (interrompendo-o com violência): E por que não? Onde está o elemento comum e onde está a contradição? Eles não são propriedades das coisas, são apenas os limites de nossas possibilidades. E não há nenhum *a priori* em face de possibilidades, e quando as possibilidades deixam de ser possibilidades, quando se realizam, não há mais nada a criticar nelas. Unidade significa ficar junto, e o ficar junto é aqui o único critério de verdade; acima de seu veredicto não existe mais nenhuma outra instância.

Joachim – Você não percebe que, levada às últimas consequências, essa ideia deságua na total anarquia?

Vincenz – Não! Pois aqui não se trata de levar nenhuma ideia às últimas consequências, mas sim de viver. Não se trata de sistemas, mas de realidades sempre novas, que nunca se repetem. De realidades em que aquilo que se segue não é uma continuação daquilo que veio antes, mas é algo novo, do tipo que não pode ser previsto, que não tem nada a ver com teoria, com "pensar até as últimas consequências". Limites e contradições residem unicamente em nós, assim como a possibilidade de unificar estas últimas. Quando de algum modo percebemos uma contradição insolúvel, então chegamos aos limites de nosso eu; e quando percebemos isso, falamos de nós, não das coisas.

Joachim – Isso é verdade. Porém, não devemos esquecer que há limites em nós que não são traçados por nossa fraqueza, covardia ou insensibilidade aos estímulos do mundo exterior, mas pela vida mesma. Pela nossa vida. E se em nós uma voz nos adverte de que estamos proibidos de ultrapassar esses limites, essa é a voz da vida, e não a do medo frente à sua riqueza. Sentimos que esses limites determinam o horizonte de nossa vida e que fora dele existe apenas doença e dissolução. A anarquia é a morte. Por isso a odeio e a combato. Em nome da vida. Em nome da riqueza da vida.

Vincenz (sarcástico) – Em nome da vida e de sua riqueza! Isso soa muito bonito, mas desde que não aplique sua teoria aos fatos concretos. Tão logo a retire da solidão das abstrações eternas, surge uma teoria que violenta os fatos. Não se esqueça de que estamos falando de Sterne. É contra ele que você faz objeções em nome da vida e da riqueza?

Joachim – Sim.

Vincenz – Mas você não percebe que esse é justamente o ponto em que Sterne é menos vulnerável? Pois podemos lhe negar qualquer coisa, mas nunca lhe tirar a riqueza, a plenitude, a vida. Não quero discutir aqui a abundância de seus pequenos *bijoux* estilísticos nem aquela riqueza ondulante que, em seus escritos, recobre as mínimas manifestações da vida. Basta pensar na transbordante vida de algumas figuras de *Tristram Shandy*, nas luzes cheias de cores que iluminam suas relações recíprocas. Heine o venerava como irmão de Shakespeare, e Carlyle lhe devotava o mesmo amor que tinha por Cervantes. Hettner comparou a relação entre os irmãos Shandy com aquela de Dom Quixote e Sancho Pança, observando que em Sterne essa relação se torna ainda mais profunda. Você não nota a riqueza que provém desse aprofundamento? O cavaleiro espanhol e seu pançudo escudeiro estão um ao lado do outro como ator e cenário, e cada um é cenário para o outro. Completam-se um ao outro. Sem dúvida; mas somente para nós. Um destino misterioso os colocou ao lado um do outro e os conduz juntos pela vida afora. E a vivência de um se converte num espelho deformante de todos os momentos vividos pelo outro, e essa contínua alternância de imagens deformadas e correlativas é o símbolo da vida. Uma imagem deformada da irremediável inadequação da relação dos homens entre si. Muito bem, agora observe que Dom Quixote e Sancho Pança não têm relação nenhuma entre si; pelo menos não como seres humanos. Não há interação entre eles a não ser aquela que pode existir entre as figuras de um quadro: relações de linhas e cores. Não existe nenhuma relação humana. Daumier pôde expressar a relação e o caráter de seus personagens apenas por meio de linhas. E não soará totalmente paradoxal a afirmação de que tudo o que Cervantes escreveu, todas as aventuras que fez seus personagens passarem, tudo isso não é mais que comentários sobre essas imagens, uma emanação da ideia, da vida apriorística que supera em força e vitalidade a vida real expressa nessas relações lineares. E você sabe o que significa exprimir essas relações de destino dessa maneira? Significa que estamos diante da monumentalidade e ao mesmo tempo dos limites de intensidade da concepção de Cervantes. Que seus personagens são como máscaras: um é alto e o outro baixo, um é magro e o outro gordo, e a existência configurada de cada um deles é absoluta e exclui *a priori* o seu contrário. Que o relativismo, a oscilação de todas as relações, é um traço exclusivo da vida, da aventura, pois os personagens permanecem intactos. Seu gesto frente à vida é unitário, seu caráter é como uma máscara, e entre esses diferentes personagens não há nada em comum, bem como nenhuma possibilidade de contato.

Sterne introduziu a relatividade na sua forma de ver os homens. Os dois irmãos Shandy são, cada um ao mesmo tempo, Dom Quixote e Sancho Pança. E a cada instante se renova essa relação, inverte-se e volta a se transformar. Cada um deles trava uma luta contra moinhos de vento, e cada um deles é um espectador sóbrio que não compreende as infrutíferas lutas sem objetivo do outro. É impossível reduzir essa relação a uma fórmula. Nenhum dos irmãos Shandy traz a máscara típica de um sentimento permanente do mundo. O que quer que façam, o modo como aparecem como netos do nobre cavaleiro, tudo é muito secundário frente à inadequação sublime e grotesca de sua relação. Não sem razão se pode dizer que a impotente estranheza de Walter Shandy diante das coisas é a eterna incapacidade do teórico frente à realidade. Sei que se pode dizer isso e que talvez ninguém tenha expressado com suficiente agudeza e profundidade o potente simbolismo dessa relação. O realmente profundo aqui não são os indivíduos, mas a relação entre eles; o importante é a variedade e a plenitude do círculo que formam, mesmo se a partir de dois seres humanos. Como já é rica por si só a relação entre os dois irmãos! A consciência de se pertencerem mutuamente, o sentimento de uma igualdade interior (latente dentro deles com uma profundidade inacessível ao pensamento), a dolorosa percepção de que justamente por isso estão condenados a uma separação definitiva – não é tocante tudo isso? E é tocante o modo como às vezes tentam compartilhar do quixotismo um do outro e como, outras vezes, querem curar um ao outro – curar do próprio conteúdo de suas vidas. E, no entanto, não há ocasião em que essa relação não se manifeste com grotesca comicidade; geralmente, com tal força que, na grande risada, a verdadeira causa do riso, o desencontro das almas, faz-se ouvir apenas como um discreto acompanhamento. Não sei se você notou até que ponto o jogo de palavras se converteu num símbolo vital nesse mundo. Símbolo da essência puramente mediadora e alusiva das palavras, símbolo do fato de que as palavras só são capazes de comunicar uma vivência para aquele que a vivenciou.

Mas os irmãos Shandy falam somente um com o outro, não um ao outro, e cada um só presta atenção aos seus próprios pensamentos e só ouve do outro as palavras, não os pensamentos nem os sentimentos. E se uma palavra toca, ainda que longinquamente, o pensamento do outro, este se mantém igual, e aquele retoma o fio de seu pensamento do mesmo lugar de onde havia parado. Os jogos de palavras são aqui como uma encruzilhada, em que um passa pelo outro sem ser reconhecido, embora ambos busquem dolorosamente um ao outro. A relação de Walter Shandy com sua mulher também é assim, cheia das mesmas dores grotescas e trágicas, bem como das mesmas alegrias melancólicas. Sofre de uma dor filosófica pelo fato de que sua mulher, que já não entende nada do que ele diz, sequer tem consciência dessa falta de entendimento e não lhe faz perguntas nem de vez em quando, não se aborrece nem se irrita com ele. O mais complicado aparato mental é incapaz de perturbar essa mulher em sua tranquila indolência, nessa indolência em que aceita tudo o que diz o seu marido filósofo – daí que, no final das contas, tudo ocorra tal como deseja a mulher. O filósofo escreve um livro sobre como educar seu filho, de modo a subtraí-lo da influência da mãe, porém, enquanto escreve, a mãe educa a criança. E o que dizer daqueles poucos instantes tristes e alegres de satisfação? Por exemplo: quando a mulher quer espiar a cena de amor de *uncle* Toby e Mrs. Wadman, ela diz a seu marido que está curiosa e pergunta se pode espiar, ao que o orgulhoso filósofo responde feliz: "*Call it, my dear, by its right name and look trough the keyhole as long as you will*".[49] E a outra grande inadequação, a grande bondade primordial de *uncle* Toby, bondade que não sabe nada da vida nem dos homens e que, em sua desorientação em face da realidade, provoca os maiores mal-entendidos entre as pessoas mais sensíveis e normais. E mesmo nessa noite da incompreensão mútua brilha a luz de uma comunhão: *uncle* Toby e seu criado, o cabo Trim, com quem havia servido ao exército, tão limitado quanto ele, mas cuja passiva natureza, nascida para servir, aceita sem reserva os absurdos de seu capitão. Em toda a imensidão do mundo, só dois loucos se entendem, e mesmo assim somente porque o acaso os dotou da mesma ideia obsessiva.

Foi esse o mundo que Sterne viu e fez ver em toda a sua riqueza, com tudo o que nele há de profundo desalento e profundo ridículo. E viu a riqueza que guarda em si a plenitude desse círculo de duas faces: o pranto que se faz riso e o riso que faz nascer o pranto; a vida que se

---

[49] "Chama-o, querida, pelo seu nome correto e olha pelo buraco da fechadura o quanto queiras." (N.T.)

faz vida verdadeira precisamente em virtude dessa plenitude e com a qual não posso ser inteiramente justo, porquanto não posso observar o centro do círculo de todos os pontos da periferia ao mesmo tempo.
(Pausa)

A moça (subitamente) – Que lindo! O centro... (Vincenz a olha na expectativa de vê-la entusiasmar-se; a moça cora ao se dar conta de que se traiu.) Sim, a teoria do centro, a teoria romântica do centro...

Joachim (também está perturbado, pois sente que em vista de todas as suas convicções e, em especial, da situação dada precisa contestar Vincenz a partir do argumento da forma abstrata; mas não lhe ocorre como fazê-lo. Muita coisa passa pela sua cabeça, mas tem consciência de que qualquer argumentação em contrário seria mesquinha frente a tanto entusiasmo e sinceridade, e teme que a jovem se indisponha drasticamente contra ele, caso também sinta sua oposição como mesquinha; por outro lado, sabe que, por essa mesma razão, precisa arriscar um contra-ataque e impedir que a atmosfera criada por Vincenz se torne dominante; assim, baixa a voz e, um tanto inseguro, diz numa fala entrecortada por pequenas pausas) – Que belo... sim, que belo... seria esse romance... se fosse assim... se fosse realmente assim... que grande romance poderia ter se tornando.

Vincenz (no fundo também perturbado, desconfia que contra-argumentos razoáveis pairem no ar e – por conhecer Joachim – intui mais ou menos de que lado virá o ataque. É claro que não sabe ao certo como será esse ataque, e menos ainda como poderá se defender. Tem uma vaga sensação de ter ido longe demais com as palavras, mas também sente que agora – nem que seja apenas pela moça – não pode recuar de seu fervor. Por isso se mostra agora muito nervoso, violento, fazendo algumas observações soltas) – Poderia ter se tornado! Ridículo! (Tenta o mais que pode manter a conversa distante do problema da forma.) Você sabe perfeitamente que de toda essa riqueza infinita, o que mostrei foram só alguns detalhes. Poderia ter se tornado! Ridículo!

Joachim (também inseguro e muito prudente) – Sim. Você não disse tudo o que há nesses escritos e sem dúvida teve de deixar de lado muita coisa que aumentaria ainda mais seu entusiasmo. (A jovem, que havia escutado o discurso de Vincenz com entusiasmo, agora desconfia da consistência de seu conteúdo, prefere não tomar uma posição precipitada e faz um gesto de aborrecida com a cabeça porque Joachim a identifica superficialmente com Vincenz. Joachim, que interpreta esse gesto como uma adesão a seu ponto de vista, segue falando mais livremente, embora incomodado pela desconfortável situação que criara para ela.) Mas não esqueça que você passou em silêncio várias outras coisas dessa obra. Deixou de fora coisas cuja ausência – não duvide – favorece muito o seu ponto de vista.

Vincenz (igual a Joachim, entendeu mal o gesto da jovem. Fala agora com mais violência na tentativa de recuperar a superioridade emocional que parece abandoná-lo) – Acho que compreendo suas insinuações, mas, perdoe-me, esse tipo de objeção me parece bastante mesquinho.

Joachim (interrompendo-o) – Não terminei...

Vincenz (prossegue à revelia do protesto) – Eis o que você está em suma dizendo: como teria sido belo esse romance chamado *Tristram Shandy*, caso Sterne o tivesse escrito. E para você, minha fala é uma distorção da obra, porque não considera todos os aspectos que a prejudicam...

Joachim – Mas eu...

Vincenz – Perdoe-me um instante. Você certamente está pensando nos excursos de Sterne, em seus episódios aparentemente sem conexão com o assunto, em suas grotescas interpolações filosóficas e em muitas outras coisas – sei disso. Mas é muito superficial pressupor como algo que perturba a concepção e prejudica a grandeza tudo aquilo que, à primeira vista, e talvez apenas por conta de uma visão já pré-formada e demasiado teórica, parece estar fora de lugar. Considere a possibilidade de haver uma intenção profunda e correta, talvez pouco clara para você, naquilo que você percebe apenas como confusão e desordem. Creio que Sterne sabia muito bem o que fazia; e tinha sua própria teoria do equilíbrio: *"to keep up that just balance betwixt wisdom and folly"* – escreve em *Tristram Shandy* – *"without which a book would not stand together a single year"*.[50] E acho que sei quais sentimentos levam a postular justamente essa concepção de equilíbrio. Talvez você se recorde do que eu disse sobre a multilateralidade de seu modo de enxergar o ser humano. Pois bem: para inserir e movimentar

---

[50] "Mantém aquele justo equilíbrio entre sabedoria e loucura, sem o qual um livro não aguentaria um único ano." (N.T.)

personagens com essa complexidade, seu método é o único ou, caso não seja o único, é pelo menos um método excelente. Talvez a forma mais concisa de definir esse método seja a seguinte: um fato e à sua volta uma chusma desordenada de associações suscitada por ele. Aparece um homem, diz alguma coisa, faz um gesto ou simplesmente ouvimos seu nome, depois desaparece numa nuvem de imagens, ideias e estados de alma gerados com sua aparição. Desaparece para que todos os nossos pensamentos possam cercá-lo completamente, e por mais que sua reaparição destrua muito da multiplicidade suscitada anteriormente, sempre surge a mesma riqueza em volta da segunda aparição, na verdade mais rica pela recordação da primeira. Esse é o estado de alma do poeta quando captura um gesto de seu personagem; o estado de alma do autor de um diário ao refletir sobre suas vivências e ordenar suas recordações; o estado de alma do verdadeiro leitor – aquele que não lê apenas as letras – quando quer se sentir dentro dos personagens que lhe são estranhos. E essa é a técnica de todo o nosso conhecimento da psicologia humana.

  Joachim (começa um pouco inseguro e só aos poucos vai ganhando confiança) – Talvez exista algo de válido no que você diz. Mas meu sentimento continua a me dizer o mesmo que antes: que esse romance poderia ter sido belo. Pois você continua a ajudar o poeta e a si mesmo pela omissão de outros elementos. Você fala de Sterne como se sua fala apenas revelasse o ritmo oculto de um caos aparente, quando, na realidade, você toma dele apenas aquilo que pode ser ritmizado com sua ajuda, pondo de lado todo o restante, talvez sem se dar conta.

  Vincenz (nervoso) – Não é verdade.

  Joachim – Só um exemplo, mas que tem uma importância crucial: as inúmeras passagens mortas, hoje ilegíveis, apoiariam meu ponto de vista. Certa vez li no livro de um especialista inglês em história da literatura que Sterne usa a palavra *humour* em um sentido antigo, da época elisabetana. E, de fato, o que vem a ser, em todos os seus personagens, a eterna melodia da cegueira e do absurdo, do "Hobby Horse", senão o *humour* dos personagens de Ben Jonson? A característica fixa de um personagem, tão presente em todos os seus atos que praticamente deixa de ser uma característica sua, de modo que é como se todas as suas manifestações vitais fossem apenas propriedades desse *humour*. Não são os personagens que carregam essa característica, a característica é que carrega os personagens. Também se poderia dizer: o *humour* é a máscara que restou da tipicidade arcaica e completamente alegórica que se fazia presente na vida e no teatro. Aquele traço fundamental pelo qual a essência de um homem se manifestava inteiramente numa epígrafe, num epigrama; ele se mantinha preso à máscara enquanto durasse o espetáculo. Que seja dito de passagem: toda máscara, mesmo quando gasta e carcomida como a dos personagens de Sterne, é sempre um impedimento para qualquer forma de interação entre um homem e outro; nesse aspecto, Sterne não superou Cervantes.

Vincenz (com ar triunfal) – Tente refletir friamente sobre o que acaba de dizer. Não me refiro à comparação com Cervantes: rosto e máscara se excluem entre si apenas conceitualmente; na realidade são meramente polos, e não se pode precisar exatamente onde começa um e termina o outro.

Joachim (de sobressalto) – Mas nesse caso sim!

Vincenz – Mas como já disse, isso não é o que de fato importa. Você não notou que tudo o que falou sobre o *humour* não passa de um complemento do que tentei caracterizar como a forma pela qual Sterne enxerga o ser humano? Você apenas deu uma fundamentação formal à minha visão – (um pouco irônico) *c'est votre métier*. O que você chama de *humour* é o centro em torno do qual se agrupa tudo o que Sterne mostra sob infinitos ângulos a fim de fazer justiça à vida de algum modo. Mas eu também tinha de pressupor esse centro, ainda que não falasse explicitamente dele; pois sem ele tudo sofreria um colapso. E defini-lo, coisa que você já fez, significa tornar mais sólida a conexão do todo, mais rica a substância desse mundo e mais variada a sua matéria; porque nele há matérias sólidas e matérias sempre mutáveis, e só podemos separar umas das outras na abstração; assim como um rosto é modelado, aos nossos olhos, pelo ar que o cerca, por suas luzes e suas sombras.

Joachim – Já disse que não quero entrar em polêmicas (Vincenz sorri, e Joachim continua depois de uma breve pausa), e não estou polemizando. (Vincenz sorri novamente, mas de repente seu olhar recai sobre a moça; observa que ela não está sorrindo, e por um momento lhe atinge o sentimento de que ambos estão distantes dela agora e igualmente distantes. Fica assustado e gostaria de encerrar a discussão. Por isso escuta Joachim com impaciência e espera a ocasião para expressar seu estado de alma. Enquanto isso, Joachim continua falando.) Queria fazer apenas uma observação. Que belo seria tudo isso sobre o que falamos se fosse assim como você quer. Se o que você chama de o método de Sterne fosse de fato o método de Sterne, se Sterne considerasse seus personagens sob a mesma perspectiva ao menos com um pouco de coerência. Por favor, não me interrompa agora! Encare o conceito "considerar sob a mesma perspectiva" tão amplamente como queira, mas pense sempre em um modo de ver determinado – sem o qual não existe arte – e tente aplicá-lo, logo verá aonde chega. O próprio Sterne, aliás, sabia-o muito bem. Quando fala da bondade do velho Toby, sente que não pode configurá-lo com o mesmo estilo com o qual havia descrito a loucura de Toby na fortaleza e suas inocentes mentiras, sente, pois, que é impossível aplicar seu método "*hobby horsical*".

Vincenz (fala nervoso e com muita impaciência. Queria encerrar a discussão, mas ainda não consegue encontrar uma só observação que possa ser considerada definitiva. Cada nova palavra o leva irresistivelmente adiante, de modo que se torna difícil para ele resumir seu ponto de vista) – Lá vem você novamente com seus cálculos a perseguir a soberana prodigalidade de Sterne. Sempre os mesmos cálculos! Sterne podia permitir-se descobrir um defeito em seu método, ainda que não existisse defeito algum. Você não sente a profundidade da relação entre esses dois traços de *uncle* Toby, apesar de tudo? E que a soberania de Sterne, ao considerar ao mesmo tempo os mil aspectos, possibilidades e limites de um método, joga, no tocante a isso, com uma limitação natural de seu método, de todo método? É a soberania de Sterne...

Joachim – Ou antes, sua impotência...

Vincenz (não esperava nenhuma interrupção como essa. Sua decisão de encerrar a discussão vai se dissipando, e ele adentra cada vez mais profundamente o assunto, esquecendo-se de tudo o mais. E diz com intensa e "objetiva" indignação) – Não! Como pode dizer isso? É preciso traçar uma distinção entre jogo e fraqueza, entre perder e deixar perder.

Joachim – Então, justamente por isso...

Vincenz (lhe interrompe) – Sim. Mas o que vejo aqui é o mesmo refinamento daquela ingênua segurança que perpassa todas as suas composições. A dissolução da unidade ocorre apenas para que se sinta ainda mais intensamente a unidade no todo – mas sem que se deixe de sentir ao mesmo tempo tudo o que nele é desagregador. Poder jogar: eis a única soberania de verdade. Jogamos com as coisas, mas continuamos sendo nós mesmos, e as coisas continuam sendo o que eram. Mas ambos nos intensificamos durante o jogo e por meio do jogo. Sterne joga sempre com as concepções mais difíceis do homem e do destino. E os homens e seus destinos adquirem um incrível peso em virtude do fato de que todo o jogo, em última instância, não os retira do lugar, mas lhes chega como ondas ao pé das rochas; mas as rochas se mantêm firmes no jogo das ondas, e sentimos tão mais intensamente sua firmeza quanto mais as ondas as golpeiam por todos os lados. E, no entanto, está apenas jogando com essas coisas! Apenas sua vontade lhes deu esse peso, e ainda que não possa tomar o que já foi dado, essa vontade continua sendo mais forte que seus filhos, pois poderia movê-los e jogar com seu peso, sempre que quisesse. E essa força infinita é o que você chamou...

Joachim – Impotência, sim, pois em todos esses casos é preciso perguntar: com o que joga o poeta e quando e por quê? Porque já não precisa prosseguir ou porque já não pode prosseguir? No fundo desse jogo está realmente a impossibilidade de dominar a força transbordante ou tudo não passa de uma hábil dissimulação da própria fraqueza? Ora, não há nada no mundo que encubra melhor uma incapacidade que o gesto brincalhão da soberania. E não consigo deixar de sentir algo disso no gesto de Sterne, algo que não é força. Todo jogo se justifica quando nasce da força e não da incapacidade, portanto, quando é um jogo só na aparência. Somente..., sim, somente depois que tudo já foi dito é que podemos interromper e gritar: "para que toda essa conversa?". E nunca tive a sensação de que Sterne haja dito realmente tudo, nem sequer uma única vez. Aparentemente você tem razão quando volta contra mim o exemplo que dei. Mas só aparentemente, pois a unidade que você, apesar de tudo, enxerga no caráter de Toby existe no máximo em você mesmo. E talvez também exista na visão de Sterne – e tendo a crer nisso. Mas nego que exista na obra. Na vida se pode, e até se deve, mudar constantemente o ponto de vista a respeito das coisas; uma pintura ordena soberanamente de qual ângulo se deve contemplá-la; mas uma vez que tenhamos nos colocado na posição correta, termina o seu poder. Quando é necessário observar essa parte de um ângulo, aquela parte de outro, isso não é consequência de uma soberania, mas de uma impotência. E nesse sentido percebo uma impotência nesse escritor, não apenas aqui, mas em outras obras suas. E também sob vários outros aspectos...

Vincenz – Por exemplo?

Joachim – Por exemplo, no fato de que sua obra nunca nos deixa plenamente satisfeitos.

Vincenz – Mas é evidente que isso é intencional.

Joachim – Nem sempre. Na verdade, raríssimas vezes. Não pense que não percebo o *humor* em passagens como aquela em que Tristram, depois de longos preparativos que vão aumentando cada vez mais o suspense, chega, por fim, à tumba dos amantes infelizes, a fim de prorromper em lágrimas e experimentar sensações sentimentais, e de repente descobrimos que a célebre tumba não existe. Na verdade, penso em passagens como aquela – para me ater a um único exemplo – em que, numa história que começa e não termina, ele interpola o longo e detalhado episódio de amor entre o cabo Trim e a monja belga, para depois anular, com um trecho terrivelmente banal e tolo, o efeito de tudo o que havia cuidadosamente preparado. Percebo muito disso nas aventuras de Toby e da viúva, que Coleridge, embora gostasse muito de Sterne, chamou de "*stupid and disgusting*".[51] É sempre a mesma coisa: quando chega ao ponto realmente decisivo, perde o que é importante e o transmuta em jogo. Como não consegue implementar formas, age como se não quisesse implementá-las.

Vincenz – Você esquece que os dois livros, tal como o conhecemos hoje, são apenas fragmentos. Não sabemos até onde Sterne teria levado o romance de *uncle* Toby e da viúva Wadman se tivesse vivido tempo suficiente para terminá-lo.

Joachim – Nunca teria vivido tanto tempo. Suas obras foram concebidas como fragmentos, se é que foram concebidas de algum modo. Em certa ocasião, Sterne disse como um gracejo – e Kerr o cita a propósito de *Godwi* – que continuaria indefinidamente seu romance caso pudesse fazer um contrato interessante com seu editor.

Vincenz (sente a superioridade de Joachim nessas últimas réplicas e por isso aguarda ansiosamente que seu adversário abra um flanco; daí

---

[51] "estúpido e repugnante". (N.T.)

que, por assim dizer, não escute nada além das meras palavras) – Pois bem, se é assim que você explica, então é como você diz, mas trata-se de uma leitura completamente distinta e...

Joachim – Você me compreendeu mal. Eu também sei – pode acreditar – que se trata de um gracejo. Mas é justamente por trás dele que vejo o gesto de Sterne sobre o qual falei anteriormente. Sterne – e essa é sempre a técnica de sua soberania jocosa – revela aqui o próprio cinismo, mas em um sentido diferente daquele que cultiva na realidade. Revela um ponto fraco de sua pessoa e de sua obra, que, como você bem observou, não é nenhum ponto fraco; mas o faz só para distrair nossa atenção dos outros pontos fracos, os reais, que lá estão. E não para dar a conhecer sua força. Sterne é aqui superiormente cínico, porque não podemos ver que ele não seria capaz de compor, ainda que realmente o quisesse.

Vincenz (sente a vantagem crescente de Joachim, mas não quer admitir e por isso conduz a discussão para seus aspectos decisivos) – Você citou há pouco uma passagem de *Tristram Shandy*, mas se esqueceu de dizer o que Kerr buscava provar com isso...

Joachim (tem a sensação de que já disse tudo o que tinha a dizer e sente, ainda que momentaneamente, uma forte aversão por aquela discussão toda. Enquanto Vincenz fala, ele observa a moça de quem havia se esquecido completamente durante as últimas réplicas, e é tomado por um sentimento igual àquele que já havia se apossado de Vincenz; por isso, diz com indiferença) – Não considero isso importante.

Vincenz – Pois é muito importante. É justamente o que a composição, tão contestada por você, tinha por dever expressar. Não se pode discutir os fundamentos anímicos que propiciam a expressão; uma discussão só tem sentido quando esses fundamentos estão postos. Uma discussão que procure avaliar se a expressão foi bem-sucedida, em que medida e por quê. Kerr fala da ironia romântica – você deve lembrar – e cita Sterne várias vezes. Ele mostra as etapas principais do desenvolvimento histórico da ironia romântica, de Cervantes, passando por Sterne e Jean Paul, até Clemens Brentano. Ironia cuja tese principal é que o "arbítrio do poeta não tolera lei alguma acima de si". Essa ideia também é expressa por Sterne quando salta dois capítulos – o 18 e o 19 – para inseri-los só depois do vigésimo quinto. Ele diz: *"All I wish, that it may be a lesson to the world to let people tell stories their own way*".⁵² Você antes chamou esse arbítrio de impotência, e entendo perfeitamente que, de seu ponto de vista, não se pode ver diferente. Mas não existe aí um excesso doutrinário violentando os fatos? É possível que Sterne não quisesse compor porque fosse incapaz de fazê-lo, no sentido que você afirma, mas a questão aqui é saber se ele realmente necessitava desse tipo de composição. Como haveria de ser importante para ele, sendo essa subjetividade sem limites, esse jogo irônico romântico com tudo uma concepção de mundo, uma forma imediata de exteriorização da vida, um modo de sentir e expressar o mundo? Todo escritor e toda obra me dão apenas uma imagem do mundo refletida em um espelho digno de rebater todos os raios do mundo.

Joachim (preferiria novamente não responder; mas ainda não está em condições de não prestar atenção, de modo que, ao ouvir a palavra "digno", sente com tanta veemência a superioridade de seu ponto de vista, bem como a admissão desse fato por parte de Vincenz, ainda que inconscientemente, que é levado a interrompê-lo) – Sim, um espelho digno...

Vincenz – Se recuarmos até a concepção de mundo e obtivermos alguma ideia do que seja uma tal concepção de mundo, todas as suas objeções sobre uma suposta impotência ficarão sem sentido. Agora o problema é apenas aquele de sentir a intensidade dessa força e ser capaz de amar e fruir seus efeitos. E o jogo soberano de Sterne com todas as coisas é uma concepção de mundo. Não é um sintoma, mas o centro misterioso de tudo, centro que desvela todos os sintomas e cujo simbolismo resolve todos os paradoxos. Toda ironia romântica é uma concepção de mundo. E seu conteúdo é sempre a exacerbação do sentimento do Eu num místico sentimento de totalidade. Pense nos fragmentos da *Athenäum*, em Tieck, Hoffmann e Brentano. Sem dúvida você conhece aquela célebre e bela estrofe de Tieck, em *William Lowell*:

> *Die Wesen sind weil wir sie dachten.*
> *Im trüben Schimmer liegt die Welt,*
> *Es fällt in ihre dunklen Schachten*
> *Ein Schimmer, den wir mit uns brachten:*

---

⁵² "Tudo o que quero é que isso seja uma lição para o mundo deixar as pessoas contarem suas histórias do jeito que quiserem." (N.T.)

> *Warum sie nicht in wilde Trümmer fällt?*
> *Wir sind das Schicksal, das sie aufrecht hält.*[53]

Você não percebe que tudo o que cresce de semelhante sentimento em relação à vida se torna sublime como jogo ou se degrada como jogo? Tudo é importante, sem dúvida, porque o Eu criador de todas as coisas pode criar qualquer coisa, no entanto, por essa mesma razão, nada pode ser verdadeiramente importante, afinal, ele pode criar tudo de tudo. As coisas estão mortas, apenas as suas possibilidades anímicas permaneceram vivas, apenas aqueles momentos sobre os quais o Eu, o único doador de vida, faz recair seus raios de sol. E você não percebe que esse sentimento não pode encontrar expressão mais adequada que aquela de Sterne, de seus precursores e sucessores: a ironia romântica, o jogo soberano? O jogo como culto religioso, na qual todas as coisas são sacrificadas no altar do santo Eu: o jogo como símbolo da vida, como máxima expressão da única relação importante na vida, a relação entre o Eu e o mundo. Essa é a única valoração soberana: somente eu estou realmente vivo no mundo e jogo com tudo porque posso jogar com tudo, porque a única coisa que posso fazer é jogar com tudo. Você não sente a melancólica soberba expressa nessa soberania, a renúncia implícita nesse domínio sobre todas as coisas? E não sente aquela soberania suprema do seu gesto, com o qual faz as fontes da mais profunda alegria jorrarem quando toca com o bastão de seu jogo as rochas de nosso luto primordial? Sim, cada obra não pode nos oferecer mais do que uma imagem especular do mundo, mas os poetas da verdadeira subjetividade o sabem e com seus jogos nos dão uma imagem mais autêntica da vida que todos aqueles bastiões da moral, cuja arte consiste em colher da vida real apenas suas sombras mortas.

Joachim – Por duas vezes você utilizou o espelho como símbolo da configuração poética do mundo, mas da primeira vez acrescentou um epíteto ao termo, com a ajuda do qual pretendo retornar a Sterne, de quem você se esqueceu em seu discurso.

Vincenz – Foi dele que falei o tempo todo! Somente dele!

---

[53] "Os seres são porque pensamos neles/ Em turva luz jaz o mundo/Sobre suas sombras escuras cai/ uma luz que trouxemos conosco:/ porque o mundo não cai na selvageria?/ Somos o destino que o mantém íntegro." (N.T.)

Joachim: Você queria eliminar da discussão a crítica dirigida contra o ponto de partida, mas, de modo completamente involuntário – e posso recorrer às suas próprias palavras –, viu-se obrigado a admitir a possibilidade de semelhante crítica. Os raios, você disse, são refletidos por um espelho que é digno de refletir todos os raios. Digno de refletir. O que isso quer dizer? Eu poderia agora falar daqueles que estão à altura de nossa conversa; pois não é verdade que também aqui há limites, que também aqui existe o digno e o indigno?

Vincenz – Você exagera muito a importância desse epíteto.

Joachim – Talvez você subestime sua verdadeira importância.

Vincenz (impaciente e agressivo) – Você ouviu o que falei como os irmãos Shandy ouvem um ao outro. Em sua boca tudo se converte num jogo de palavras, pois você só ouve as palavras – e as possibilidades de refutá-las.

Joachim (também um pouco impaciente) – É possível. Mas a única coisa que me importa aqui é o seguinte: qual parte de um Eu é digna de fornecer um espelho para todos os raios de sol desse mundo?

Vincenz – O Eu em sua totalidade. De outro modo não teria nenhum sentido. De outro modo aquilo que se apresenta como "estilo", como "realmente configurado", seria apenas uma falsificação, uma mentira consciente ou covarde.

Joachim – O todo, é claro. O problema é saber: o todo de quem? Vou ser muito breve, aparentemente muito dogmático, a fim de que você possa me entender mais facilmente. Kant estabelece uma distinção entre o Eu "empírico" e o "inteligível". Para ser breve: o artista pode expressar todo o Eu – e deve fazê-lo –, mas só o "Eu inteligível", não o "empírico".

Vincenz – Isso é dogmatismo vazio.

Joachim – Talvez não tão vazio. Examinemos mais de perto o motivo pelo qual a subjetividade em sua totalidade é uma reivindicação justa, imprescindível, se você preferir. Por isso existe e para esse fim deve ser usada! Talvez seu único direito à existência – você mesmo aludiu a isso anteriormente – seja que sem ela não teríamos nenhuma experiência da verdade. Ela é o único caminho para a verdade. Mas não devemos nunca esquecer que é só o caminho, não a meta; só o espelho que reflete os raios.

Vincenz – Você se apegou muito a essa palavrinha!

Joachim – É uma palavra boa e clara. Ela pode me ajudar a ser mais preciso e direto no que quero dizer: o Eu é o espelho que reflete os raios do mundo; tem de refletir todos os raios?

Vincenz – Sim.

Joachim – Pois bem, e agora você irá perceber como se pode iluminar toda a questão com uma imagem tão simples – não é preciso se perguntar qual parte do espelho reflete os raios? Obviamente, o espelho inteiro! Deve-se perguntar apenas como tem de ser o espelho, a fim de que reflita todos os raios, de que forneça uma imagem completa do mundo.

Vincenz – Pode ser um espelho deformante.

Joachim – É possível. Mas não pode ser turvo. A força suprema da subjetividade consiste em que somente ela é capaz de comunicar conteúdos reais de vida. No entanto, existem subjetividades – e, em minha opinião, a de Sterne é uma dessas – que, em vez de realmente trazerem à tona essa essência única, interpõem-se entre mim e os conteúdos vitais como um obstáculo, de modo que por sua culpa toda subjetividade verdadeira e importante é perdida. Thackeray...

Vincenz – Você não pretende citá-lo agora!

Joachim – Compreendo perfeitamente que não goste do que ele diz sobre Sterne; também não gosto de seu tom moralizante; mas me parece mais importante o fato de que nisso estou de acordo com ele: *"He fatigues me with his perceptual disquiet and his unease appeals to my risible and sentimental faculties. He is always looking in my face, watching his effect"*.[54] Aí está dito com toda precisão o que tanto me incomoda em Sterne e nos escritores de estilo semelhante. Não possuem tato nem sensibilidade para o verdadeiramente importante, inclusive – e sobretudo – quando se trata das próprias ideias. Acreditam que o fato de em sua alma haver algo importante e interessante em virtude de um poder de comunicação faz com que qualquer manifestação casual e desinteressante de sua essência casual e desinteressante tenha de ser valioso e interessante. E então se colocam entre sua própria visão e nosso assombro; destroem sua grandeza com seus medíocres adendos;

---

[54] "Ele sempre me cansa com sua ansiedade sem fim e seus apelos incômodos à minha capacidade de rir e me comover. Está sempre olhando para meu rosto, observando seus efeitos." (N.T.)

comprometem sua profundidade com suas insípidas confissões; anulam a força imediata do efeito com o sorriso de quem está à espera de um efeito.

Vincenz (faz um gesto de quem quer dizer algo)

Joachim (continuando rapidamente) – Sei no que você está pensando. Mas não falo agora dos poucos lugares em que é simbólica a presença em primeira pessoa de Sterne – como você disse, símbolo do grande jogo; falo agora de outras mil passagens em que essa presença atrapalha os efeitos de seus símbolos. E não me refiro tanto aos casos singulares, mas sim à deterioração ético-estilística que é decorrência disso. Esse constante coquetismo contamina todas as suas imagens e comparações, e não há uma só linha escrita por ele que esteja livre desse veneno. Suas observações, suas vivências, suas descrições; sempre me fazem pensar no que Nietzsche proclama aos psicólogos como moral: "Não tornar a psicologia uma bisbilhotice! Nunca observar apenas por observar! Isso gera uma percepção falsa, vesga, que tende ao exagero e à distorção. A vivência pelo mero gosto da vivência: isso não leva a resultado algum. Quando se vive uma experiência não se deve olhar para si, pois o olhar introspectivo é um mau olhar". Veja, é essa bisbilhotice, essa profunda falta de tato que sinto nos escritos de Sterne, particularmente nas cartas de Yorick a Elisa. E isso não é só uma aversão pelo "homem" Sterne – embora considere plenamente justificado esse sentimento –, mas a objeção estética mais profunda que se pode fazer a seus escritos. São inorgânicos. Fragmentos. Não porque não pudesse levar uma obra a cabo, mas antes porque nunca distinguia entre um valor e um desvalor e porque não fazia escolhas. Não compôs suas obras porque carecia da mais elementar pré-condição para compor: ser capaz de eleger e valorar. Os escritos de Sterne, que fluem num mar de obscura indiferenciação, são informes porque seu autor poderia ter dado continuidade a eles indefinidamente, e sua morte teria significado apenas um ponto final nessa escrita, mas não uma conclusão. As obras de Sterne são informes porque podem ser ampliadas até o infinito; e não há formas infinitas.

Vincenz (muito rapidamente) – Claro que há.

Joachim – Quais?

Vincenz (na verdade deseja que a discussão termine, mas as últimas observações não o deixam em paz, e assim tenta ao menos incluir a moça) — Talvez achem muito paradoxal o que vou dizer, mas você (se dirige à moça), sem dúvida, há de me entender.

A moça (grata por alguém voltar a se ocupar dela, teme se expor; de todo modo, para não ficar muda, arrisca um comentário) — Você está se referindo à melodia infinita, não é verdade?

Vincenz (um pouco embaraçado por achar demasiado vaga a observação) — Em linhas gerais, sim.

Joachim (completamente absorvido no assunto, sente que a observação da moça é completamente vazia e no seu "objetivo" entusiasmo exclama rapidamente, no mesmo momento que Vincenz) — A melodia infinita?

A moça (sentindo-se humilhada)

Vincenz (percebe a situação e, naturalmente, trata de adotar o ponto de vista dela com vigor e senso prático) — Sim, a melodia infinita como símbolo da vida, era nisso que você pensava?

A moça — Naturalmente.

Vincenz — Como símbolo da aspiração ao infinito, do caráter ilimitado da vida e de sua riqueza extensiva. Melodia infinita é aqui só uma metáfora, mas uma metáfora profunda, pois alude com firme pregnância a coisas que de outro modo não poderiam ser ditas em muitas palavras. Apesar disso vou tentar analisar o que queremos dizer.

Joachim (se dá conta de quão inábil e ofensiva foi sua última observação e treme ao ouvir o "nós", mas pela expressão da moça nota que é inútil protestar, de modo que se cala).

Vincenz — Portanto, se o conceito de forma artística tem algum sentido real, então já expus a essência da forma de Sterne. Agora seria preciso acrescentar que a forma é uma essência tão condensada de tudo o que há para dizer que sentimos mais a condensação em si que o próprio conteúdo condensado. Talvez fosse ainda melhor dizer que a forma é a ritmização do que há para dizer, e o ritmo é o que se pode abstrair *a posteriori*, algo que se vivencia de modo independente; alguns chegam a vivenciá-lo inclusive — sempre *a posteriori* — como o *a priori* eterno de todo conteúdo. Sim: a forma é a intensificação dos sentimentos fundamentais, vividos com máxima força, até o ponto em que atingem um significado autônomo. Não existe nenhuma forma que não possa ser reconduzida a esses sentimentos fundamentais, primitivamente sublimes e simples; e as propriedades dessa forma — suas leis, você diria – são todas derivadas das peculiaridades de tais sentimentos. E cada sentimento desse tipo, inclusive aquele despertado pela tragédia, é um sentimento de nossa força e da riqueza do mundo, é um tonificante, como diria Nietzsche. As formas da arte se diferenciam entre si apenas porque são diferentes as ocasiões pelas quais manifestam essa força, e seria um jogo estéril procurar ordenar e classificar esses sentimentos. Para nós é suficiente saber que há obras que podem nos levar imediatamente a essa reflexão, a essa reflexão sobre a vida em toda a sua força e profundidade metafísicas, reflexão que a maior parte das obras literárias não pode promover senão mediatamente. Obras nas quais, simplesmente, tudo nasceu desse sentimento: como é diverso o mundo, como é rico nessa sua diversidade e como nós, que podemos interiorizar essa riqueza, somos ricos e fortes. E as formas que nascem desse sentimento não oferecem ordem, mas multiplicidade; não a grande coesão do todo, mas a polissemia de cada um de seus nexos. Eis a razão pela qual essas obras simbolizam diretamente o infinito: elas próprias são infinitas. Variações infinitas de melodias infinitas (olha para a moça), como você disse (a moça lhe retribui o olhar com gratidão). Pois a forma não é aqui resultado de uma coesão interna, como nas demais obras, mas a indistinção de suas fronteiras na névoa da distância, como a costa marítima no horizonte; no entanto, os limites pertencem à nossa visão, não às obras. Pois estas, assim como os sentimentos que a engendraram, não possuem limites. E a nossa incapacidade para aceitar a vida sem nenhuma conexão é o que cria as conexões entre suas várias partes – não sua luz aérea e jovial. Os vínculos que asseguram sua coesão, como a dos sentimentos de onde vieram, não são mais firmes que as imagens fugidias de nossos sonhos. Estas são obras inquebrantáveis e frescas, de uma riqueza que se embriaga de si mesma: os componentes poéticos da primeira Idade Média eram desse gênero. Aventura, aventura e novamente aventura. E se o herói morre após mil aventuras, é seu filho que segue acumulando aventuras. E o que liga essa série infinita de aventuras é a comunidade dos sentimentos, a comunidade das vivências, a vivência infinitamente robusta da riqueza variegada que o mundo ofereceu ao homem na cadeia policromática de aventuras infinitas.

De tais sentimentos também surgiu a obra de Sterne. Porém, ele não herdou a santa riqueza de sentimentos de um mundo poético e ingênuo; tudo o que criou foi a despeito de uma época sem poesia e pobre.⁵⁵ Por isso, tudo nele é tão consciente e tão irônico. Porque para ele sempre esteve perdida a possibilidade de um sentimento ingênuo, que, espontaneamente, igualasse a vida ao jogo. Friedrich Schlegel encontrou um belo nome para essa forma, chamou-a de arabesco. E ao falar do *humour* de Sterne e Swift como "a poesia natural dos estratos mais elevados de nossa época", ele mostrou ter reconhecido claramente, já naquela época, a raiz dessa poesia e seu lugar na vida moderna.

Joachim – Certo. É muito verdadeiro o que você acaba de expor; mas pense também no que o próprio Schlegel diz, em seguida a essa frase que você acaba de citar. Isso sem levar em conta o fato de que ele não tinha lá um grande apreço pela forma "arabesca".

Vincenz – Sob certos aspectos, ele continuava a ser um dogmático das velhas formas.

Joachim – Quando escreveu isso, já não era mais. O mais importante aqui é que no interior dessa forma ele coloca Jean Paul acima de Sterne, "porque a sua imaginação é muito mais doentia, portanto, muito mais maravilhosa e fantástica". Creio interpretar corretamente esse juízo quando digo que as formas de Sterne e Jean Paul são semelhantes, mas que na de Jean Paul o arabesco é mais organicamente derivado da matéria, da íntima substância de sua visão de mundo e do seu modo de ver os homens; por isso, suas linhas podem serpentear com mais audácia, riqueza e leveza que em Sterne, pois, apesar disso, o quadro se mostra mais harmonioso. Você mesmo falou antes do fato

---

⁵⁵ Em "O romance como epopeia burguesa", de 1935, Lukács, sem divergir do modo como seu personagem analisa e descreve o problema da forma em Sterne, formula um juízo que parece constituir um meio-termo entre o entusiasmo de Vincenz e a atitude dogmática e moralista de Joachim: "A impotência prática do homem para dominar interiormente o mundo cada vez mais fetichizado da sociedade capitalista conduz à tentativa de encontrar para a subjetividade humana um ponto de apoio dentro de si própria, criando para ela um universo particular da vida interior, não reificado e 'independente'. Em Laurence Sterne esta tendência encontra pela primeira vez uma expressão muito clara. Ele transforma o fantástico objetivo dos velhos romances em fantástico subjetivo e as combinações dos traços autênticos da realidade em extravagante ornamentação da forma. Ele destrói conscientemente a unidade da forma narrativa para criar, por meio de arabescos fantásticos, uma unidade subjetiva entre os estados de espírito contrastantes da emoção e da ironia; nestes contrastes refletem-se as contradições objetivas" (LUKÁCS, 1998, p. 105) (N.T.)

de que o mundo de Sterne possui mais material, e essa multiplicidade de material é talvez a verdadeira razão da tediosa contradição que caracteriza todos os seus escritos. Todo *hic et nunc* em Sterne contradiz o passado e o futuro, cada gesto seu compromete suas palavras, e suas palavras destroem a beleza dos gestos. Penso nessa grande dissonância do material – naturalmente só posso fazer uma breve indicação aqui: no *Tristram Shandy*, as pessoas e as relações humanas são tão pesadas, feitas de matéria tão pesada e tão pouco graciosas, que os cenários, estilizados com leveza, devido a sua forte qualidade de arabesco, contradizem a todo instante aquilo que emolduram. Você disse que a ilusão de gravidade é intensificada pelo seu tratamento jocoso. Isso poderia ser verdade se a gravidade fosse a meta e a contraposição aumentasse o número de contrastes grotescos. No entanto, sabemos que não é assim. A cada passo sentimos que um compromete e debilita o outro; o peso compromete o arabesco, e a graça, o peso natural. E talvez essa falta de harmonia possa ser vista mais claramente em *Sentimental Journey*, embora os motivos para isso sejam ainda mais sutis. O caráter desarticulador de toda frase singular deriva da dissonância do sentimento que está na base de tudo. Em termos sumários: o conteúdo desse livro é o amadorismo sentimental e o gozo livre de compromissos de todo sentimento. Mas um amadorismo do sentimento é uma *contradictio in adjecto*; o que se pode conceber é apenas um amadorismo das sensações, em que a reação interna frente às coisas é tão distanciada que seu encaixe numa moldura de arabescos bizarros pode constituir sua forma natural de manifestação; ou aquele cujos estados de alma são tão morbidamente refinados que, por si mesmos, oscilam pendularmente. Mas os sentimentos de Sterne são simples e frequentemente comuns. São sadios e neles não se vê nada que se assemelhe a uma sensação. Apenas ele os enxerga desse modo e os insere na vida como tal; os priva da bela energia de sua sanidade, sem lhes conferir a flexibilidade doentia das sensações. No entanto, a dissonância nessa obra é menos marcada, e posso entender que os franceses, por todas as ideias grandiosas que contêm, prefiram-na ao *Tristram Shandy*.

Vincenz – Mas Jean Paul, ao contrário, apreciava mais o *Tristram Shandy*, e tinha razão. É certo que *Sentimental Journey* é um portal pelo qual, carregando o peso da riqueza de seu reino, podemos voltar à vida. Pois, o que quer que possamos dizer sobre o valor ou desvalor puramente artístico dessas obras – e nesse ponto talvez nunca iremos convencer um ao outro –, o motivo de sua importância para nós é muito claro: elas nos indicam um caminho para a vida, um caminho novo de enriquecimento na vida. O próprio Sterne disse aonde conduz esse caminho. Numa carta sobre *Sentimental Journey*, escreve: "*My design in it was to teach us to love the world and our fellow creatures better than we do*".[56] Caso entendamos isso não apenas como programa, mas também como sua realização, tão avassaladora em seus escritos, então o ético e educador Sterne ganhará mais importância que aquilo que constitui "o valor estético", a importância "histórico-literária" dessas obras. Esses escritos nos ensinam a riqueza como ética, a capacidade de viver, a capacidade de criar a partir da vida. "*I pity the man*" – escreve – "*who can travel from Dan to Bersheba and cry, 'Tis all barren'; and so is it: and so is all the world to him who will not cultivate the fruits it offers*".[57] Todas as suas obras anunciam essa mensagem com a ênfase e o entusiasmo de um pregador, com o gesto continuamente repetido de quem desbrava o mundo; todos os seus escritos anunciam esse sacro rito da vida. Desvanece toda diferença entre grande e pequeno, entre ligeiro e pesado, longo e breve; toda diferença entre matéria e qualidade se torna absurda – era esse é o sentido de seu último discurso –, porque tudo se encontra e se torna um na unidade da grande e intensa experiência humana; sem ela, como simples potencialidade, não há nada a fazer, e tudo é na mesma medida irrelevante. A vida é feita de instantes, e todo instante é tão cheio da força da vida inteira que, ao lado de sua realidade vivente, daquilo que sabemos que foi e que pode ser outra vez, tudo se perde no nada vazio; tudo aquilo que apenas vincula e obriga, sem fecundar nossa vida. Essa é a mais intensa afirmação da vida, contra tudo e apesar de tudo. Pois esse "sim" não encontra no mundo um "não" que possa travar um combate com ele. O "Sim" de Sterne é sempre uma afirmação do instante, e para ele não há momento que não possa lhe trazer tudo. "*Was I in a desert*" – diz – "*I would find out wherewith in it to*

---

[56] Meu propósito com ela foi ensinar a amarmos o mundo e os nossos semelhantes mais do que o fazemos." (N.T.)

[57] "Tenho pena de quem viaja de Dan para Bersheba e exclama: 'como tudo é árido!', pois assim é o mundo inteiro para quem não sabe cultivar os frutos que ele oferece." (N.T.)

call forth my affections".⁵⁸ Você se recorda que, quando ele chegou a Paris, deu-se conta de que não tinha passaporte? Sabia que se não conseguisse um poderia passar meses na Bastilha. Você se recorda como ele saiu em busca de um passaporte?! Quanta coisa lhe aconteceu nessa busca! Quanta coisa viveu! Mas, para ele, as vivências são mais importantes do que a própria meta de sua busca. No final, o passaporte cai em seu colo de modo completamente casual e é encarado como algo de pouca importância. Você não percebe que todas as digressões e excursos de seus escritos são uma filosofia da vida?⁵⁹ A vida é apenas um caminho, não sabemos aonde leva; e o que sabemos sobre seu porquê? Mas o próprio caminho é que tem valor, o caminho é a felicidade, o caminho é belo e bom, dadivoso. Devemos aceitar todo desvio com alegria, de onde quer que tenha vindo e por quê. E se considero os personagens e destinos de *Tristram Shandy* sob esse ângulo, toda a sua concepção ganha uma nova profundidade: porque tudo o que lhe divide, tudo o que do ponto de vista da realidade lhe impõe uma cegueira tragicômica, tudo isso faz com que sua vida seja infinitamente mais rica do que qualquer realidade teria conseguido torná-la. Suas imaginações e seus castelos de areia, suas fantasias e seus instantes desperdiçados: isso é a vida, e ao lado dela tudo parece se dissolver num esquema vazio, tudo aquilo com base no qual chamamos de irreal sua vida. E do mais profundo estranhamento entre os homens surge uma alegria jubilosa, porque aquilo que os separa também lhes dá vida – porque outra vida, comunicativa, seria vazia, seria um esquema sem conteúdo.

Joachim – Você está errado! Errado! Nego que possa haver uma ética do instante e nego que a vida que você acaba de descrever seja realmente rica. (Um pouco mais tranquilo.) Refiro-me a Sterne, de quem você se esqueceu novamente, e nego que ele tenha sido realmente rico, e que a desordem de sua vida fosse enriquecedora. Não!

---

⁵⁸ "Ainda que eu estivesse num deserto, eu descobriria como torná-lo agradável." (N.T.)

⁵⁹ No original, *Lebensphilosophie*. O termo não é casual, pois refere o caráter "caótico", subjetivo e não comunicável das vivências. O duelo de ideias travado pelos dois personagens pode ser caracterizado a partir da distinção entre filosofia da vida e neokantismo. Enquanto Vincenz é partidário da filosofia da vida, Joachim se alinha a uma concepção "objetiva", que, em certos aspectos fundamentais, está mais próxima da posição do próprio Lukács. (N.T.)

O caos em si nunca é riqueza. Ordem e caos provêm de uma mesma raiz primordial, por isso uma alma só pode ser completa e assim rica lá onde existem com igual intensidade caos e conformidade à lei, vida e abstração, homem e destino, estados de alma e ética. Somente quando coexistem, somente quando estão integrados a todo instante numa unidade vivente, indivisível, somente então o homem é um homem de verdade, e sua obra, uma verdadeira totalidade, símbolo do universo. Somente aqui, na obra desses homens, o caos é caos; somente aqui, onde toda fratura originária se recompõe numa unidade sensível pelo fato de que tudo vive e é vital na prisão dos esquemas, de que tudo arde e borbulha sob o gelo das abstrações. Mas quando numa obra está presente apenas o caos, esse caos se torna fraco e impotente, porque existe apenas de forma bruta, apenas empiricamente, em repouso, imutável, sem movimento. Somente a oposição torna tudo vivo; apenas a coerção gera a verdadeira espontaneidade e apenas naquilo que recebeu forma pode-se sentir a metafísica da falta de forma, ou seja, que o caos é o princípio do mundo.

A ética! Isso que vem de fora! Essa lei inviolável que nos é imposta! Você fala como se isso apenas mutilasse nossa alma. E o faz, desde já, em nome de Sterne, e nisso tem razão: também sentiu isso, por instinto de conservação. Graças ao instinto de autodefesa que é típico do homem fraco, que evita toda valoração porque teme que, se fosse um pouco honesto, todos os seus sentimentos e experiências seriam considerados muito superficiais – inclusive por si próprio. Esses homens evitam toda pressão, porque ela o sufocaria de vez; fogem de todo combate, porque só poderiam ser os vencidos das batalhadas. Em sua vida tudo tem a mesma importância, porque não são capazes de escolher o verdadeiramente importante, de senti-lo e vivê-lo. Toda a vida de Sterne é uma sucessão anímica de episódios, e é verdade que muitas pequenas coisas agem sobre ele com maior força que em muitos outros, mas tudo o que é realmente grande se torna mil vezes pequeno. Repare – para mencionar apenas o mais palpável – que nos diários de sua viagem à França se encontra tudo, menos Paris, menos a França. E não se trata de nenhuma transvaloração [*Umwertung*], de nenhuma antecipação do *Tresór des humbles*; não se trata de que as coisas grandes sejam pequenas porque as pequenas são grandes, trata-se da anarquia, da anarquia da incapacidade. Através dos episódios de Sterne – como se fossem uma janela suja – transluz a intuição de um esboço turvo das coisas grandes, mas só um esboço, não sua apreensão nem sua negação. As coisas permanecem sendo neles as mesmas que são naqueles capazes de valorar; mas as coisas são para ele muito fortes e muito grandes. No entanto, a verdadeira riqueza consiste apenas em poder valorar, e a verdadeira força, apenas na força da escolha, na parte da alma liberta dos estados de alma episódicos: na ética. Isto é, em poder determinar pontos fixos para a vida. E essa força cria com soberania diferenças entre as coisas, cria sua hierarquia; essa força que, a partir da alma, projeta uma meta para seus caminhos e através disso configura os conteúdos da alma com firmeza e rigor formal. A ética ou – em se tratando da arte – a forma é um ideal fora do Eu frente aos instantes e aos estados de alma.

Vincenz (em tom de zombaria e superioridade) – É a concepção de mundo de Gregers Werle.

Joachim – Sem dúvida!

Vincenz – Mas por favor não se esqueça que – perdoe-me – há sempre algo de tolo e ridículo em Gregers Werle.[60]

Joachim (muito violentamente) – Apenas porque ele quer impor suas exigências ideais a um zero à esquerda, a um Hjalmar! Mas quanta riqueza e quanta força, sim, apesar de toda pobreza e de toda comicidade exterior! E quão horrível é a pobreza interior numa riqueza como a que você descreveu. Você provavelmente considera uma ironia quando Sterne, em certo momento, fala de si, de como se sente miserável em seu dilaceramento interior, um dilaceramento que sentimentos nobres nunca haveriam de causá-lo. Mas você também tem de se lembrar da carta em que confessa com uma franqueza dolorosa esse grande colapso anímico da anarquia dos sentimentos: *"I have torn my whole frame into pieces by my feelings"*.[61] E não só com seus sentimentos, mas também com suas ideias, seus estados de alma, suas facécias, ele fragmentou toda a sua obra, diminuiu sua grandeza e tornou sua vida lamentável e desprovida de valor.

---

[60] Em *Marx e a decadência ideológica*, de 1938, Lukács ressalta o caráter quixotesco desse personagem da peça *O pato selvagem*, de Ibsen, mas observa que ele não possui "nem a comicidade avassaladora nem a estatura impressionante de Dom Quixote", pois, ao contrário de Cervantes em relação a Quixote, Ibsen, "a despeito de toda a sua crítica profunda e desmascaradora, segue convulsivamente aferrado aos ideais proclamados por Gregers Werle" (LUKÁCS, 1966, p. 104). (N.T.)

[61] "Fui reduzido a pedaços pelos meus sentimentos." (N.T.)

Você conhece bem essa vida e sabe de onde provinha sua substância: de amores iniciados e abandonados, nunca gozados até o fim, encarados sempre de forma leviana, como mero jogo; de flertes platônicos ternos e superficiais, delicados e frívolos, sensíveis e sentimentais. Sua vida foi feita de começos sem continuidade, que vinham e desapareciam sem deixar rastro, sem fazê-lo avançar um passo sequer. Episódios que sempre permaneceram os mesmos e sempre e em toda parte reencontraram o mesmo homem, com a mesma falta de firmeza, gaiato e chorão, incapaz de viver verdadeiramente e de dar verdadeiramente uma forma a sua vida. Pois só a capacidade de valorar impulsiona o crescimento, fomenta a capacidade de impor ordem, de iniciar e terminar as coisas; somente o fim pode se tornar o começo de algo novo, e só recomeçando sempre é que podemos nos tornar grandes. Episódios não têm começo nem fim, e sua desordenada multiplicidade não é nenhuma riqueza, mas sim um quarto de despejo; e o impressionismo que promove não é força, mas impotência. (Pausa longa, um pouco desagradável. Durante todo o debate a moça prestou pouca atenção ao conteúdo objetivo das falas, reparando muito mais no seu subtexto pessoal – ambos falavam como pretendentes. Mas como capta tudo isso de modo pouco consciente, compreende mal o que eles dizem e ouve mais do que suas palavras contêm. Essa percepção pessoal do todo se manifesta particularmente em sua irritação contra Joachim, a quem considera particularmente sem tato, e, por fim, ofensivo. Também Vincenz agora capta esse aspecto pessoal, ainda que de maneira muito diferente: como expressão da concepção de mundo de Joachim: nota nela uma força superior à sua e considera impossível que a moça não o perceba do mesmo modo. Os dois se entregaram tanto ao debate que Vincenz tem de perceber sua derrota – vivida com muita intensidade – como a derrota de toda a sua concepção, e não se atreve a falar antes de se pôr a par da situação. Por um momento se sente tão derrotado que preferiria levantar e sair, abandonando o combate. Joachim interpreta o silêncio de modo pior. Esperava uma réplica enérgica por parte de Vincenz, uma vez que o atacou pessoalmente e com uma violência injustificada. Por não ter nenhuma resposta, interpreta a coisa assim: falou em vão, nem sequer me escutaram. Essa sensação se faz tão forte nele, particularmente pela hostilidade que sente no estado de alma da moça, que se considera obrigado a partir. E se vai, depois de umas desculpas superficiais e mal disfarçadas. Logo após a despedida teatralmente amistosa se produz um silêncio entre os dois que ficaram, e, de novo, cada um interpreta mal o silêncio do outro. Vincenz sente como vencedor Joachim e teme que a moça sinta o mesmo. Ao mesmo tempo nota que algo precisa acontecer, e imediatamente. Seu olhar tropeça repentinamente com o livro e, sem muita convicção, resolve abri-lo.) Esse debate estragou nossa agradável leitura. Como é estéril todo debate diante da beleza viva. (A moça lhe olha, mas ele não nota.) Escute. (Começa a ler, agora com entusiasmo e num tom excessivamente sentimental; gostariam de recuperar, através de Sterne, o mesmo estado de alma da primeira meia hora, desfeito pela discussão. A princípio, a moça não pode ocultar sua decepção pelo fato de que de novo se fala de literatura. Mas se contém e tenta mascarar seu nervosismo com grande atenção; e como Vincenz também está muito nervoso, ao deparar com uma passagem realmente sem estilo, interpreta mal a intranquilidade que a moça em vão tenta dissimular, imaginando que ela está concordando com a visão de Joachim, e então fecha o livro.) Esse trecho não é mesmo muito interessante. (Apesar disso, folheia nervosamente o livro e o abre com certa rudeza na parte mais sentimental, quando se narra o encontro com Maria de Moulins, e começa a ler. O mesmo jogo de decepção e mal-entendido. Acompanha cada palavra com temerosa atenção, sente cada vez mais intensamente a falsidade e debilidade do sentimentalismo, deixa finalmente o livro, irritado, levanta-se e caminha nervoso pela casa.) É impossível. Esse debate acabou completamente com nossa leitura. Não posso continuar lendo.

Ela (muito sentimental) – Que pena, era tão belo, não?

Ele (entendendo subitamente a situação) – Continuamos em outra ocasião, não é verdade?

Ela – Sim...

Ele (aproxima-se dela pelas suas costas, discretamente) – Outra vez... (Curva-se de repente e a beija.)

Ela (expressa com o rosto iluminado sua satisfação, pois finalmente ocorreu aquilo do qual o longo debate não passou de um preparativo sumamente supérfluo, e lhe devolve o beijo).

Metafísica da tragédia:
Paul Ernst

> *Die Natur macht den Mann aus dem Kinde,*
> *und das Huhn aus dem Ei; Gott macht den*
> *Mann vor dem Kinde und das Huhn vor dem Ei.*[62]
> Mestre Eckhart, *Der Sermon vom edlen Menschen*

1

O drama é uma representação; uma representação do homem e do destino; uma representação em que deus é o espectador. Apenas espectador; suas palavras e gestos jamais se misturam às palavras e gestos dos atores. Seus olhos, porém, pousam sobre eles. "Aquele que vê Deus morre", escreveu Ibsen uma vez; mas pode continuar vivo aquele que foi alvo de seu olhar?

Homens inteligentes que amam a vida conhecem essa problemática e fazem graves objeções ao drama. E sua aberta hostilidade é mais condizente com a essência do drama que a apologia de seus covardes defensores. Objetam que o drama é uma falsificação grosseira da realidade. Não só porque lhe rouba a plenitude e a riqueza – inclusive em Shakespeare –, não só porque, com seus brutais acontecimentos de vida ou morte, despoja-lhe de suas mais finas sutilezas espirituais; a principal censura é que o drama cria um vácuo entre os homens. No drama (e sua técnica reflete sem restos sua essência mais profunda) há alguém que só fala e outro que só responde; mas um começa e o outro termina, e o fluxo silencioso e imperceptível de suas relações mútuas, pelo qual a vida real se faz realmente vivente, é enrijecido

---

[62] "A natureza faz o homem a partir da criança, e a galinha a partir do ovo; deus faz o homem antes da criança e a galinha antes do ovo." (N.T.)

pela dureza do método. Há muita verdade em tudo o que dizem. Mas eis que surgem os defensores do drama invocando a plenitude de Shakespeare, o nervosismo cintilante dos diálogos naturalistas, a perda de contorno do destino nas peças de destino de Maeterlinck. Com sua impaciência, esses defensores, em vez de ajudar, destroem os valores supremos do drama; no fundo, não passam de uns covardes, pois o que propõem para a defesa do drama é apenas um termo de conciliação entre a vida e a forma dramática.

A vida é uma anarquia do claro-escuro, em que nada se realiza plenamente, em que nada chega ao fim; se um coro começa a cantar, logo surgem outras vozes para perturbar o conjunto. Tudo flui e se mistura num fluxo impuro e sem controle; tudo é destruído, tudo é ceifado, nada jamais floresce a ponto de se tornar vida real. Vida: poder viver algo até o fim. *A* vida: nada é completamente vivido até o fim. De todas as coisas, a vida é o que há de menos real e vivo; pode-se descrevê-la apenas negativamente, ou seja, sempre irá surgir algo no caminho para interromper tudo... Schelling escreveu: "Dizemos que uma coisa dura porque sua existência é inadequada à sua essência".

A vida verdadeira é sempre irreal, sempre impossível em face da vida empírica. Uma luz se acende, iluminando como um relâmpago os caminhos banais dessa vida; é algo perturbador e excitante, perigoso e surpreendente, o acaso, o grande instante, o milagre. Um enriquecimento e uma confusão: não pode durar, ninguém poderia suportá-lo, ninguém poderia viver nas suas altitudes – nas altitudes da própria vida, das possibilidades últimas da própria vida. É preciso recair no torpor, é preciso negar a vida para poder viver.

Pois o que os homens amam na vida é o atmosférico, o indeterminado, a oscilação pendular que nunca cessa, mas que também nunca se exacerba; amam a grande incerteza, que os acalenta como uma canção de ninar monótona e sonífera. O milagre, porém, é o que determina e o que é determinado: irrompe na vida de modo imprevisível, ao acaso e sem contexto, resolvendo impiedosamente tudo com uma matemática clara e unívoca. Mas os homens odeiam e temem o unívoco. Sua fraqueza e sua covardia os tornam complacentes com os impedimentos externos, com os obstáculos que lhes interditam o caminho. Por detrás das rochas escarpadas que jamais hão de subir, florescem para eles paraísos insuspeitos e eternamente inacessíveis.

Ansiar e esperar, nisso consiste toda a sua vida; e o que o destino lhes proibiu é facilmente convertido em riqueza da alma. O homem nunca experimenta a vida lá onde cessam suas flutuações: e quando nada é pleno, tudo é possível. Mas o milagre é a plenitude. Ele remove da alma toda a sua casca de ilusões, feita de instantes luminosos e estados de alma indeterminados; traçada em contornos duros e sem beleza, na nudez de sua essência, a alma encontra a verdadeira face da vida.[63]

Diante de um deus, porém, só o milagre é real. Para ele não existe nenhuma relatividade, nenhuma transição, nenhuma nuance. Seu olhar priva os acontecimentos de toda dimensão temporal e espacial. Diante dele não existe mais diferença alguma entre aparência e essência, fenômeno e ideia, acontecimento e destino. A oposição entre valor e realidade perdeu aqui seu sentido: o valor cria a realidade, não é mais sonho ou interpretação. Por isso, toda verdadeira tragédia é um mistério.[64] Seu verdadeiro e íntimo sentido é o desvelar-se de deus para si mesmo. O deus eternamente mudo e irremível da natureza e do destino arranca de seu silêncio os sons do deus que dorme no homem; o deus imanente desperta o deus transcendental. "Porque deus, sem criatura, não pode querer ser ativo e dinâmico, quer sê-lo na criatura e com ela", diz *O livrinho da vida perfeita*;[65] e Hebbel fala que "Deus é incapaz de conduzir um monólogo".

Mas os deuses da realidade, da história, são apressados e obstinados. A força e a beleza da pura revelação não aplacam sua ambição. Não querem ser meros espectadores da revelação, mas antes seus guias e empreendedores. Audaciosamente, tomam nas mãos o emaranhado claro e enigmático dos fios do destino e o embaraçam até convertê-lo num todo claro e sem sentido. Quando sobem no palco, sua aparição transforma os homens em marionetes, o destino, em providência; e do grave ato trágico surge um presente totalmente gratuito da redenção. Deus precisa deixar a cena, mas tem de seguir como espectador: essa

---

[63] Esse trecho inicial de "Metafísica da tragédia" fornece um inequívoco respaldo para a tese de que Lukács introduziu a problemática existencialista no século XX. Cf. Posfácio. (N.T.)

[64] No original, *Mysterium*. Aqui, uma alusão aos "mistérios" medievais, isto é, às encenações de sacramentos e passagens bíblicas. (N.T.)

[65] No original, *Das Büchlein vom Vollkommenen Leben*. Referência a uma antologia de textos teológicos alemães. (N.T.)

é a possibilidade histórica das épocas trágicas. E porque a natureza e o destino nunca foram tão assustadoramente sem alma quanto hoje, porque a alma do homem nunca trilhou tão solitariamente caminhos de abandono, por isso é que podemos esperar por uma nova tragédia; pois vivemos num tempo em que até as sombras trêmulas de uma ordem amistosa, projetadas na natureza por nossos covardes sonhos em nome de uma segurança postiça, desapareceram por completo. "Apenas quando tivermos nos tornado completamente sem deus", diz Paul Ernst, "haveremos de ter novamente uma tragédia". Pois o Macbeth de Shakespeare, cuja alma não pôde suportar o peso do caminho necessário rumo à meta necessária, está cercado por bruxas que cantam e dançam na encruzilhada do caminho, e os milagres esperados anunciam que chegou o dia da realização final. O caos selvagem que o cerca, que é recriado por seus atos, que enreda seu querer, só é verdadeiramente caótico para os olhos cegos de sua nostalgia, tão caótico quanto tem de sê-lo sua própria fúria para a sua própria alma. Na verdade, ambos são um juízo de deus: as mesmas mãos da mesma providência guiam ambos. Enganosamente, elevam-no às alturas, fingindo aplacar sua nostalgia; enganosamente, colocam todas as vitórias em suas mãos; tudo lhe é concedido, tudo se realiza – eis, então, que tudo lhe é arrebatado de uma só vez. Fora e dentro continuam sendo a mesma coisa nessa peça: as mesmas mãos guiam as almas e os destinos. O drama, aqui, ainda é o juízo de deus: cada golpe de espada ainda é guiado por uma providência absoluta. Pensemos no Jarl, de Ibsen, que sempre era rei em seus sonhos, e só em seus sonhos podia ser rei. O que ele espera do combate de forças é um julgamento de deus, um veredicto sobre a verdade última. Mas o mundo à sua volta segue por caminhos próprios, indiferente a perguntas e respostas. Todas as coisas emudeceram, as lutas premiam indiferentemente atos gloriosos e fugas. Nunca mais no curso do destino soarão as palavras claras do juízo de deus: foi sua voz que deu vida a todas as coisas; agora, elas devem viver por si, seguir sozinhas, a voz julgadora se calou para sempre. Por isso, Jarl pôde triunfar ali onde o rei de Shakespeare fracassou; este é o vencido, o condenado a perecer – como vencedor ainda mais que como fugitivo. Aqui os sons da sabedoria trágica ressoam puros e claros: o milagre da vida, o destino da tragédia é apenas o desvelar da alma. Demasiado estranhos para serem inimigos, permanecem um frente ao outro: o que desvela e o desvelado, a ocasião e a revelação, pois, para a ocasião, aquilo que se revela pelo seu contato lhe é estranho, superior, algo de outro mundo. E a alma que se converteu em si mesma olha com estranheza toda a sua existência prévia, que, para ela, tornou-se incompreensível, não essencial e não viva; e só em sonho é capaz de imaginar que um dia viveu de outro modo – pois esse seu ser é o ser; mas o acaso gratuito atormentou seus sonhos, e o repicar casual de um sino distante trouxe o despertar ao amanhecer.

Aqui, almas nuas travam diálogos com destinos nus. Ambos foram despojados de tudo o que não constitui sua essência mais íntima; a fim de poder construir a relação de destino, todas as relações da vida foram eliminadas; tudo o que existe de atmosférico na relação entre homens e coisas foi dissipado, restando entre eles apenas o ar claro, seco e montanhoso das últimas questões e respostas. A tragédia começa quando o milagre do acaso impele para o alto o homem e a vida: por isso o acaso é banido para sempre de seu mundo. Esse mundo não comporta aquela perigosa riqueza de elementos do cotidiano. A tragédia possui apenas uma expansão: a expansão para o alto. Ela começa no momento em que forças enigmáticas põem de manifesto a essência do homem, obrigam-no a ser essencial, e seu processo é a autorrevelação gradativa desse ser único e verdadeiro da tragédia. Uma vida que exclui o acaso é estéril e sem vigor, uma superfície infinitamente plana, sem elevação; sua necessidade é a da segurança barata, da autoproteção contra tudo o que é novo, do descanso insípido no seio de uma seca racionalidade. Mas a tragédia não precisa mais do acaso; ela o incorporou em seu mundo para sempre, tendo-o junto a si em toda parte e em lugar nenhum.

A pergunta pela possibilidade da tragédia é a pergunta pelo ser e pela essência. A pergunta sobre se tudo o que existe é, efetivamente, tão somente por existir. Não existem graus e estágios do ser? É o ser uma propriedade de todas as coisas ou um juízo de valor sobre elas, criador de diferenças e distinções?

Eis é o paradoxo do drama e da tragédia: como a essência pode se fazer vida? Como pode vir a se tornar, de modo sensível e imediato, a única realidade, isto é, aquilo que é verdadeiramente? Pois apenas o drama "configura" homens reais, mas precisa, justamente por meio dessa configuração, despojá-los de tudo o que é meramente existente. Sua vida é feita de palavras e gestos, mas cada palavra e cada gesto são mais que palavra e gesto; todas as manifestações de sua vida são apenas cifras dos nexos últimos, sua vida é uma mera alegoria de suas próprias ideias platônicas. Sua existência não admite nenhuma realidade factual, apenas a realidade da alma, ou seja, a de uma vivência e de uma fé. A "vivência" está oculta em cada vivência particular como um abismo ameaçador, como uma porta aberta para o tribunal: como a sua conexão com a ideia, da qual ela é um mero fenômeno, ou como a mera possibilidade de que essa conexão seja pensada em meio à confusa contingência da vida real. A fé confirma essa conexão e transforma sua possibilidade eternamente indemonstrável numa base apriorística da existência em geral.

Essa existência não conhece nem espaço nem tempo; tudo o que nela acontece é desprovido de motivos, e a alma de seus homens desconhece toda psicologia. Quero ser mais preciso: o espaço e o tempo da tragédia não possuem nenhuma perspectiva que possa modificá-los e mitigá-los, nem motivos internos ou externos para ações e sofrimento tocam sua essência. Tudo conta na tragédia e conta com a mesma força e o mesmo peso. Tudo aqui está a um passo de viver, de ser trazido à vida; o que é capaz de viver está sempre presente, e tudo está presente em igual medida. A perfeição é a existência do homem da tragédia. A filosofia da Idade Média encontrou para isso uma expressão clara e inequívoca. Segundo ela, o *ens perfectissimum* é também o *ens realissimum*; quanto mais perfeito, mais real; quanto mais algo corresponde à sua ideia, mais real é. Mas como se vive a ideia e seu exemplar, sua tipificação, na vida vivente (e a matéria da tragédia é a vida mais viva)? Para a vida essa não é uma questão epistemológica (como o é para a filosofia), mas a verdade dolorosa e imediatamente vivida dos grandes instantes.

A essência desses grandes instantes da vida é a pura vivência da própria ipseidade [*Selbstheit*]. Na vida ordinária vivemos a nós mesmos apenas perifericamente: nossos motivos e nossas relações. Nela, nossa vida não possui nenhuma necessidade real, mas apenas a de existir empiricamente, enredada por milhares de fios em milhares de vínculos e relações casuais. Ora, o fundamento de toda a rede de necessidades é casual e sem sentido; tudo o que é poderia ser diferente, e apenas o que passou parece ser realmente necessário, simplesmente porque não há mais nada a ser feito. Mas o que passou é realmente necessário? Pode o fluxo casual do tempo, o deslocamento arbitrário de pontos de vista arbitrários em relação às nossas vivências, modificar a essência destas? Pode colher do casual algo de necessário, de essencial? Pode transformar a periferia em centro? Muitas vezes, parece que é possível, mas apenas parece. Pois apenas nosso saber casual-momentâneo estabelece uma necessidade fechada e imutável para o que passou. Mas a menor alteração nesse saber, que pode ser provocada por qualquer contingência, lança novas luzes sobre essa "imutabilidade", e, com a nova iluminação, tudo muda de sentido, tudo se transforma. Só na aparência Ibsen é discípulo dos gregos, um continuador da história de Édipo. O sentido real de seus dramas analíticos é que o passado não possui nada de imutável em si mesmo, o passado é fluido, bruxuleante, mutável, e se altera a cada nova percepção.

  Os grandes instantes também trazem novas percepções, no entanto só aparentemente elas fazem parte da série contínua e eterna das reavaliações. Na verdade, eles são um fim e um começo, brindando os homens com uma nova memória, uma nova ética e uma nova justiça. Muito do que parecia ser um pilar fundamental da vida desaparece, ao passo que pequenas coisas, quase imperceptíveis, convertem-se em seus sustentáculos. O indivíduo não podia mais trilhar os caminhos que percorrera antes, nem seus olhos podiam discernir qualquer direção. Mas agora, com passos alados e infatigáveis, ele escala montanhas inacessíveis. Com firmeza e segurança, atravessa pântanos abissais. Sobrevêm à alma um profundo esquecimento e uma clarividência da memória. O raio luminoso das novas percepções iluminou o seu centro; tudo o que não participa dele desaparece, e tudo o que nele se encontra floresce para a vida. Tal senso de necessidade não é resultado do entrelaçamento insolúvel de motivos; é imotivado e salta por cima de qualquer motivação da vida empírica. Ser necessário é, aqui, estar em íntima vinculação com a essência; não é preciso nenhum outro motivo, e a memória retém apenas isso que é necessário, esquecendo-se de todo o restante. O julgamento e o autojulgamento da alma possuem apenas isso como peça de acusação. Tudo o mais é esquecido, todos os "porquês" e "comos"; apenas isso é levado em conta. É de uma dureza cruel esse tribunal. Não conhece misericórdia nem prescrição. Castiga sem piedade o menor deslize, a menor sombra de infidelidade à essência. E com cega inclemência elimina da comunidade humana aquele que, em algum momento fugaz e distante da vida, tenha, com o mais leve gesto, atentado contra a própria essência. E nenhuma riqueza e grandeza de alma pode amenizar sua sentença; uma vida inteira de atos gloriosos não significa nada perante ele. Porém, com uma clemência luminosa, esse juiz esquece qualquer pecado da vida ordinária que não seja central; falar em perdão seria, neste caso, um exagero; o juiz simplesmente não enxerga essas miudezas.

Um grande instante é um começo e um fim. Não há nada que possa seguir-se a ele e nada que nele possa atá-lo à vida. É um instante apenas; e não significa a vida, mas é a vida, uma outra, diametralmente oposta à ordinária. Eis o princípio metafísico da concentração temporal do drama, da exigência de unidade de tempo. Ele surge do desejo nostálgico de expressar o máximo possível a atemporalidade desse instante, que, no entanto, é a vida inteira (a unidade de lugar é o símbolo natural desse permanecer-imóvel em meio à mudança permanente da vida circundante; por isso, o meio técnico necessário para a sua configuração). O trágico é apenas um instante: esse é o sentido da unidade de tempo; e o paradoxo técnico nele contido, segundo o qual, conforme seu conceito, o instante não possui duração para a vivência, embora possua duração temporal, surge precisamente da inadequação de toda linguagem frente à vivência mística. "Como representar o que não tem figura e provar o que não é demonstrável?", pergunta-se Suso. Assim, pois, o drama trágico[66] tem de expressar o movimento pelo qual o tempo se torna atemporal. Atender a todas as exigências de unidade é unir o passado, o presente e o futuro. Não só essa sucessão empírica é destruída e misturada, uma vez que o presente se converte numa irrealidade desimportante, o passado em perigosa ameaça, o futuro em uma vivência já conhecida, ainda que de modo inconsciente; também a sucessão de tais momentos deixa de ser uma sucessão temporal. Do ponto de vista temporal, esse tipo de drama é eternamente estático

---

[66] No original, *tragische Drama*. Neste ensaio, Lukács usa alternadamente *tragische Drama* e *Trauerspiel*. (N.T.)

e rígido; a dissociação de seus momentos cria antes uma simultaneidade que uma sucessão; não está mais no plano das vivências temporais. Unidade de tempo é por si um paradoxo: a delimitação do tempo, sua abreviação em processos circulares – que é o único meio pelo qual se estabelece a unidade – já é em si contraditória com sua essência (basta pensar na rigidez interna do movimento circular que caracteriza o "eterno retorno" de Nietzsche). Mas o drama não interrompe o fluxo eterno apenas em seu começo e seu fim, atraindo e mesclando entre si os dois polos, antes impõe essa estilização em cada ponto do drama; cada momento é uma imagem sensível, uma reprodução abreviada do todo, distinguindo-se dele, assim, apenas no tamanho. Seus elementos precisam ser conectados um dentro do outro e não um ao lado do outro. Os classicistas franceses queriam um fundamento racional para a sua correta percepção desse problema, porém, ao formularem a unidade mística em termos racionalistas, reduziram o profundo paradoxo a algo trivial e arbitrário. Eles fizeram da unidade supra e extratemporal uma unidade dentro do tempo; da unidade mística, uma unidade mecânica. Lessing – ainda que tivéssemos muitas objeções contra ele a esse respeito – teve a percepção correta de que Shakespeare se aproximava mais da essência dos gregos que seus aparentes sucessores, porém, como os franceses, ofereceu explicações racionalistas superficiais e, por isso mesmo, falsas.

 A vivência trágica é ao mesmo tempo um começo e um fim; nesses instantes, todos são recém-nascidos, embora estejam mortos há tempos; suas vidas estão diante do juízo final. O "desenvolvimento" de um homem no drama é apenas aparente; trata-se da vivência de tais instantes, de sua ascensão ao mundo da tragédia, por cuja periferia apenas sua sombra vagara até então. É seu devir homem, seu despertar de um sonho confuso. Acontece sempre de repente e de uma só vez – a preparação existe apenas para o espectador, é a preparação de sua alma para o salto da grande transformação. Pois a alma do homem trágico é surda para todos os preparativos, e quando finalmente soa a palavra do destino tudo se transforma repentinamente, tudo devém essência. Também a resolução do homem trágico diante da morte, sua disposição para morrer, serena ou fervorosa, é heroica apenas na aparência, apenas sob um prisma humano-psicológico; os heróis que morrem na tragédia – conforme escreveu um jovem trágico – já estão mortos muito antes de morrerem.

A realidade de um mundo assim não pode ter nada em comum com a existência temporal. Todo realismo tem de aniquilar os valores formais e, portanto, vitais do drama trágico. Já listamos todos os motivos para isso. O drama se torna trivial quando sua proximidade com a vida encobre o que é realmente dramático, mas essa proximidade se torna supérflua e passa despercebida a nossos sentidos quando ocorre numa construção verdadeiramente dramática. O estilo interno do drama é realista no sentido da escolástica medieval, portanto contrário a todo realismo moderno.

A tragédia dramática é a forma da existência em seu vértice, em suas máximas metas e limites. Aqui, a vivência trágico-mística do essencial se divorcia da vivência essencial da mística. O ápice do ser, vivenciado nos êxtases místicos, desaparece no céu nebuloso da unidade total; na intensificação mística da vida, o sujeito vivencial funde-se com todas as coisas, e todas as coisas se fundem entre si; a verdadeira existência do místico começa quando todas as diferenciações somem para sempre; o milagre que criou seu mundo tem de destruir todas as formas, pois sua realidade – a essência – existe apenas por detrás dessas formas, ocultas e veladas por elas. Já o milagre da tragédia é criador de formas; a ipseidade é tão exclusivamente sua essência quanto na mística o era a perda de si [*Selbstverlorenheit*]. A mística é uma vivência do todo, a tragédia é a criação do todo. Lá, transcende toda explicação o modo como um Eu é capaz de assimilar tudo em si mesmo; como, ainda que em estado de fluida mistura, pode abolir toda diferença entre seu Eu e o mundo e, apesar disso, preservar uma individualidade [*Ichheit*] para vivenciar essa abolição de si mesmo. Na tragédia, o oposto é igualmente inexplicável. O Eu sublinha sua ipseidade com uma força que tudo exclui e tudo aniquila, mas essa extrema autoafirmação de si confere dureza de aço e vida autônoma a tudo o que encontra e – chegando ao ápice da pura ipseidade – finalmente supera a si mesma: o último esforço da individualidade saltou por cima de tudo o que é meramente individual [*bloss Individuelle*]. Sua força consagra todas as coisas como destino, mas sua grande luta com o destino autocriado a constitui em algo suprapessoal, transformando-a no símbolo de uma relação de destino definitiva. Desse modo, a vivência mística e a trágica se tocam, complementam-se e se excluem reciprocamente. Como um enigma, ambas unem em si a morte e a vida, a ipseidade autossuficiente e a dissolução total do Eu numa unidade superior. A renúncia é o caminho do místico, a luta é o caminho do homem trágico; aquele termina dissolvendo-se no todo, este, em choque aniquilador com o todo. Aquele vai da fusão com o todo ao profundo personalismo de seu êxtase, e este perde sua ipseidade no instante de sua máxima elevação. Quem é capaz de dizer onde o reino da vida e o da morte se separam? A tragédia e a mística são os polos pelos quais a vida se faz possível, mas que a vida ordinária mescla e dilui, pois só assim é capaz de suportá-los, ou seja, diluídos em sua força e quase irreconhecíveis. Isoladamente, um e outro significam, para ela, a morte, o limite. Mas ambos estão unidos por uma hostilidade fraterna: cada polo é a única e verdadeira superação um do outro.

A sabedoria do milagre trágico é a sabedoria dos limites. O milagre é sempre unívoco, mas tudo o que é unívoco separa e aponta em duas direções cardeais. Cada fim é ao mesmo tempo uma conquista e um desfecho, uma afirmação e uma negação; cada apogeu é um clímax e um limite, um ponto de diferenciação entre morte e vida. A vida trágica é a mais exclusivamente mundana de todas as vidas. Por isso seu limite se funde sempre com a morte. A vida real não alcança nunca o limite e não conhece a morte senão como algo espantosamente ameaçador, sem sentido, que subitamente interrompe seu curso. A mística cruzou as fronteiras, e por isso a morte perdeu para ela seu valor real. Para a tragédia, a morte – o limite em si – é uma realidade sempre imanente, indissoluvelmente atada a cada um de seus acontecimentos. Não apenas porque no centro da ética trágica está o imperativo categórico de que todas as coisas iniciadas devem ter um fim, nem porque sua psicologia é uma simples tomada de consciência dos momentos da morte, quando a alma já abandonou a riqueza da existência e se prende apenas ao que lhe pertence mais profunda e propriamente; a morte não encerra apenas um sentido negativo, mas também um sentido puramente positivo e afirmador da vida. É na vivência do limite que a alma se torna consciente, ou melhor, autoconsciente: ela só é por meio de um limite e enquanto possui um limite. Essa questão ressoa no final de um drama trágico de Paul Ernst:

> *Kann ich noch wollen, wenn ich alles kann*
> *Und andre Puppen nur an meinen Fäden?*
> *... Ist's möglich, dass ein Gott sich Ruhm gewinnt?*[67]

E a resposta a pergunta é:

> *Wir müssen Grenzen unsers Könnens haben,*
> *Sonst leben wir in einer toten Wüste;*
> *Wir leben nur durch das, was nicht erreichbar.*[68]

"Pode um deus promover a própria glória?" Formulada em termos mais gerais, a questão deveria ser: pode um deus viver? A perfeição não supera todo ser? Não é o panteísmo, como disse Schopenhauer, apenas uma forma cortês de ateísmo? E as projeções antropomórficas de deus, que o vinculam aos meios e caminhos das formas humanas, não seriam símbolos desse sentimento? O sentimento de que também deus precisa abandonar sua perfeição sem forma a fim de viver efetivamente?

O sentido duplo do limite é ser ao mesmo tempo realização e falta. De um modo confuso e obscuro, esse também é o quadro metafísico da vida ordinária, que talvez encontre sua expressão mais profunda no conhecimento trivial de que a realização de uma possibilidade só é concebível com base na negação de todas as outras. Mas aqui a possibilidade originária de uma alma se torna a única realidade; sua oposição às demais não é meramente uma oposição entre algo realizado e algo meramente possível, mas sim entre o real e o irreal, entre o meramente pensado e o impensável e absurdo. Por isso, a tragédia é o despertar da alma. O conhecimento do limite põe de manifesto sua essência, deixando pelo caminho todo o resto, mas conferindo à essência a existência de uma necessidade interior e única. Visto por fora, o limite é um princípio castrador e aniquilador

---

[67] "Posso ainda querer, se posso tudo?/ Colocando outros bonecos sob meus fios?/ Pode um deus promover a própria glória?" (N.T.)

[68] "Devemos impor limites ao nosso poder/ De outro modo a vida se torna um deserto mortal/ Vivemos apenas graças ao que não alcançamos." (N.T.)

de possibilidades. Para a alma desperta, ele é o conhecimento do que verdadeiramente lhe pertence. Somente uma concepção abstrata do homem faz parecer possível tudo o que é humano. O trágico é a realização de sua essência concreta. A tragédia oferece uma resposta firme e segura à pergunta mais delicada do platonismo: se as coisas singulares também possuem ideias e essências. Sua resposta implica uma inversão da própria pergunta: só o singular, o singular levado ao limite mais extremo de sua singularidade, é adequado a sua ideia, é verdadeiramente real. O geral, o que engloba tudo sem cor e sem forma, é demasiado débil em sua pluralidade e demasiado vazio em sua unidade para poder se efetivar. É demasiado ente para poder dispor de um ser efetivo. Sua identidade é uma tautologia; a ideia é adequada a si mesma. Assim, a resposta da tragédia ao veredito de Platão é uma superação do próprio platonismo.

  A nostalgia mais profunda da existência humana é o fundamento metafísico da tragédia: a nostalgia que o homem tem de sua ipseidade, o anseio por transformar o pico estreito de sua existência num caminho largo e plano, por transformar seu sentido numa realidade cotidiana. A vivência trágica, a tragédia dramática, é sua realização mais perfeita, a única plenamente perfeita. Mas a realização da nostalgia é também o seu fim. A tragédia nasceu da nostalgia; portanto, sua forma tem de se fechar a toda expressão da nostalgia. Antes que o trágico aparecesse na vida, a nostalgia havia se realizado, havia abandonado o estado de nostalgia. Isso explica o fracasso da moderna tragédia lírica. Ela quis introduzir na tragédia o *a priori* do trágico, quis fazer da causa um efeito, mas só pôde intensificar seu lirismo transformando-o numa brutalidade; permaneceu no limiar da tragédia dramática. O caráter atmosférico, o tremor indefinido e nostálgico de seus diálogos cria um lirismo completamente alheio à tragédia dramática. Sua poesia é uma poetização da vida ordinária, sua mera intensificação, não sua transformação em realidade dramática. Não apenas no método, mas também no sentido, essa estilização é contrária à estilização dramática. Sua psicologia sublinha o momentâneo e evanescente das almas; sua ética é a da compreensão e do perdão incondicionais. É uma maneira bela e poética de tornar o ser humano efeminado e estúpido. É por isso que nossa época se queixa sempre da dureza e da frieza dos diálogos escritos pelos tragediógrafos verdadeiramente dramáticos, embora essa dureza e essa frieza sejam apenas a expressão de seu desprezo pelos covardes sussurros que sempre cercam o trágico, pois aqueles que negam a ética trágica são demasiado covardes para negar a tragédia mesma, e aqueles que a afirmam são demasiado débeis para poder suportá-la em sua desnuda majestade. É que a intelectualização do diálogo, sua redução a um reflexo claro e consciente da percepção do destino, é um procedimento que nada tem de frio, sendo antes, nessa esfera da vida, humanamente autêntico e interiormente verdadeiro. A simplificação de personagens e acontecimentos no drama trágico não é um empobrecimento, mas uma riqueza fornecida pela essência das coisas e conservada intacta: aqui não há lugar senão para aqueles indivíduos cujo encontro um com o outro se converteu em destino; e da totalidade de suas vidas recorta-se apenas o momento que se fez destino. Com isso, a verdade interna desse momento se exterioriza sensivelmente, e sua expressão condensada em fórmula no diálogo não oferece intelectualizações frias, mas a maturidade lírica da consciência do destino de seus homens. Aqui, mas só aqui, o dramático e o lírico deixam de ser princípios contrapostos; aqui o lírico é a intensificação mais alta do verdadeiramente dramático.

2

Brunhild foi o primeiro grande feito de Paul Ernst como tragediógrafo; na teoria, ele já havia preparado a coisa muito antes; por uma questão de princípio, sentiu-se no dever de rejeitar as mais refinadas obras criadas nos dias de hoje e no passado recente, e tentou fundamentar sua recusa na essência mesma do drama. Assim, ele se entregou aos estudos, até que chegou à "essência" do drama, ao drama absoluto, para utilizar suas palavras. Para Ernst, a teoria era apenas uma abertura de caminhos, e estes só podiam se justificar *a posteriori*, através da obtenção de sua meta, nas ações que adviriam do percurso. *Brunhild* é seu primeiro grande feito, sua primeira fundição sem emendas, uma obra que tem problemas, mas não fraquezas.

É seu primeiro drama "grego". E, com ele, abandona-se pela primeira vez o caminho trilhado pelo grande drama alemão desde os dias de Schiller e Kleist e que pretendia unir Sófocles e Shakespeare. O violento combate desses dramaturgos pela conquista de um estilo clássico-moderno era fruto de sua resistência em sacrificar o que a forma grega exigia. Queriam, como o próprio Paul Ernst em seus começos, uma monumentalidade sóbria, equivalente à dos gregos, mas que não renunciasse à multiplicidade policromática dos acontecimentos. Eram tentativas votadas ao fracasso, pois reuniam dois tipos de estilização, o dramático – fundado na necessidade – e o vivente – fundado na verossimilhança; dois tipos que se excluem reciprocamente, porque um sempre tem de obstaculizar e até destruir o efeito do outro. Nesse sentido, Ernst alcançou a suprema renúncia. Renunciou à riqueza exterior da vida a fim de conquistar sua riqueza interior; renunciou à beleza sensível em prol de uma beleza mais profunda e abstrata, reveladora do sentido último da vida; renunciou a toda materialidade a fim de contemplar o elemento puramente anímico das formas puras.[69] Foi o renascimento da *"tragédie classique"*, um aprofundamento, uma interiorização das mais ambiciosas intenções de Corneille, Racine, Alfieri; um autêntico retorno ao eterno e grande modelo de uma dramaturgia que busca a alma da forma: o *Édipo*, de Sófocles.

Como no Édipo, tudo aqui está reduzido à máxima economia extensiva e à máxima força intensiva. Um pátio situado entre um castelo e uma catedral compõe todo o cenário: apenas os dois pares românticos e Hagen transitam por ele, e o prazo fixado para a marcha do destino é de apenas um dia; a representação tem início na aurora subsequente à noite de núpcias, e o sol ainda nem se pôs quando Sigfried é trazido morto pelo caçador, para, depois do suicídio de Brunhild, ser queimado numa pira funerária ao lado de sua amada,

---

[69] Paul Ernst foi um dos principais representantes do neoclassicismo alemão do começo do século XX e elegeu o jovem Lukács como um de seus críticos mais congeniais. Durante alguns anos a relação entre os dois foi bastante fecunda e harmoniosa; em 1916, a pedido do próprio Ernst, Lukács publicaria um ensaio sobre sua *Ariadne auf Naxos* (Ariadne em Naxos). Depois disso, sobretudo depois de aderir ao comunismo, em 1918, Lukács se afastaria cada vez mais de Paul Ernst, cuja trajetória política se daria em sentido contrário, rumo às tendências conservadoras e reacionárias da Alemanha. Ao mesmo tempo, o caráter altamente condensado e abstrato de sua dramaturgia, seu programático neoclassicismo, deixaria de ser encarado pelo filósofo húngaro como uma solução estilística para a crise da tragédia na modernidade, passando a ser visto como um dos caminhos pelos quais a literatura do período "deu às costas à riqueza efetiva da vida". (LUKÁCS, 1953b, p. 123) e convergiu com tendências artísticas formalistas e "anti-humanistas" (LUKÁCS, 1981, p. 324). Para uma visão abrangente da relação entre Lukács e Paul Ernst, cf. Fehér (1977, p. 241-327). (N.T.)

separado dela apenas por sua espada. Essa concentração não é apenas externa, mas interna, determinando o contato entre esses indivíduos, seu amor e seu ódio, suas ascensões e seus declínios, bem como suas palavras, em que tudo se reflete, pois em nenhuma parte há excessos, em nenhuma parte nota-se a opulência de uma ornamentação gratuita, mas apenas destino, apenas necessidade. Também a atitude e as palavras de seus personagens são gregas em sua essência mais profunda, talvez mais gregas — pela estilização consciente — que as de algumas tragédias antigas. A consciência da dialética do destino é talvez mais clara e penetrante que a das tragédias de Hebbel, e sua expressão, como em Hebbel e nos gregos, nasce de uma concentração agudamente epigramática do essencial. Mas como em Hebbel e nos gregos, portanto como em toda autêntica tragédia, essa racionalização — racionalismo místico, por assim dizer — não pode nunca trivializar o que há de inexpressável no destino. Não foi a vontade, menos ainda o entendimento, que provocou o trágico entrelaçamento de homens e ações. E o fato de que esses indivíduos possuam grandeza de alma, profundidade e perspicácia intelectual, que reconheçam seu destino e o saúdem com respeitoso silêncio, é algo que — por não ter a menor influência no curso do destino — só pode aprofundar o enigmático e o insondável de sua gênese e de seu efeito.

Esse drama trágico é um mistério sobre o amor nobre e o vulgar. O primeiro é a claridade, o que aponta e dita o caminho da ascensão; o outro é só algaravia, a eterna obscuridade, o que carece de meta, plano e caminho. É um mistério sobre o amor de seres humanos nobres e vulgares, sobre o amor dos iguais e dos desiguais, sobre o amor que enobrece e avilta. Na tragédia, Gunther está condenado como herói e como rei, e Ernst não condena só a ele, pois também sacrifica Kriemhild. São os seres baixos, de instintos vulgares, aqueles que não buscam seu igual no amor, os que temem e não podem esperar que o fruto da união lhes seja um igual; criaturas para quem a mera existência de outros seres caminhando mais livremente e rumo a metas invisíveis aos vulgares é uma afronta aterrorizante; criaturas que querem a felicidade, que exercem a vingança e a temem. Siegfried e Brunhild representam o outro amor.

É um mistério sobre grandeza, felicidade e limites. Sobre aquela grandeza que busca a si mesma e encontra a felicidade, e na cálida obscuridade da felicidade volta a ansiar por si mesma, deparando então com os limites, indo ao encontro da tragédia e da morte. Um mistério sobre a felicidade que aspira elevar-se à grandeza, mas que na verdade a faz descer até si; que, mesmo tornando o seu caminho mais longo e difícil, não consegue deter a grandeza e tem de voltar a viver vazio e solitário na vida. A grandeza quer a perfeição, tem de querê-la, e a perfeição é a tragédia, o fim de tudo, o último eco da última nota. A tragédia como privilégio da grandeza: Brunhild e Siegfried são queimados na mesma pira, e Gunther e Kriemhild permanecem vivos. A tragédia como lei que governa o mundo, como sua meta final, mas que, ao mesmo tempo, é apenas um começo no ciclo eterno das coisas.

> *Denn wir sind wie die grünende Erde,*
> *Die auf den Schnee harrt,*
> *Und wie der Schnee, der die Schmelze erwartet.*[70]

Mas o homem sabe de seu destino, e o destino é para ele mais que a crista da onda que, depois de arrebentar, emerge do fundo e se converte em crista outra vez, num jogo que se repete por toda a eternidade. O homem sabe de seu destino e chama esse seu saber de culpa. E porque percebe como ato seu o que tinha de acontecer, traça com um contorno firme em torno de si tudo o que casualmente lhe chega pela fluida circunferência de seu complexo de vida casual. Torna-o necessário; cria limites em torno de si; cria a si mesmo. Pois, visto de fora, não há culpa alguma, nem pode havê-la; cada ser humano vê a culpa do outro como uma trama do destino, como azar, como algo que o mais leve sopro de vento poderia ter alterado. Porém, devido à culpa, o homem diz "sim" a tudo o que lhe ocorreu; e porque percebe tudo como sua ação e sua culpa, conquista-o e dá forma a sua vida, na medida em que coloca sua tragédia, da qual é culpado, como limite entre sua vida e o todo. E os homens nobres são os que mais traçam limites, pois não abrem mão do que quer que um dia tenha feito parte de sua vida. Por isso, a tragédia é seu privilégio. Para as criaturas vulgares existe felicidade, infelicidade e vingança, pois, a seus olhos, o outro sempre é o culpado; para eles, tudo tem uma origem externa;

---

[70] "Pois somos como a terra verde/que aguarda a neve/e como a neve que espera o degelo." (N.T.)

sua vida não é capaz de gerar nada por si mesma, porque em torno dela não se traçaram limites; e como não são trágicos, sua vida carece de forma. Ao contrário, entre os nobres, a culpa é sempre destino. É um profundo mistério sobre culpa, trama e destino.

Tudo isso é construído com uma arquitetura rigidamente vertical e dicotômica. Milhares de fios do destino enredam a vida dos nobres e dos vulgares, embora nenhum deles estabeleça um vínculo. A linha interna que separa os dois pares é tão dura e clara que talvez a peça ruísse, caso Ernst não tivesse construído um amplo arco sobre o abismo de modo a unir seus extremos, apesar de, com isso, acentuar ainda mais a distância vertical. Esse arco é Hagen. O homem superior enquanto servo, cuja grandeza e cujos limites são sua condição servil; que traz consigo toda a consciência do destino, uma consciência cheia de culpa e grandeza, mas em torno de quem forças externas, muito além de seu eu, traçaram os limites. Um homem que não chega a ser trágico – por mais profundamente que lhe golpeie o destino –, porque seu dever, em que pese toda a grandeza de seu caráter, vem-lhe de fora, mas que é capaz de perceber os acontecimentos como seus, portanto como destino. Seus limites estão traçados de fora para dentro e de dentro para fora: eleva-se acima dos vulgares graças ao rigor dos limites, à forma que rege sua vida, mas se encontra entre os nobres como seu mais nobre vassalo, como o mais próximo de seus tronos. Apenas o mais próximo, pois seus limites também se manifestam exteriormente, porque suas possibilidades de conquistar a vida foram traçadas previamente para ele e não por ele.

A transparência cristalina das palavras faz com que o enigmático e insondável sejam sentidos ainda mais profundamente. Do mesmo modo que a clareza das palavras não é capaz de desvelar o curso do destino, a límpida consciência com a qual exprimem todo o essencial do homem é incapaz de aproximar os homens uns dos outros ou fazê-los compreenderem uns aos outros. Cada palavra é como uma cabeça de Jano: aquele que fala vê sempre um lado, e aquele que escuta vê sempre o outro; e não há possibilidade alguma de aproximação. Pois cada palavra que pudesse ser uma ponte necessitaria de outra ponte para si. E também os atos não são signos: de fato, o homem bom comete uma má ação, e, frequentemente, o mal produz o bem; a nostalgia encobre o caminho real, e os deveres destroem os mais profundos laços de amor. E assim, ao final, cada qual está só; não há comunhão diante do destino.

3

Essa simplificação das condições no drama foi um sacrifício árduo. Pois em seu mundo, o elemento histórico – para resumir numa palavra tudo o que é único – é mais que um obstáculo à estilização rigorosa; não é apenas o prazer artístico diante das belezas do mundo sensível que inspira a nostalgia a representá-lo. A relação entre história e tragédia é um dos paradoxos mais profundos da forma dramática. Aristóteles tocou o nervo da questão ao dizer que o drama é mais filosófico que a história. Mas, ao se tornar filosofia, não perderia o drama sua essência mais própria e autêntica? Isso não ameaçaria seu sentido mais intrínseco, a pura imanência de suas leis, o completo encobrimento das ideias pelos fatos, sua completa desaparição nos fatos? O que está em questão aqui não é a unidade entre ideia e realidade, mas uma forma confusa e intricada de sobreposição, na qual um não se distingue do outro. O sentimento de que algo é histórico faz com que acaso e necessidade, eventos isolados e leis intemporais, causa e efeito percam seu caráter absoluto e se convertam em meros pontos de vista possíveis diante dos fatos, pontos de vista que podem até violentar os fatos, mas não dissolvê-los sem resto. O ser histórico é um ser completamente puro, ou, com permissão da expressão, o ser enquanto tal [*Sein an sich*]; algo é porque é e como é. Ele é forte, grandioso e belo precisamente porque é incomparável e incompatível com o apriorismo de qualquer racionalidade ordenadora.

Há, porém, uma ordem oculta nesse mundo, uma composição na confusa tortuosidade de suas linhas. É a ordem indefinível de um tapete ou de uma dança: parece impossível interpretar seu sentido, porém ainda mais impossível é não tentar interpretá-lo; é como se todo o tecido de embaraçadas linhas aguardasse apenas a palavra certa para se revelar e se fazer compreender, como se essa palavra estivesse sempre na ponta da língua e, no entanto, nunca tivesse sido pronunciada. A história parece ser um profundo símbolo do destino, de sua normal casualidade, de sua arbitrariedade e tirania – sempre justas, em última instância. A luta da tragédia pela história é sua grande guerra de conquista em relação à vida, a tentativa de encontrar aqui o sentido da história (irremediavelmente perdido para a vida ordinária), de decifrar no livro da vida seu sentido real e oculto. Sentido que é sempre a necessidade em sua máxima semelhança com a vida; a força de gravidade dos acontecimentos é a forma na qual essa necessidade vem à luz, a força irresistível no fluxo das coisas. É a necessidade de vinculação de tudo com tudo. Necessidade negadora de valor: tudo é necessário, necessário por igual; não há diferença entre pequeno e grande, fundamental e secundário. O que é tinha de vir a ser; impermeáveis a intenções e finalidades, os instantes simplesmente sucedem um ao outro.

O paradoxo do drama histórico é uma síntese dessas duas necessidades: aquela que brota de dentro sem nenhum motivo e aquela que flui do lado de fora absurdamente; sua meta é tornar-se forma; a mútua intensificação de dois princípios que parecem excluir-se reciprocamente. Quanto mais se distanciam um do outro, mais profundamente trágicos parecem se tornar. Pois só quando chegam aos extremos se tocam realmente; ao se oporem, limitam-se reciprocamente e fortalecem um ao outro. Por isso, o que chama a atenção do dramaturgo na história é precisamente o aspecto histórico, não uma generalidade projetada de fora para dentro. Aqui julga encontrar o símbolo supremo dos limites humanos, a pura coerção da vontade pura, a inequívoca resistência da matéria à nostalgia criadora de forma da vontade. A força cega do que é apenas por sua existência separa cruelmente a ação do desejado e impele todo querente a realizar sua ação, a uma pureza que contamina toda a pureza anímica de seus fins e motivos, que separa para sempre sua ação da grandeza que constitui seu ponto de partida. A ideia que jazia oculta nessa ação ou situação vital vem à tona, destruindo, por isso, sua ideia real, presente nela de modo atemporal e latente, a única que podia elevá-la ao plano essencial do ser: a força do que meramente é aniquila o próprio dever-ser. O jovem Hebbel escreveu em seu diário: "Por força de necessidade todo papa sempre foi um mau cristão".

Esse é o sentido das tragédias históricas de Paul Ernst, a vivência de seus heróis, Demétrio e Nabis, Hildebrand e o imperador Henrique. Antes de agirem, toda grandeza encontra-se neles em inseparável unidade, e todas as possibilidades nobres e vis também permanecem unidas em cada uma das ações destinadas a serem sua expressão. Mas o encontro entre eles desfaz subitamente essa unidade. Esses homens irão conhecer a única desilusão real: a da plena realização. Não me refiro aqui à realidade negadora de ilusões, que é o pavor dos românticos, o motivo pelo qual fogem da vida prática, nem à inevitável imperfeição de toda realidade; pois os homens desses dramas vivem no mundo da tragédia, não no da vida ordinária. É a desilusão da realização mesma; uma desilusão decorrente das ações, contida nas ações e desencadeadora de novas ações; não se trata de renúncia e cansaço. Pois nenhuma experiência negativa lhes fez abandonar a inocência interior de querer ter tudo: a grandeza e a bondade, o poder e a liberdade, o caminho e a meta; a inadequação entre nostalgia e realização não é aqui a inadequação entre ideia e realidade, mas das ideias entre si. A alma nobre é sempre eleita para reinar, e tudo nela se move para essa meta; mas o reinado e sua ideia não toleram nobreza alguma. Suas máximas metas, sua essência mais profunda, exigem outra coisa: dureza e maldade, ingratidão e conchavos. A alma régia quer consumar o valor supremo da personalidade régia na vida régia; em qualquer outra situação se sente confinada e oprimida; mas o trono faz as mesmas exigências a todos, e através de seu mais nobre sentimento de dever impõe algo que tem de lhes ser estranho e repugnante. Desse modo se enfrentam Demétrio e Nabis, o filho do rei, rebelde vitorioso, e o usurpador ferido de morte. Intempestivamente, o jovem rei irrompe na sala onde o assassino derrotado de seu pai o aguarda; mas bastou que o moribundo pronunciasse algumas poucas palavras cheias de dura sabedoria para que outro Demétrio subisse ao trono, passando por cima de seu cadáver. Palavras endereçadas ao herdeiro do império e não àquele que o havia derrotado, pronunciadas pela boca de uma alma profundamente decepcionada, que quis o bem, "o bem que é tão fácil de se perceber", embora, para que fosse rei como o dever e a época exigiam, tenham corrido mares de sangue e sua alma tenha tido de se banhar neles. E seu cadáver ainda nem esfriara quando um novo Nabis ocupou o seu trono, alquebrado, abandonado pela felicidade, forçado a ser cruel, solitário e sem amigos: Demétrio, que havia ouvido suas primeiras palavras com alma pura e esperançosa – um jovem rei cercado por uma legião de amigos fiéis.

No pátio nevado de Canossa, onde Gregório e Henrique se encontram pela primeira e última vez, vitória e derrota se entrelaçam de modo ainda mais inextricável. Nos quatro primeiros atos de suas vidas, o papa e o imperador já haviam se tornado destino um para o outro. Deus havia dado ao papa uma alma branda, e ao imperador uma alma sedenta de felicidade e capaz de gerar felicidade; mas a grande luta travada por eles destruiria o que neles havia de mais humano e próprio. Hildebrand teve de se tornar duro e cruel; não apenas teve de abdicar de toda felicidade comum, mas também de sacrificar e trair os pobres, cuja salvação havia considerado uma missão sua; em troca, ser-lhe-ia concedido o poder para a criação do reino de deus. Teve de se tornar pecador e parecer santo. E o caminho da penitência, que consola e redime, aberto a todos os demais, está fechado para ele: a danação eterna do inferno é o destino de sua alma. Todo o seu sacrifício é inútil. O adúltero que ele baniu, o imperador que atrapalha seus planos, agora se ajoelha diante dele em hipócrita e ardilosa contrição, e ele, o irredimido, precisa revogar sua excomunhão, quebrar com as próprias mãos sua única arma. Vencia o imperador, mas morria o homem radiante, o homem Henrique que estendia suas mãos luminosas à felicidade, que era feliz como uma criança e compartilhava com o mundo sua felicidade. Gregório deixa Canossa curvado e derrotado. Henrique irá a Roma como vencedor.

> *Ein andrer stand ich auf, als der sich beugte,*
> *Er muss Gott fluchen, weil er Rechtes wollte.*
> *Ich pflegte Unrecht, und ich segne Gott.*
> *Er geht zu sterben, und ich bin gestorben:*
> *Sein Tod ist Tod, doch Leben ist der meine.*[71]

Henrique saiu vitorioso, e Gregório, derrotado. Mas venceu o imperador? E foi derrotado o papa? A marcha para Roma se tornou possível, e Gregório será deposto; mas o rei do mundo, o senhor de todos os senhores, não se ajoelhou como penitente diante de um sacerdote? O imperador não se curvou diante do papa? E os sacerdotes, de quem Gregório extirpou para sempre toda semelhança com os seres humanos e todo elo com a felicidade, não estarão doravante acima dos mortais, empossados como seus juízes e salvadores? Não terá Henrique

---

[71] "Quando me levantei não era mais aquele que se curvou/ Maldiz a Deus por ter querido o justo/ Eu fui injusto e bendigo Deus/ Ele vai morrer, e eu estou morto:/ Sua morte é morte, mas a minha é vida." (N.T.)

esquecido o imperador quando precisou vencer, e Gregório, o papa quando quebrou seu juramento entre lamentos?

Essa necessidade – talvez a mais verdadeira e certamente a mais real de todas – possui algo de humilhante. Alquebrados, desfigurados e estranhados de si mesmos, eis como esses heróis esperam a morte que os redimirá. Os heróis do drama trágico morrem felizes, pois já estavam mortos antes de morrerem; mas aqui a morte não é a elevação da vida ao absoluto, a continuação em linha reta do caminho do bem, e sim a abolição de uma realidade opressora e impura, o regresso a si de uma alma que viveu uma vida alheia. É certo que também aqui o herói não sente nenhum arrependimento frente à inutilidade de seus atos nem recai nos sonhos ingenuamente belos que acalentava antes de seu contato com as coisas. Sabe que foram necessárias todas as lutas e toda a humilhação, necessárias para a sua vida, para a sua revelação, para a única redenção possível. E, no entanto, essa única redenção possível não é a verdadeira: eis a mais profunda decepção de sua alma. Os limites que o acontecimento histórico traça em torno de sua alma, contra os quais a impele, não são unicamente seus, são os limites de qualquer um que venha a passar por esses mesmos eventos e viver sob a sua atmosfera. O desenvolvimento conferido e imposto aos heróis dessa tragédia sempre os põe frente a algo que lhes é estranho; eles até chegam a se tornar essenciais – e suas almas oprimidas pela vida ordinária respiram agora com profunda felicidade; mas uma essência alheia nasce dentro deles no desdobramento final das forças. E só a morte é o caminho de volta, a primeira e única realização da própria essência. No final das contas, a grande luta não passou de um longo desvio. Por meio de sua realidade irracional, a história compele os homens à universalidade pura; não permite que cada um expresse sua própria ideia, que, em outros planos, é igualmente irracional; ao entrarem em contato, nasce algo estranho a ambos: o universal. Apesar de tudo, a necessidade histórica é, de todas as necessidades, a mais próxima da vida.

E também a mais distante. A realização da ideia, que aqui se faz possível, é só um caminho sinuoso para a sua realização mais própria (a triste pequenez da vida real repete-se aqui numa esfera mais elevada); a própria vida humana em seu todo não é mais que um caminho sinuoso rumo a outras e mais altas metas; a nostalgia mais pessoal e a luta por sua realização são apenas os instrumentos cegos de um artesão estranho e mudo. Pouquíssimos são os que se apercebem disso; o papa Gregório é um deles, mas apenas em alguns poucos momentos de êxtase.

> *Mein Körper ist der Stein,*
> *Den eines Knaben Hand warf in den See,*
> *Mein Ich die Kraft, die Kreise zieht um Kreise,*
> *Wenn längst der Stein im dunklen Grunde schlummert.*[72]

Ambos os lados da necessidade histórica se subtraem à configuração dramática: um é demasiado alto para ela; o outro, demasiado baixo, e, de fato, só a unidade indissolúvel e inseparável de ambos constitui a verdadeira historicidade. Do paradoxo metafísico da relação entre o homem trágico e a existência histórica surgem os paradoxos técnicos do drama trágico histórico: o paradoxo da distância interior de seus personagens, das suas diferenças em termos de vitalidade e intensidade de vida, do conflito entre o simbólico e a realidade vivaz em seus homens e acontecimentos. Pois a perspectiva histórica da vida não admite nenhuma abstração de lugar, tempo e demais princípios de individuação; o essencial de um homem e de suas ações é indissociável do que é aparentemente casual e secundário: os personagens do drama histórico precisam "viver", e seus eventos precisam manifestar toda a cromática multiplicidade da vida. Daí que Shakespeare, anti-histórico em seu âmago, possa e deva ser considerado o grande paradigma do drama histórico em virtude da imensa riqueza e do contato com a vida de suas peças: inconscientemente, Shakespeare representa o elemento empírico da história com uma força sem paralelo e uma riqueza insuperável. Mas o sentido último da história, aquele que transcende todo aspecto meramente pessoal, é tão abstrato que, se quiséssemos representá-lo, seria preciso tornar o trágico antigo mais grego que todo o grego que conhecemos. O desejo de criar uma tragédia histórica deu origem à paradoxal nostalgia de uma síntese ente Sófocles e Shakespeare.

Porém, nesse caso, toda tentativa de síntese tem de acarretar alguma dualidade aos personagens do drama. Para os protagonistas

---

[72] "Meu corpo é a pedra/ que uma criança atirou no mar/ Meu Eu é a força que traça círculos em torno de círculos/ Enquanto a pedra já repousa no fundo escuro." (N.T.)

pode-se pensar numa solução: que esse dualismo insolúvel seria sua própria vivência; o defeito da matéria poderia ser colocado no centro da composição e assim talvez ficar superado. Até agora ninguém conseguiu ser bem-sucedido nisso – o que nada prova contra a resolubilidade do problema. A impossibilidade de configurar dramaticamente um destino histórico (em que o elemento histórico seja realmente importante, e não um mero revestimento casual de conflitos humanos atemporais) é decisiva também no plano dos princípios. Os homens nos quais o destino se corporifica são divididos em duas partes fundamentalmente distintas: num movimento súbito, sem mediações, o homem comum da vida real converte-se em símbolo, em mero portador de uma necessidade histórica suprapessoal. E como esse símbolo não cresce organicamente dos recônditos da alma, mas é transportado de um poder alheio para outro poder alheio, e a personalidade em questão é apenas um elemento casual de enlace, uma ponte para a travessia de um destino estranho, a unidade do personagem tem de ser irremediavelmente aniquilada. Motivos estranhos e distantes dominam os homens e os elevam a um plano no qual perdem sua humanidade. Mas quando esse elemento impessoal ganha forma, o indivíduo passa a flutuar como um espectro entre os vivos naquele período de sua vida que ainda não se fez simbólico ou já deixou de ser simbólico; seria preciso vê-lo com outros olhos, a ele e a tudo o que o cerca e com que ele teria de formar um mundo único e indissociável. Gerhart Hauptmann sempre optou pelo caminho da composição de personagens humanos, e com isso renunciou à mais alta necessidade do princípio histórico, portanto justamente ao que deveria ser o verdadeiro sentido da composição. O objetivo de Paul Ernst é naturalmente o oposto. No entanto, a sua Calirhoé, a noiva de Demétrio, mediante a compreensão de uma necessidade histórico-política, torna-se um mero instrumento dessa necessidade, perdendo a condição de um ser que vive e ama; nesse caso, a força de um procedimento puramente abstrato assume proporções quase grotescas; e os personagens puramente simbólicos, corais, de *Canossa*, sobretudo o velho camponês, padecem de um mal semelhante; em *Gold*, essas abreviaturas redundam em puro barroquismo.

A forma é a juíza suprema da vida: a tragédia que se expressa na história não é completamente pura, e não há técnica dramática capaz de disfarçar essa dissonância metafísica; mais que isso: em cada ponto do drama ela soará como um problema técnico diferente. A forma é a única revelação pura de vivências puras, e precisamente por isso sempre haverá de recusar a representação do que não seja claro ou nobre.

4

A forma é a juíza suprema da vida. O poder de configuração é uma força julgadora, uma força ética, e toda obra artisticamente configurada contém um juízo de valor. Todo tipo de configuração artística, toda forma literária, é um degrau na hierarquia das possibilidades de vida: eleger a forma adequada para as manifestações de vida de um homem e decidir qual forma corresponde ao seu momento mais intenso é pronunciar uma sentença sobre seu caráter e seu destino.

A mais profunda sentença pronunciada pela tragédia é uma inscrição em seu pórtico. Assim como a inscrição do portal do inferno de Dante diz aos que lá ingressam que abandonem qualquer esperança de um dia sair, a inscrição da tragédia, com o mesmo rigor impiedoso, nega a entrada aos que são demasiado fracos e vulgares para seu reino. Em vão nossa época democrática quis implementar uma igualdade de direitos frente ao trágico; em vão foi toda tentativa de abrir aos pobres de alma esse reino dos céus. Os democratas que reivindicaram de forma clara e consequente direitos iguais para todos os homens sempre contestaram o direito de existência da tragédia.

Em *Brunhild*, Paul Ernst compôs um mistério sobre o homem trágico. *Ninon de l'Enclos* é sua contrapartida: uma peça sobre o homem não trágico. Lá, deu forma a tipos humanos com quem tinha a máxima afinidade; aqui, deu vida a figuras completamente estranhas a sua natureza. No entanto, como tragediógrafo que era, não podia deixar de conduzir esse drama ao seu ponto extremo, à tragédia; porém, no momento da decisão final, sua heroína se desembaraça dos tentáculos do trágico, recusando com firme resolução os valores nobres e fatais que pairavam sobre sua cabeça como uma espada, para se lançar novamente na vida ordinária, que ansiava por recebê-la. O momento final é como uma divisa que expressa ao mesmo tempo o valor e os limites de sua vida. Na luta que travou consigo pela sua liberdade, ela se tornou forte o suficiente para conseguir respirar ares trágicos, para poder viver em seu entorno. Mas lhe falta a consagração final da vida, como falta ao tipo humano ao qual ela pertence. Ela é o exemplar supremo de um gênero inferior: esse é o juízo que a forma do drama emite sobre o valor de sua vida. Ela quis chegar ao ponto máximo para si própria, e chegou: a liberdade; mas sua liberdade era apenas o libertar-se de todo vínculo, e não a liberdade que – em última instância – nasce organicamente do mais recôndito, portanto não a liberdade que coincide com a máxima necessidade, não a liberdade como coroamento da vida. Sua liberdade era a de uma prostituta. Ela se libertou de todos os vínculos íntimos, homem e filhos, fidelidade e o grande amor. Para isso, teve de suportar duros sacrifícios: entregou-se às baixezas do amor venal e das relações casuais. Sentiu amargamente as perdas que sofreu e suportou com orgulho o destino que escolheu – mas tudo isso ainda foi um caminho de facilidades, um modo de contornar as necessidades mais duras. Essa autolibertação da mulher não é o cumprimento pleno de uma necessidade essencial, como o é toda autolibertação do homem trágico; e o desfecho do drama lança a questão que o teórico Ernst já havia formulado muito antes: pode uma mulher ser trágica por si mesma, e não em relação ao homem de sua vida? Pode a liberdade se tornar um verdadeiro valor na vida de uma mulher?

 O núcleo da obra de Paul Ernst é a ética do poético, assim como o de Friedrich Hebbel é a psicologia do poético. E como para ambos a forma é a meta da vida, um imperativo categórico da grandeza e da autorrealização, explica-se por que aquele seja tomado como um formalista e este como um metafísico do patológico. Mas, enquanto o destino dos heróis de Hebbel é a luta tragicamente impotente dos homens reais pela perfeição humana plasmada nas formas literárias – os grandes instantes da vida empírica vividos psicologicamente, profundamente problemáticos –, Ernst coloca esse mundo superior fechado e perfeito como advertência e chamado, como luz e meta no caminho dos indivíduos, sem se preocupar com sua realização fática. A validade e a força da ética não dependem do fato de seus mandamentos serem cumpridos. Por isso apenas a forma purificada até o ético – sem que por isso se torne pobre e cega – pode esquecer a existência do que é problemático e bani-lo para sempre de seu reino.

1910

Da pobreza de espírito:
um diálogo e uma carta

Publicado pela primeira vez em:
Neue Blätter, n. 5-6, p. 67-92, 1912.

Você está correto: estive com seu filho dois dias antes da morte dele. Ao retornar de uma breve viagem que fiz por conta do colapso nervoso que sofri após o suicídio de minha irmã, encontrei o seguinte bilhete deixado por ele: "Marta, não espere que eu lhe visite. Estou bem. Sigo trabalhando. Não preciso de ninguém. Foi gentil de sua parte me informar sobre sua chegada. Como sempre, você é uma boa pessoa; a seus olhos, ainda valho alguma coisa como ser humano. Mas você se engana". Fiquei bastante inquieta com isso e fui vê-lo no mesmo dia.

Encontrei-o em seu quarto, sentado junto à escrivaninha; sua aparência não era má; aquele jeito assustado de olhar e falar, que depois da catástrofe me causaria tanta angústia, havia praticamente desaparecido. Ele falava de modo claro, sereno, simples, como se não houvesse nada fora do controle. Fiquei bastante tempo com ele e vou tentar relatar-lhe o essencial de nossa conversa. Creio que isso lhe ajudará a compreender melhor algumas coisas. Seu ato ficou gravado na minha memória com uma enorme clareza, mas hoje me intriga o fato de não ter sido capaz nem de prevê-lo nem de temê-lo, já que, ao contrário, deixei sua casa despreocupada e com uma boa impressão.

Ele me recebeu muito calorosamente e falamos bastante sobre a minha viagem, sobre Pisa, Campo Santo, a composição de *O juízo final*; encontrei nele a mesma curiosidade, a mesma perspicácia com que sempre discutia esses assuntos. Às vezes tinha a impressão, que agora me é bastante clara, de que não queria falar de si mesmo; sabia que comigo teria de ser franco, e por isso era melhor não falar nada. Talvez isso seja apenas uma suposição, a tentativa de fazer com que os fatos, interpretados *a posteriori*, apontem para aquilo que julgamos importante. Mas me lembro muito bem de tê-lo interrompido quando ele começava a falar sobre a possibilidade da pintura alegórica, perguntando como tinha passado nesses últimos tempos, ao que respondeu: "Está tudo bem, obrigado". Calada fiquei, mas olhava para ele, como quem espera algo mais. Ele então repetiu: "Está tudo bem". E após uma pequena pausa: "As coisas ficaram claras para mim".

– Claras?

Lançando-me um olhar cortante, disse num tom calmo e simples:

– Sim, claras. Sei que sou culpado da morte dela.

Dei um pulo da cadeira:

– Você? Você sabe muito bem que...

– Deixemos disso, Martha. Sei que é assim. Agora, depois de tudo o que aconteceu e de tudo o que sabemos, sei que é assim. Mas que eu não tenha sabido...

– Você não podia saber.

– Sim. Você tem razão, eu não podia saber.

Olhei para ele com ar de interrogação. Ele calmamente me respondeu:

– Tenha um pouco de paciência, Martha, e não me tome por um louco. Vou tentar lhe esclarecer tudo. Mas, por favor, sente-se. Você sabe um pouco do que havia entre mim e ela...

– Eu sei. Você era o melhor amigo dela. Talvez o único que ela teve. Ela falava muito sobre isso. Algumas vezes cheguei a me surpreender que essa relação fosse possível. Você deve ter sofrido muito.

Sorriu, de maneira discreta e um pouco sarcástica:

– Como sempre, você me superestima; e daí? Foi tudo em vão, cego e inútil.

Eu estava bastante confusa:

– Então... Inútil. Mas quem estava em condições de ajudar? Quem podia saber de alguma coisa? E só porque você não foi capaz de intuir algo que ninguém podia saber fica aí se lamentando... Não, chega desse absurdo.

Queria continuar, mas ele me olhava com uma tranquilidade que eu não podia suportar, então me calei e baixei os olhos.

— Por que tem tanto medo das palavras, Martha? Sim! Sou culpado da morte dela; culpado perante Deus. A julgar pelos princípios da ética humana, não tenho culpa de nada, pelo contrário, cumpri fielmente com meu dever (ele pronunciou a palavra "dever" com certo desprezo). Fiz tudo o que podia. Chegamos a conversar sobre poder ajudar e querer ajudar, e ela sabia que eu faria tudo o que ela me pedisse. Mas não me pediu nada, e eu nada vi e nada ouvi. Não tive ouvidos para a voz de seu estridente silêncio a implorar socorro. Fiei-me no tom alegre de suas cartas. Por favor, não diga que eu não podia saber de nada. Mas talvez seja verdade: eu não podia — eu tinha de saber. Seu silêncio teria atravessado as distâncias geográficas que nos separavam caso me tivesse sido concedida a graça da bondade... E se eu estivesse aqui? Você acredita na perspicácia psicológica, Martha? Talvez eu tivesse visto a dor estampada em seu rosto e ouvido um tremor diferente em sua voz... O que eu teria deduzido disso? O conhecimento da psicologia humana é uma interpretação de palavras e signos, mas como saber se o que eles nos dizem é verdadeiro ou falso? Uma coisa é certa: interpretamos segundo nossas próprias leis o que acontece na esfera eternamente desconhecida do outro. Mas a bondade é graça. Lembre-se de como os pensamentos secretos das pessoas se revelavam a Francisco de Assis. Ele não os adivinhava. Não. Os pensamentos se revelavam para ele. Seu saber está além de interpretações e signos. Ele é um homem bom. Nessas horas ele é o outro. Mas você ainda mantém nossa antiga convicção, não? O que um dia foi realidade tornou-se possível para todo o sempre; o que um ser humano realizou tenho de exigir de mim mesmo como um dever realizável, pois do contrário, coloco-me à margem da humanidade.

— São suas próprias palavras: bondade é graça. Como exigi-la? Não é excessivo de sua parte se martirizar porque Deus não lhe concedeu um milagre?

— Você não me compreende corretamente, Martha. O milagre aconteceu, e eu não tenho o direito de exigir outro ou de lamentar por esse. E não é o que estou fazendo. O que tenho dito a meu respeito é um juízo, não uma lamentação. Digo apenas: essa é a natureza de minha existência; não digo que a recuso, embora também pudesse dizê-lo. Trata-se aqui da vida: pode-se viver sem vida? Muitas vezes é até necessário, mas há que se ter consciência e clareza sobre isso. Não há dúvida de que a maioria dos homens vive sem vida, embora não se dê conta disso. Sua vida é meramente social, meramente inter-humana. Eles até podem cumprir com seus deveres. O cumprimento do dever é, na verdade, a máxima elevação possível de suas vidas. Pois toda ética é formal. O dever é um postulado, uma forma, e quanto mais perfeita a forma, mais possuidora de vida própria e mais distante da realidade imediata. É uma ponte que separa; uma ponte pela qual vamos e voltamos, chegando sempre em nós mesmos, nunca no outro.[1] Esses homens não podem nunca sair de si mesmos, pois seu contato com os outros é, no melhor dos casos, uma interpretação psicológica de signos, e apenas o rigor do dever confere a suas vidas uma forma estável e segura – mas que não chega a ser nem profunda nem íntima. A vida vivente está além das formas, ao passo que a vida ordinária está aquém delas; já a bondade é graça capaz de implodir as formas.

– Mas essa sua bondade – perguntei-lhe com certa apreensão, temendo as consequências que ele poderia tirar dessa teoria –, não seria essa sua bondade apenas um postulado? Existe uma bondade assim? Eu não acredito – acrescentei em seguida.

– Você pode não acreditar, Martha – respondeu com um leve sorriso –, mas veja, você acaba de implodir as formas. Acaba de desmascarar minha baixeza. Você viu: quero ser convencido através de outra pessoa, através de você, acerca da insustentabilidade de meu saber, um saber a que eu devia renunciar por decisão própria se tivesse a coragem para tanto.

– E mesmo se isso fosse verdade – mas aposto que isso é fruto de sua doença nervosa e de sua hipocondria! –, mesmo se isso fosse verdade, essa verdade seria o mais forte argumento contra a sua afirmação. Querendo lhe tranquilizar, eu não teria, ao contrário, aumentado ainda mais a sua desconfiança, agravado o seu remorso?

---

[1] Em 1914, nas notas para o livro que planejara escrever sobre Dostoiévski, Lukács formulou a noção de uma "segunda ética", contraposta à ética (kantiana) do dever (cf. LUKÁCS, 1985). Essa ética além do dever seria depois reivindicada por Lukács para justificar a violência revolucionária e a "ditadura do proletariado". Em *Tática e ética*, de 1919, ele citará uma fala de Judith, personagem da peça homônima de Hebbel, sobre a necessidade de assassinar o general Holofernes: "E se Deus colocou entre mim e minha ação um pecado, quem sou eu para me recusar a cometê-lo?" (cf. HERMANN, 1985, p. 95). (N.T.)

– O que a bondade pode ter a ver com consequências? "Nosso dever é cuidar do trabalho, não ficar preocupado com os frutos", dizem os indianos. A bondade é inútil e desprovida de razões. Pois as consequências estão no campo das forças mecânicas do mundo exterior, forças que são alheias a nós, e os motivos de nossas ações provêm do mundo das representações psicológicas, da periferia da alma. A bondade, porém, é divina, é metapsicológica. Quando se revela em nós, o paraíso se torna realidade, e o divino nos invade. Você acha que se a bondade pudesse se manifestar na realidade ainda seríamos humanos? Que esse mundo de vida impura e pálida poderia continuar existindo?

Eis nosso limite, o princípio de nossa humanidade. Você há de lembrar que eu sempre disse: somos apenas homens, porque não podemos fazer nada senão criar obras poéticas, porque tudo o que podemos alcançar são ilhas abençoadas erguidas em meio ao fluxo incansável das águas imundas da vida. Se a arte pudesse dar forma à vida, se a bondade pudesse se tornar ação, então seríamos deuses: "Por que você me chama de bom? Ninguém é bom senão Deus", disse Cristo. Lembre-se de Sônia, do príncipe Míchkin, de Alióchа Karamázov, esses incríveis personagens de Dostoiévski. Você me perguntou se existem homens bons: aí estão eles. E veja: também a bondade deles é estéril, desconcertante e sem consequência. Qual uma grande e solitária obra de arte, ela se ergue diante da vida de modo incompreensível e suscitando mal-entendidos. A quem o príncipe Míchkin realmente ajudou? Não foi, antes, sempre e em toda parte, um semeador de tragédias? E, no entanto, não era tão boa sua intenção?[2] A esfera em que vive está além do trágico, é a esfera do puramente ético, ou, se você quiser, do puramente cósmico; é como

---

[2] Num ensaio de 1943 sobre Dostoiévski, Lukács (1953a, p. 174) formula o mesmo problema de um modo novo e com um acento fortemente crítico, em termos tanto literários quanto éticos: "Os caminhos que Dostoiévski aponta aos seus personagens são intransitáveis [...]. Ele predica o sacrifício cristão. Mas sua maior figura positiva, o príncipe Míchkin, em *O idiota*, é essencialmente atípico, patológico, uma vez que, principalmente por conta de sua patologia, não é capaz de superar o egoísmo que traz dentro de si. O problema da superação do egoísmo, a que o príncipe Míchkin deveria responder como figura literária, por conta dessa base patológica, não pode ser efetivamente estabelecido em termos literários. Mencione-se de passagem que a compaixão sem limites de Míchkin evoca pelos menos tanta tragicidade quanto o sombrio *páthos* individualista de Raskólnikov". (N.T.)

o Abraão de Kierkegaard, que, mediante seu sacrifício, transcende o mundo do conflito trágico e do herói trágico, o mundo, pois, de Agamênon. O príncipe Míchkin e Aliócha são bons; mas o que isso significa? Não consigo dizer de outro modo: seu conhecimento se tornou ação, seu pensamento deixou o plano meramente discursivo, sua percepção do humano se fez intuição intelectual: são gnósticos da ação. É como se toda impossibilidade teórica se tornasse possível pela ação desses homens, que possuem um conhecimento da psicologia humana capaz de enxergar tudo, de superar a oposição entre sujeito e objeto: o homem bom não mais interpreta a alma do outro, decifra-a como a si mesmo, pois se converteu no outro. Por isso a bondade é o milagre, a graça e a redenção – é o reino dos céus que desce à terra. Se você quiser: a vida verdadeira, a vida vivente (se de baixo para cima ou de cima para baixo, tanto faz). Mediante ela, a ética é deixada para trás: a bondade não é uma categoria ética; você não a encontrará em nenhuma ética consequente; é a primeira e a mais primitiva via pela qual o homem se eleva acima do caos da vida ordinária, distanciando-se de si mesmo, de sua condição empírica. A bondade é, assim, o retorno à vida real, o encontro do homem com a sua verdadeira pátria. O que me importa saber qual delas chamar de vida? Importa apenas separar radicalmente estas duas vidas.

– Acho que compreendo você, talvez melhor do que você próprio, que deu livre curso a essa sofística a fim de poder transformar tudo o que lhe falta num milagre, em algo positivo. Mas você mesmo admitiu: sua bondade não teria feito nenhuma diferença...

Ele me interrompeu bruscamente:

– Não! Não disse isso. Disse apenas que a bondade não é garantia de um poder ajudar; mas é a certeza absoluta e visionária de um querer ajudar, ao contrário de uma ajuda oferecida por obrigação e que nunca se realiza. Não há garantias! Mas para mim uma coisa é clara: se eu fosse bom, se eu fosse, pois, um homem, poderia tê-la salvado. Você bem sabe como às vezes tudo depende de uma palavra.

– Sabemos disso agora.

– Mas um homem de verdade teria sabido disso na ocasião!

Não tive mais coragem de continuar me contrapondo, pois percebi que as contradições o excitavam. Ficamos calados por um tempo, então voltei a falar.

— Deixemos de lado os fatos concretos. Agora também me interessam as questões de princípio; e talvez para você a ausência de contradição seja um ponto crucial.

— Você tem razão, Martha; mas onde está a contradição?

— Temo colocar as coisas para você de modo muito brutal. Você está exaltado.

— Vamos, fale de uma vez!

— Talvez seja difícil defini-la com clareza. Na verdade, o que sua visão me desperta é mais uma antipatia moral. Sei que meu sentimento nunca fica de fora nessas questões — você sempre me diz que isso é tipicamente feminino; meu senso moral também se rebela contra erros intelectuais. O que meu sentimento me diz é que sua bondade nada mais é do que uma frivolidade refinada, a gratificação de um êxtase obtido sem esforço, ou, no seu caso, uma forma cômoda de renunciar à vida. Você sabe de minha aversão pelo misticismo como forma de vida — e Mestre Eckhart não era diferente. Você sabe como ele interpretou o caso "Martha e Maria" como uma questão de ética prática e mundana. Pressinto uma dualidade em sua bondade, "algo situado acima do mundo, mas abaixo de Deus, em um círculo antes da eternidade"; talvez essa sua bondade seja mesmo uma graça divina, mas é preciso querer o dever para obter a bondade como presente de Deus, é preciso amar com humilde entrega tudo aquilo que agora lhe parece tão desprezível; somente assim pode-se transcender verdadeiramente o dever. Parece-me que você quer saltar as instâncias mais decisivas aqui, alcançar a meta final (se é que existe uma meta final e como tal alcançável) sem percorrer todo o caminho. A expectativa de graça é uma absolvição para tudo, a frivolidade encarnada; mas sua frivolidade é ainda mais refinada, ainda mais mortificante; você é um asceta da frivolidade. Deixa aos outros a alegria que a frivolidade pode oferecer, inventa uma categoria de homens a que ela convém; enquanto você é um infeliz, um enjeitado desprovido de valor. Você deseja viver entre aqueles que estão sob a eterna luz solar. No entanto, qualquer que seja a última palavra do livro, uma apoteose ou uma condenação, o fato é que pular as páginas, de modo a chegar logo ao final, será sempre uma frivolidade.

— Hoje você está realmente feminina e caprichosa, *par tout*, quer me salvar e não se pergunta se realmente estou numa situação da qual você teria de me salvar. E sua acusação de frivolidade é falsa e injusta. Você se aferra ao meu modo de expressão como se não soubesse que em toda explicação é preciso generalizar tudo, tornar tudo presente na consciência, e que talvez eu sempre exagere nisso. Sim, a bondade é graça não porque a esperamos frivolamente, numa autocomplacência relapsa, mas antes por ser a solução milagrosa – que não se espera, não se calcula e, no entanto, é necessária – de um paradoxo radical. A exigência de Deus sobre nós é absoluta e irrealizável: é a implosão das formas de comunicação inter-humana. E nosso saber acerca dessa impossibilidade é igualmente absoluto e inabalável. A bondade é uma possessão, não é uma coisa suave, refinada, quietista, é selvagem, cruel, cega e aventureira. A alma boa se esvaziou de todo conteúdo psicológico, de causas e consequências, tornou-se uma folha em branco, sobre a qual o destino dita a sua ordem absurda, e essa ordem é cumprida com obediência cega, cruel e intrépida até o fim. Que essa impossibilidade se faça ação, que essa cegueira se faça vidência, que essa crueldade se faça bondade – eis o milagre e a graça.

– E você? E seu pecado?

– Veja, Martha, se você quer falar de frivolidade (e você tem um sentido realmente apurado para isso), então você deveria falar da minha frivolidade na época em que ela ainda era viva. Veja: nessa época saltei instâncias e misturei categorias. Quis ser bom para ela. No entanto, e você tem razão, não se deve querer ser bom, sobretudo querer ser bom em relação a alguém. Somos bons quando queremos salvar alguém. Queremos a salvação e agimos de modo cruel, perverso, tirânico, e toda ação que praticamos pode se revelar um pecado. Mas até o pecado não chega a ser o oposto da bondade; no máximo, é apenas uma dissonância necessária na voz de acompanhamento. A consideração, o pensar em si e no outro, o que se enxerga na superfície, o refinamento, a reserva, as cismas – você tem aí tudo o que sou e tudo o que é desumano, sem vida, abandonado por Deus e verdadeiramente pecaminoso. Eu quis levar uma vida pura, em que tudo fosse tocado com cautelosas e temerosas mãos limpas! Mas esse tipo de vida é a aplicação de uma categoria falsa à vida. Pura deve ser a obra separada da vida, mas a vida não pode nunca se tornar nem ser pura; a vida ordinária não tem nada a ver com a pureza, nela a pureza não passa de uma impotente negação, não é um caminho para fora da confusão, mas um agravamento da confusão. E a grande vida, a vida da bondade, não precisa mais de tal pureza; sua pureza é outra, mais elevada. A pureza é um mero adorno na vida e nunca pode se tornar uma força efetiva da ação. Não ter conseguido enxergar isso foi minha frivolidade. Mas não se pode querer a pureza como eu quis, sob pena de que ela se transforme numa negação absoluta e perca seu solene e terrível "apesar de tudo": o permanecer puro no pecado, na traição e na crueldade. Eis o motivo pelo qual ela nunca pôde se abrir comigo. Ela tinha de me achar frívolo, bobo e leviano; até o tom de sua fala nunca foi verdadeiro comigo, porquanto se adequava à minha baixeza. Ela era uma mulher, e talvez algum dia eu tenha sido como uma esperança para ela. De fato, quis sua salvação; mas não estava possuído desse querer: eu tinha de permanecer puro, e, na minha visão, ela tinha de permanecer pura, talvez todo esse meu querer tenha sido apenas um caminho tortuoso rumo à bondade e à pureza que quis para mim. Saltei o caminho para chegar à meta; e a meta foi para mim apenas o caminho para um caminho que me parecia ser a meta. Mas agora tudo está claro: esse desfecho sem sentido, absurdo, essa catástrofe sem tragédia, é, para mim, uma sentença divina. Retiro-me da vida. Assim como na filosofia da arte apenas o gênio tem o direito de existir, na vida apenas o homem agraciado pela bondade deveria poder existir.

Levantei-me, chocada. O sentido daquelas palavras me apavorou, embora ele falasse com muita tranquilidade, como quem procura elucidar uma nova teoria. Fui até ele e peguei suas mãos:

— O que você quer, o que tenciona fazer?

Ele riu.

— Não tenha medo, Martha. O suicídio é uma categoria da vida, e eu estou morto já faz tempo. Sei disso hoje mais claramente que antes. Ao pensar que você viria, esperava falar com você sobre ela, mas temia isso. Temia e (veja como fui confuso e infantil) esperava que fosse ficar calado e chorando. Agora, estamos aqui falando sobre a bondade, da mesma forma como poderíamos ter continuado a falar sobre a alegoria. Você está viva, sim, e deve saber o quão desmesuradamente brutal é esse nosso diálogo. Você irá negar, pois você é boa — trata-se apenas de meu diálogo: você é bondosa e sabe dialogar.

— Você chorou muito e continua chorando. É assim que você chora.

— Você própria sabe que diz o mesmo que eu digo: é assim que choro. Misturei e confundi as formas: minhas formas de viver não são formas de vida, só agora percebo isso claramente. Por isso sua morte se tornou uma sentença divina para mim. Ela teve de morrer para que minha obra se consumasse, para que não me restasse mais nada no mundo fora minha obra.

— Não! Não!

— Você quer simplificar tudo novamente. Pense nas três causalidades que mencionei antes: tudo tem suas causas e seus motivos, mas também seu sentido, e a sentença divina diz respeito apenas ao sentido. Deixemos de lado as causas exteriores e os motivos psicológicos; minha questão não tem nada a ver com isso. Você conhece a antiga lenda da construção do templo, segundo a qual durante a noite o diabo sempre destruía tudo o que havia sido erguido durante o dia, até que ficou decidido que um dos trabalhadores tinha de sacrificar sua esposa, a primeira que aparecesse. E calhou de ser a mulher do mestre de obras. Quem podia explicar por que ela veio primeiro? Havia inúmeras causas externas e motivos internos, e, no entanto, considerado do ponto de vista físico e psicológico, é um acaso brutal e sem sentido que justamente ela tenha sido eleita. Pense também na filha de Jefté. Mas o todo possui um sentido, não para o mestre de obras nem para Jefté, e sim para a obra. A obra cresceu da vida, mas se emancipou dela, surgiu do homem, mas também é cruel e desumana. O cimento que une a obra à vida, vida que é sua origem, também a separa eternamente dela: a obra é feita do sangue de seu criador. Cristo falou: "Aquele que vem a mim e não odeia pai, mãe, esposa, filho, irmão, irmã e a própria vida não pode ser meu discípulo". Não estou pensando no lado psicológico da tragédia do artista, para mim essa constelação é simplesmente um fato: um fato desumano, se você quiser, mas o que está em questão aqui não é mais a humanidade. Não posso mais suportar essa obscuridade e hipocrisia da vida ordinária, esse querer e poder ter tudo de uma vez, mas que nada quer de concreto e na verdade nada quer realmente. Tudo o que é claro é desumano, pois o que chamamos de humanidade não passa de uma contínua mistura e confusão de fronteiras e territórios. A vida vivente é sem forma porque está além das formas; já na vida ordinária nenhuma forma pode se tornar clara e pura. Mas tudo o que é claro só pode surgir porque rompe violentamente com esse caos, porque corta seus vínculos com tudo aquilo que o prende à terra. Também a ética autêntica (basta pensar em Kant!) é anti-humana: quer realizar a obra ética no homem... E por ela ter sido tudo para mim, minha própria vida, é que sua morte e o meu fracasso em ajudá-la, causa de sua morte, são uma sentença divina. Mas não pense que desprezo a vida. A vida vivente é também uma obra, porém me foi dada outra tarefa.

— Isso é novamente uma evasão, novamente, um caminho muito direto! Você quer se tornar monge, mas não se pode mais desfazer a Reforma. Novamente, penso que é seu ideal de pureza que faz você falar desse modo. Você quis conciliar sua sensibilidade neurastênica em relação a tudo o que é cruel, obscuro e sujo com uma vida normal ao lado das pessoas, mas por achar que essa tentativa falhou quer agora abdicar completamente da vida. Mas essa não é uma solução muito cômoda? Sua ascese não é uma mera compensação? Será que essa obra que você quer salvar com base no sangue humano não irá se revelar desprovida de sangue e fundamento?

— Martha, a sua sorte é não ter talento; pois, do contrário, eu ficaria muito receoso em relação a você. Nunca uma mulher poderá compreender com todos os seus sentidos que a vida é apenas uma palavra e que apenas pela obscuridade do pensamento ela surge como uma realidade unitária; que existem tantas vidas quantas sejam as possibilidades determinadas *a priori* de nossas atividades. Para você a vida é apenas a vida, e (perdoe-me!) você não pode acreditar que exista algo de verdadeiramente grande, além de uma mera celebração da vida, de gozo fútil e glória; talvez apenas no fim, talvez apenas depois de um grande sofrimento. Nenhuma mulher que não tenha sido mutilada um dia, que não tenha sido excluída da vida, jamais enxergou no mundo algo além do prazer e do tormento. É maravilhosa, forte e bela essa unidade encarnada da vida, do sentido e das metas. No entanto, apenas na medida em que a própria vida é a meta e o sentido da vida. Mas onde você encontra um lugar para a obra aqui? Não é incrível que o fim de todas as mulheres talentosas tenha de ser ou a tragédia ou a frivolidade? Vocês não podem realizar uma unidade entre obra e vida e por isso precisam se abandonar à frivolidade ou arruinar a própria vida. As mulheres sérias, que, em certo sentido, não são mulheres, estão condenadas à morte. Mesmo Catarina de Siena não era uma asceta claramente consciente, mas a noiva de Cristo. Não é totalmente sem razão que no Oriente as mulheres sejam excluídas do reino dos céus; é injusto e mesmo completamente falso, no entanto é verdade que a pobreza de espírito nunca é conquistada por elas.

– Pobreza de espírito?

– Não tenha preconceito contra as palavras; a questão é muito simples, e essa é a melhor expressão para o que pretendo dizer. Um homem comum e turvo nunca é pobre de espírito: sua vida tem sempre inúmeras possibilidades diante de si e em si mesma; quando uma categoria não funciona ou ele não funciona nela, logo vai borboletear em outra, alegre e tranquilo. A pobreza de espírito é apenas um pressuposto, apenas um ponto de partida para a verdadeira vida; o sermão da montanha promete a bem-aventurança, mas, para Fichte, trata-se da própria vida: a vida na bem-aventurança.

Pobreza de espírito significa livrar-se dos próprios condicionamentos psicológicos para se consagrar às próprias e mais profundas necessidades metafísicas e metapsíquicas. Renunciar a si próprio para realizar a obra, que, do meu ponto de vista, pertence a mim apenas acidentalmente, mas pela qual me torno necessário para mim mesmo. Somos apenas um feixe obscuro de desejo e medo, prazer e dor, algo que a todo instante padece na própria inessencialidade. E se queríamos padecer assim? Não poderíamos mais superar de modo definitivo nossa inessencialidade e assim separá-la de uma importância igualmente condenada à putrefação? O sentido de nossas vidas está sempre encoberto por motivos, teleologias e causalidades, nosso destino por nossos destinos. Buscamos o sentido, a redenção. "O homem diligente quer decisão, nada mais", diz Lao-Tsé. Mas a vida empírica ordinária não pode nos seduzir verdadeiramente. Superestimamos a vida quando falamos de suas dissonâncias. A dissonância só é possível dentro de um sistema musical, portanto em um mundo já configurado unitariamente; perturbações, impedimentos e caos nunca foram dissonâncias. A dissonância é clara e unívoca, o oposto e o complemento do ser; ela é a tentação. E isso todos nós buscamos, a nossa autêntica tentação, aquela que abale nosso verdadeiro ser, que não desestabilize apenas nossa periferia. A redenção (também poderia chamá-la de o devir forma) é o grande paradoxo: a união entre a tentação e o tentado, o destino e a alma, o diabólico e o divino no homem. Você conhece essa ideia da filosofia da arte: a forma surge quando o paradoxo fecundo e vital encontrou sua possibilidade, quando os frutos brotam da limitação, e a abundância, da exclusão. A pobreza de espírito torna a alma homogênea: o que não pode se tornar destino jamais será um acontecimento para ela, e apenas a tentação mais selvagem lhe serve de estímulo.

— E a obra? Sua obra? Receio que você queira novamente falar da bondade, exaltar essas perfeições estranhas.

— Não, falei apenas em termos formais, apenas dos pressupostos das mudanças de vida; portanto, também da bondade, mas não apenas dela. Falei genericamente de uma ética, de uma ética que tudo abarca e que não se restringe às ações inter-humanas da vida ordinária. Na medida em que todas as nossas atividades são uma ação, todas partilham os mesmos pressupostos formais, a mesma ética. Mas, por isso, essa ética é sempre negativa, prescritiva, sem conteúdo; se ela tivesse um mandamento claramente formulável, seria este: desista daquilo que você não precisa fazer. É um mandamento negativo e por isso apenas preparatório e intermediário; é pressuposto e caminho para a obra, para a virtude, para o positivo. Vou além, a virtude é uma possessão. Eis como devemos viver: nossa vida não tem valor, não tem significado, e deveríamos estar prontos para consagrá-la à morte a qualquer momento, deveríamos mesmo esperar uma mera autorização para jogá-la fora. No entanto, devemos viver, viver intensamente, com todas as nossas forças e sentidos. Pois somos apenas um suporte, mas o único suporte da aparição do espírito; apenas em nós o vinho da revelação pode ser guardado, apenas em nós pode se dar a verdadeira revelação, a verdadeira transubstanciação. Não temos o direito de nos furtar a isso. E o suporte precisa ser puro, mas essa pureza não é aquela de que falava antes, é a unidade, a homogeneidade da alma. Quando Edmond de Goncourt estava às vésperas de ficar cego, disse: "*Il me serait peut-être donné de composer un volume, ou plutôt une série de notes, toutes spiritualistes, toutes philosophiques, et écrites dans l'ombre de la pensée*".[3] Ele estava pobre de espírito ao pensar

---

[3] "Eu poderia talvez escrever um livro, ou melhor, uma série de notas, todas espiritualistas, todas filosóficas, e rabiscadas à sombra do pensamento." (N.T.)

assim, e seu esteticismo possuía a virtude da possessão. Devemos ser apriorísticos; todas as nossas possibilidades de reação e apercepção precisam se dirigir, como destino, e necessariamente, à categoria na qual a obra se estabelece. Então a privação da alma se torna atividade por meio da pobreza, fúria fecunda e terrível da possessão da obra que tem fome de realização. A pobreza de espírito foi o pressuposto, o negativo, o abandono da má-infinitude da vida, da multiplicidade vazia. Floresce aqui uma nova riqueza, uma riqueza a partir da unidade. "Toda parte se distingue do todo, e parte e todo coincidem", diz Plotino. "Não existe nem multiplicidade nem diversidade; inexaurível e infinito é tudo. Na contemplação se aguça o olhar." Enquanto estamos aferrados à vida ordinária, somos apenas uma caricatura de Deus: repetimos de um modo pessimamente fragmentário a grandiosa fragmentariedade de sua criação universal. Na obra que surge da pobreza e da possessão, o fragmentário se torna um círculo, a multiplicidade de sons é reunida e organizada numa escala, e do movimento confuso dos átomos surgem planetas e rotações planetárias. O que é comum aqui é o caminho para a obra, a ética da virtude; no entanto, cada obra difere uma da outra. Não sei se esse caminho é um caminho desejado por Deus em si e para si, se ele conduz a Deus; só sei que é nosso único caminho, e sem ele nos perdemos num pântano moral. A bondade é apenas um caminho entre outros. Mas ela conduz seguramente a Deus. Pois tudo se torna um caminho para ela, nela a nossa vida perde tudo aquilo que então era apenas semelhante à vida; nela o caráter desumano da obra se converte em máxima humanidade, seu desprezo pela realidade imediata se torna contato verdadeiro com o ser.

— Se o compreendo corretamente, você quer restaurar as castas a partir de um fundamento metafísico. A seus olhos existe, então, apenas um pecado: a mistura das castas.

— Você me compreendeu maravilhosamente bem. Não sabia se havia me expressado com suficiente clareza e temia ser confundido com os defensores desse individualismo moderno e estúpido do dever contra si mesmo. Não me cabe determinar o número de castas nem seus tipos e obrigações; mas que são apenas algumas, noto que você sabe e acredita tanto quanto eu. Compreende agora o significado do dever pessoal para a virtude? Por meio da virtude, a falsa riqueza e a falsa substância dessa vida são superadas e redimidas em nós como forma. A fome de substância do espírito o impele a separar os homens em castas, de modo a criar a partir desse mundo confuso e desordenado os mundos claros e diversificados das formas. Da urgência pela substância surgem as formas, e é como se a substância fosse superada por meio dessa que é sua única realização possível. No entanto, apenas os caminhos para a forma, as leis que regem a forma e os deveres daquele que plasma as formas são distintos: cada um deles é apenas uma alegoria, uma imagem reflexa do percurso do espírito. E porque seus pressupostos formais eram os mesmos, o fato de sua existência se manifesta com o mesmo significado: a redenção da substância, sua ascensão da inverdade para a verdade – e a redenção não pode se dizer no plural. As formas não se igualam umas às outras, é próprio de sua essência a mais rigorosa separação, no entanto todas são a mesma coisa, sua existência é unidade, a unidade. Os virtuosos, aqueles que cumpriram com seu dever, não importa qual (como você sabe, só existem deveres pessoais, e segundo estes é que fomos divididos em muitas castas), ascendem a Deus, para eles não há mais separação, isolamento. Aqui toda dúvida silencia inevitavelmente: só pode haver uma redenção.

Calamo-nos por um instante. Depois lhe perguntei, muito calmamente, apenas para encerrar nossa conversa:

– E seu dever?

– Veja, se eu quisesse viver, isso seria uma afronta à minha casta. Tê-la amado e querido ajudá-la já foi uma afronta. A bondade é o dever e a virtude de uma casta superior à minha.

Logo em seguida nos despedimos e combinamos que ele me visitaria dentro de alguns dias. Dois dias depois, matou-se com um tiro. Como você sabe, legou todo o seu patrimônio ao filho de minha irmã. Em sua escrivaninha havia uma Bíblia aberta na página sobre o *Apocalipse* e com a seguinte passagem marcada: "Conheço tuas obras, sei que não és nem quente nem frio; ah, se fosses quente ou frio... Mas porque és morno, nem quente nem frio, eu te vomitarei".

Posfácio

A alma, as formas e um destino: sobre Georg Lukács

Rainer Patriota

No vasto e caleidoscópico panorama intelectual do século XX, o filósofo húngaro Georg Lukács (1985-1971) figura como um de seus personagens mais ativos, polêmicos e influentes. Entre aqueles que atestaram a importância de sua produção no campo da filosofia, da estética e da crítica literária contam-se escritores e pensadores de perfis tão diversos quanto Max Weber, Ernst Bloch, Paul Ernst, Thomas Mann, Oskar Becker, Max Dvorák, Bertold Brecht, Arnold Hauser, Walter Benjamin, Theodor Adorno, Herbert Marcuse, Maurice Merleau-Ponty, George Steiner, Lucien Goldmann, Hans-Georg Gadamer, Agnes Heller e Peter Szondi.

Em contraste com isso, o valor de seu legado está longe de ser uma obviedade nos dias de hoje. Diferentemente de outros filósofos do século XX, como Heidegger, Adorno e Wittgenstein, tem-se a impressão de que Lukács se tornou exclusividade de alguns especialistas, um nome que raramente consta dos manuais de filosofia e pouco se discute em eventos e ambientes acadêmicos. Ao mesmo tempo, no Brasil é flagrante a devoção quase religiosa com que certos pesquisadores, motivados por convicções de natureza mais ideológica que teórica, empenham-se no estudo e na divulgação das obras marxistas da última fase de seu pensamento. De modo que a indiferença e o proselitismo se opõem e se completam no horizonte de uma recepção adstringida, com raros focos de ponderação arejada e bom-senso.

Antes de tudo, existe o fato de que o percurso teórico de Lukács, não obstante sua espantosa coerência interna, é repleto de descontinuidades, incompletudes, fragmentações, reviravoltas e autocríticas. Daí que seja tão difícil discernir seu lugar no panteão filosófico contemporâneo. Ao mesmo tempo, Lukács nunca se propôs a lançar novos fundamentos para a filosofia e, nesse sentido, não foi um criador de teses inéditas, pelo menos não no sentido em que foram Kant e Hegel, Schopenhauer e Nietzsche, ou, em termos mais contemporâneos, Husserl, Wittgenstein e Heidegger. Lukács não desenvolveu nenhum método novo de compreensão da realidade, não tentou refundar o conceito de ser, quer por vias ontológicas, quer epistemológicas. Seu projeto final de uma ontologia do ser social, que, na avaliação de um de seus melhores intérpretes, o romeno Nicolas Tertulian, resultou na única verdadeira "filosofia da imanência" entre as ontologias do século XX, nasceu da compreensão, como o próprio Lukács não se cansa de esclarecer (cf. Lukács, 1981; 2012), de que o materialismo de Marx teria estabelecido as bases teóricas e metodológicas decisivas para uma adequada intelecção do homem e de sua história.

Foi no terreno da estética que Lukács se distinguiu mais altivamente. Suas especulações da época de Heidelberg (1912-1918), como a do ensaio da revista *Logos* intitulado "A relação sujeito-objeto na estética", são uma contribuição verdadeiramente original à história da estética, mas apenas na medida em que postulam dentro da moldura neokantiana (e sob um influxo poderoso da *Lebensphilosophie* e de outras tendências teóricas) uma nova compreensão da autonomia do estético, radicalmente distinta da kantiana, porque fundada não na primazia do juízo, mas na da obra de arte (cf. Lukács, 2013). Porém, mesmo aqui, sua teoria – deixada inconclusa – surge dentro de uma arquitetura filosófica já estabelecida. O mesmo se pode dizer de obras como *A teoria do romance* e *Ästhetik. Die Eigenart des Ästhetischen* [Estética: a peculiaridade do estético]. Todas elas são engenhosas e profundas elaborações a partir de sistemas e métodos previamente dados. No caso desta última, Lukács reformula amplamente sua antiga teoria da relação sujeito-objeto, fundamentando a autonomia dos grandes complexos espirituais, como arte e ciência, em seu método "ontológico-genético" (cf. Tertulian, 2009), que talvez consista na sua maior contribuição à filosofia.

E esse foi sempre o procedimento típico de Lukács: explorar, a partir de suas intuições filosóficas orientadas a problemas específicos, possibilidades inscritas em sistemas e métodos disponíveis, geralmente flexibilizando e estendendo seus domínios por meio de conexões com outras matrizes teóricas. Até 1918, o pensamento de Lukács é como uma colcha de retalhos que se remodela continuamente a partir das mais variadas combinações – ciências do espírito, neokantismo, fenomenologia, filosofia da vida, hegelianismo, misticismo. Sua estética de maturidade, embora mais coesa em suas costuras, não é diferente: Aristóteles, Hegel e Marx são apenas os pilares centrais de uma estrutura grandiosa erguida sobre uma ampla herança clássica.

É indiscutível a importância do último Lukács como filósofo. Mas seria um erro desdenhar sua produção ensaística como uma contribuição menor, sobretudo àquela de sua juventude. O ensaísta e o filósofo são incomensuráveis. Além do mais, descontando os anos finais de sua vida e os 10 anos que se seguiram à sua conversão ao comunismo, Lukács foi sobretudo um esteta e um ensaísta. E, nesse sentido, *A alma e as formas* é uma obra sumamente representativa de seu itinerário. Nela, pode-se vislumbrar muito do que viria a ser desenvolvido posteriormente em seus escritos estéticos. Já o frescor que emana desse texto jamais seria alcançado outra vez. Sua singularidade repousa na exemplaridade com que corporifica a ideia formulada pelo seu autor sobre a peculiaridade do gênero ensaio: uma forma artística que, no entanto, habita o domínio da teoria e partilha com a teoria seu procedimento analítico e conceitual. Adorno não fez justiça à ideia central de *A alma e as formas* quando, em seu clássico estudo sobre a forma do ensaio, afirma que Lukács teria ignorado que toda crítica ensaística se distingue da arte por se expressar por meio de conceitos e abrigar uma "pretensão à verdade livre de aparência estética" (cf. ADORNO, 2003, p. 18). Ora, está na letra do próprio Lukács: o ensaísta escreve por meio de conceitos, sua escrita é prosa e não poesia, seu gesto – e apenas ele – é que é artístico. "Sobre a essência e a forma do ensaio" não quer ser a apologia do ensaio como ficção nem fazer coro ao historicismo relativista da escola de Dilthey. Mas ao ensaísta é concedido um tipo de liberdade expressiva que o trabalho teórico estrito senso, por princípio, não é capaz de comportar. Para usar as palavras do próprio Adorno (que, justamente nisso, talvez seja demasiado sério para configurar um bom modelo): "Felicidade e jogo lhe são essenciais" (ADORNO, 2003, p. 17). Como observa Nicolas Tertulian: "Lukács pensava poder descobrir em qualquer discurso crítico verdadeiro a existência de uma certa 'ironia' e de um 'humor' secreto: parece que o crítico só fala da obra, mas, no fundo, são os grandes problemas da existência que ele coloca sob o calor da discussão" (TERTULIAN, 2008, p. 32).

Uma das principais teorias de Lukács, desenvolvida após *A alma e as formas*, ensina que a ciência estabelece uma primazia do objeto que é um tipo de sacrifício imposto aos sujeitos. A ciência desantropomorfiza e apenas assim está apta a cumprir sua tarefa (cf. LUKÁCS, 1981). Os critérios e métodos da atividade científica não deixam margem para jogos e divertimentos. Numa palavra, a ciência é fria e "desumana" (num sentido, por assim dizer, dialético e para o bem da humanidade). Não é casual que os próprios ensaios de maturidade de Lukács sejam mais duros: a objetividade tornou-se sua única meta (é verdade que, em muitos momentos, essa objetividade seria ensombrecida pelas chamas de seu fervor ideológico). Por mais que tenham ganhado em conteúdo crítico, certamente perderam em brilho e sutilezas. Ao fazer seus votos com a filosofia e o marxismo, empenhando-se na luta contra o fascismo e depois pela construção do regime soviético, a inspiração ensaística de Lukács não secaria, mas perderia muito de seu encanto poético. A época não era lá muito propícia a jogos e divertimentos.

Durante muito tempo esteve em moda a oposição entre o "jovem" e o "velho" Lukács. Apesar das diferenças teóricas importantes entre as duas fases de seu itinerário, que exigem um claro reconhecimento crítico-analítico, essa oposição estimulou animosidades partidárias e apegos emocionais que findaram por prejudicar a recepção e compreensão de sua obra como um todo. Se essa dualidade já foi inevitável numa época de polarizações ideológicas globais e esperanças utópicas revolucionárias depositadas sobre o jurássico mamute soviético, hoje, com as ilusões desfeitas, tornou-se mais fácil entender o percurso trilhado por esse filósofo de vida extensa, contraditória e fecunda. Ora, é sabido que o próprio Lukács foi bastante severo em relação aos seus escritos de juventude, não poupando críticas aos admiradores que insistiam em ignorar o novo impulso tomado pelo seu pensamento a partir dos anos de 1930 – quando descobre os *Manuscritos econômico-filosóficos*, de Karl Marx. No entanto, em seus últimos depoimentos, Lukács procurou ressaltar a unidade orgânica de seu itinerário (cf. LUKÁCS, 1983, p. 205-206).

Adorno, que foi profundamente marcado em sua formação pelas obras do jovem Lukács, tornou-se um dos mais duros críticos das posições assumidas pelo filósofo depois de 1930. No seu entender, Lukács traiu suas mais profundas intuições e contribuições de juventude, convertendo-se num pensador dogmático, enrijecido pela obediência às diretrizes do stalinismo. A crítica de Adorno pode tocar em pontos nevrálgicos de um problema real, mas consiste numa avaliação unilateral e abstrata. A teoria do realismo defendida pelo velho Lukács, em muitos aspectos, não é incompatível com as posições fundamentais do jovem Lukács. Desde o começo, ele rejeitará as tendências mais modernas da arte e da literatura. Aos nevoeiros impressionistas, por exemplo, irá opor os traços objetivos de Cézanne (cf. PATRIOTA, 2011). No caso da literatura, a tendência a rejeitar as experiências e sensibilidades modernistas que estavam por vir é muito clara: a introdução de personagens com paixões patológicas, a predominância de aspectos excêntricos e niilistas, narrativas não lineares e qualquer afrouxamento da estrutura formal não contam com o beneplácito do jovem crítico. Considere-se, por exemplo, o que diz sobre o *Niels Lyhne*, de Jacobsen:

> Pois essa vida, que deveria ter-se tornado criação literária e resultou em mau fragmento, torna-se efetivamente uma pilha de escombros na configuração: a crueldade da desilusão pode somente depreciar o lirismo dos estados de ânimo, mas aos homens e aos acontecimentos não pode emprestar a substância e o peso da existência. Resta um belo, mas esbatido amálgama de volúpia e amargura, de mágoa e escárnio, mas não uma unidade; imagens e aspectos, mas não uma totalidade de vida (LUKÁCS, 2000b, p. 126).

Desde o começo, e com algumas poucas variações, Lukács manteve um parâmetro clássico em suas considerações sobre problemas estéticos e literários. Mas o classicismo de Lukács também está ligado a uma característica muito complexa de sua personalidade: sua aversão ao capitalismo.

Para muitos contemporâneos, a conversão de Lukács ao comunismo pareceu um ato súbito, quando na verdade ela vinha sendo preparada há muitos anos. Pelo menos desde 1902, quando o jovem de 17 anos se associa ao grupo dos Estudantes Revolucionários, dirigido por Ervin Szabó – a mais desenvolta e influente personalidade da esquerda húngara do começo do século: tradutor das obras de Marx e Engels, crítico do revisionismo da Segunda Internacional, fundador e diretor da Biblioteca de Budapeste, político habilidoso que, apesar de suas raízes sindicalistas, ingressaria no Partido Social-Democrata húngaro para lhe fazer oposição interna –, aquele, enfim, de quem o velho Lukács dirá: "dos pensadores húngaros de então, o único a quem eu deva seriamente ser grato" (LUKÁCS, 1983, p. 48). O cenáculo pedagógico de Szabó não iria durar mais que um ano, entretanto, ao jovem húngaro, deixará lições e experiência: em 1904, Lukács funda – com a generosa ajuda do pai – seu próprio teatro – *A sociedade Thalia*. Tratava-se de uma companhia empenhada em divulgar, a preços módicos, ou seja, para um público não burguês, autores modernos, como Ibsen e Strindberg. Na esteira da velha e boa tradição iluminista, Lukács pretendia modificar a sociedade através do tribunato. O teatro *Thalia* durou quatro anos (1904-1907), e a rica vivência proporcionada por ele, a vivência prática de direção teatral, foi, segundo o próprio Lukács, uma das fontes de seu primeiro trabalho teórico – *Entwicklungsgeschichte des modernen Drama* [História do desenvolvimento do drama moderno], escrito primeiramente em 1906, mas revisto entre 1908-1909.[1] Fonte empírica, já que, no plano conceitual, o texto – uma teoria da "decadência burguesa" – é fruto dos estudos com Simmel, em Berlim.

Já aqui, Lukács revela uma aguda sensibilidade para denunciar os problemas do capitalismo: "A nova vida liberta o homem de muitos vínculos antigos e faz com que todo vínculo, porque despojado de organicidade, seja sentido como uma cadeia. Ao mesmo tempo, cria em torno dele uma série de vínculos abstratos e complicados" (LUKÁCS *apud* MÁRKUS, 1977, p. 120). Vínculos impessoais que, por isso mesmo, isolam os indivíduos uns dos outros, desfazendo a espontaneidade do processo de socialização e criando barreiras entre eles.

---

[1] Esse texto foi escrito em húngaro (*A modern dráma fejlődésének története*) e publicado em 1911. Apenas uma parte sua seria publicada em alemão pelo filósofo, em 1914, com o título *Zur Soziologie des modernen Dramas* (Sociologia do drama moderno). Em 1981 a editora Luchterhand publicou a edição alemã do texto completo sob o título de *Entwicklungsgeschichte des modernen Dramas*.

> A personalidade autêntica de todo homem é uma ilha solitária em meio a um mar rumorejante, e nenhuma voz endereçada a ela é capaz de impedir que os sons emitidos por este mar rumorejante se misturem a sua fala e a falsifiquem; assim, ela vive completamente oprimida, de modo que, daquele que está do outro lado, apenas se vê um nostálgico braço estendido – mas também esse gesto acaba sendo mal-entendido (LUKÁCS *apud* MÁRKUS, 1977, p. 121).

O anticapitalismo romântico do jovem Lukács, talvez ainda discreto em sua história do drama, ganharia cores cada vez mais intensas nos anos seguintes, recrudescendo paulatinamente numa época em que Lukács aparentemente seguia um caminho convencional na universidade de Heidelberg como candidato à habilitação acadêmica, amigo íntimo de Max Weber e frequentador de círculos intelectuais conservadores, como o do poeta Stefan George. Os relatos sobre esse aspecto da personalidade do jovem Lukács são emblemáticos e oscilam entre o trágico e o cômico. Karl Jaspers escreveu que "Lukács era tido por alguns como uma espécie de 'santo'". Seu amigo e catedrático da universidade de Heidelberg, Emil Lask, num tom mais jocoso, dizia: "Você sabe quais são os quatro apóstolos? Mateus, Marcos, Lukács e Bloch" (TAR, 1986).

Nesse período, Lukács se encontrava mergulhado em ideias messiânicas. Como ele próprio confessaria anos mais tarde (cf. LUKÁCS, 2000b, p. 7-8), a eclosão da Primeira Guerra Mundial havia despertado nele um profundo repúdio, marcando o início de um período difícil, de isolamento, haja vista que os intelectuais e amigos de Heidelberg, incluindo Simmel e Max Weber, eram todos entusiastas da guerra. Tudo indica que Lukács viveu um período de crescente tensão até sua conversão ao comunismo, em dezembro de 1918. Em 1914, ele decide interromper a redação de sua tese de habilitação para escrever um livro sobre Dostoiévski e a chegada, pelo Leste, de uma nova era, fraternal e livre de estranhamentos. O relato de Mariane Weber ajuda a compreender o significado desse empreendimento:

> Do lado oposto à *Weltanschauung* de Weber também se reuniam alguns filósofos advindos do Leste Europeu que estavam ficando famosos naquele tempo, particularmente o húngaro Georg von Lukács, com quem Weber mantinha uma amizade muito estreita... Esses jovens filósofos alimentavam esperanças escatológicas na

vinda de um novo emissário de Deus, e viam a base da salvação numa ordem socialista criada pelo espírito de fraternidade (WEBER *apud* TAR, 1986, p. 16).

As anotações do livro sobre Dostoiévski, encontradas após a morte de Lukács no cofre de um banco de Budapeste, confirmam o relato da viúva de Max Weber. Já por volta de 1914, Lukács sonhava com uma fraternidade espiritual que salvaria a humanidade do Ocidente capitalista. "Da pobreza de espírito", que data de 1912, já contém indícios dessa visão. Aqui Lukács propõe o que nas notas sobre Dostoiévski é apresentado como uma "segunda ética", uma ética da graça, da bondade espontânea, oposta à ética do dever (cf. LUKÁCS, 2000a). Por essa época, Lukács também será atraído pelos problemas morais do terrorismo revolucionário. Um episódio pessoal não pode deixar de ser observado: seu encontro, em 1913, com a anarquista e terrorista russa Yelena Grabenko, com quem Lukács se casaria meses depois, em maio de 1914. Grabenko foi para Lukács a realização erótica de seu sonho místico-quixotesco de fraternidade universal fomentado pela leitura dos romances de Dostoiévski. Nas palavras de Ernst Bloch: "Por meio dela, Lukács desposou Dostoiévski, por assim dizer; desposou sua Rússia, sua Rússia dostoievskiana" (BLOCH *apud* TAR, 1986, p. 16).

O casamento seria um fiasco. Apesar disso, nesse ínterim, Lukács escreve novos capítulos de sua estética, mas seu pleito junto à universidade é rejeitado. A universidade justificaria a recusa alegando sua "nacionalidade estrangeira", embora certamente sua origem judaica tenha pesado mais fortemente na decisão (cf. TAR, 1986, p. 25). Dois meses depois, Lukács ingressa no partido comunista e, no ano seguinte, torna-se "comissário político" da efêmera República Húngara. É o começo de seu caminho até Marx.

Na verdade, esse caminho era uma tendência inscrita no pensamento de Lukács desde o começo. Um caminho que, em muitos aspectos, trouxe soluções e clareza a um quadro crítico de ambiguidades, dilemas e tensões. Sua obra de maturidade, sua *Ästhetik*, em particular, representa o desfecho coerente de uma trajetória que parece reproduzir, numa versão abreviada, os desdobramentos da filosofia clássica alemã em seus três máximos ícones: Kant, Hegel e Marx. Mas o Kant do jovem Lukács é aquele da escola sociológica de

Simmel e das ciências do espírito de Wilhelm Dilthey. Sua primeira obra é um estudo abrangente da decadência do drama burguês. O que se acrescentará depois ao seu universo mental será, dentre outras coisas, não apenas uma compreensão mais aprofundada das estruturas econômicas, mas, sobretudo, um conjunto de pressupostos de maior rigor teórico, suplantando antigas especulações. Pelo materialismo, Lukács superou a oposição metafísica entre as estruturas categoriais normativas e a realidade empírica, conseguindo fundamentar a necessidade da arte na própria história do homem e nas demandas da vida cotidiana. Como bem observou Nicolas Tertulian:

> Pode-se definir seu método como "ontológico-genético", na medida em que procura mostrar a estratificação progressiva das atividades do sujeito (por exemplo: atividade utilitária, atividade hedonista e atividade estética), indicando as transições e mediações, até circunscrever a especificidade de cada uma em função do papel que desempenham na sua fenomenologia da vida social (TERTULIAN, 2009, p. 376).

Um dos grandes esforços do último Lukács foi estabelecer um canal de comunicação entre a filosofia e as ciências empíricas. E esse esforço não foi em vão: os estudos hoje mais avançados no campo da arqueologia, da cognição e da neurociência vêm corroborando cada vez mais algumas formulações capitais de *Ästhetik*.

Por outro lado, essa cientificidade conquistada por Lukács ao longo de várias décadas de amadurecimento intelectual e experiência política não foi um processo simples de evolução linear. No meio do caminho, houve tropeços e extravios, como se pode ver sobretudo entre os anos 1920 e 1950. Nesse período, Lukács se habituou a fazer julgamentos demasiado sumários e duros contra escritores e filósofos, incompatíveis com os parâmetros do cânone clássico e iluminista. Ainda que munido de premissas razoáveis, os quadros pintados pelo autor muitas vezes incomodam pela pobreza de cores e pelos contrastes poucos sombreados. O mais grave, no entanto, é que em nenhum momento o filósofo reviu efetivamente sua opção pelo socialismo soviético. Após a morte de Lênin, em 1924, Lukács, que não havia tido uma boa impressão de Trotsky, alinhou-se ao stalinismo e, mais tarde, durante o período em que se estabeleceu em Moscou (1933-1945), teve de sacrificar alguns escrúpulos morais a fim de preservar sua vida e suas convicções anticapitalistas. Se, na juventude, o drama espiritual e intelectual de Lukács era a angústia da solidão e do estranhamento gerados pela sociabilidade burguesa, o encontro com o comunismo lhe trouxe a esperança de que essa solidão viesse a ser finalmente abolida. Durante o período moscovita, Lukács se resignou frente aos horrores do stalinismo na crença de que o sacrifício haveria de ser recompensado. E, mais que isso, apostou cegamente na possibilidade de criar um regime socialista num país isolado e de economia primitiva. Cegamente, pois nenhuma evidência teórica ou prática jamais lhe demoveu do contrário.

Com a morte de Stalin, Lukács assumiu abertamente sua insatisfação com os métodos stalinistas, mas continuou apoiando o regime soviético. Como antídoto aos males da burocratização paralisante, ele predicará um processo de democratização da vida cotidiana (cf. Lukács, 1985). Assim como no passado, Lukács não se sensibiliza com os progressos no plano material e no das liberdades individuais da sociedade burguesa. "O pior socialismo ainda é preferível ao melhor capitalismo" (cf. Lendvai, 1997). Com isso, Lukács justificava sua fidelidade ao moribundo regime. Uma fidelidade incondicional, ou seja, religiosa. De fato, há algo de religioso no comportamento de Lukács. Nas palavras de Nicolas Tertulian: "Durante a primeira conversa que tive com Lukács em Budapeste em outubro de 1965, [ele] comparava a situação dos marxistas à dos primeiros cristãos, obrigados a se encontrarem nas catacumbas". E resume: "Nos últimos anos de sua vida, Lukács sentiu, com amargura, a contradição entre suas esperanças em uma desestalinização cada vez mais poderosa da vida social e as ações das forças conservadoras" (Tertulian, 2008, p. 288). No entanto, durante a sangrenta intervenção das tropas soviéticas na Tchecoslováquia para dar um basta ao processo de redemocratização em curso naquele país, Lukács, mesmo desaprovando e lamentando a repressão, decide silenciar devido a seus compromissos com o partido e com a causa (Tertulian, 2008, p. 287).

★★★★

Quando se considera o conjunto da obra e da vida de Georg Lukács, percebe-se que *A alma e as formas* ocupa um lugar singular dentro dele. Não se trata apenas de certa aura que costuma envolver os grandes feitos da juventude; decisiva é a própria concepção que está na sua origem: a busca por uma escrita situada entre o conceito e a forma. O escritor Paul Ernst, que viu em *A alma e as formas* a retomada de um fio que desde Schlegel permanecera rompido no campo da crítica, foi muito preciso em sua descrição: "Seu ensaio não é filosofia, pois ele sempre se coloca ironicamente diante dos problemas filosóficos; não é arte, pois ele nada configura; trata-se de crítica e, de fato, crítica como arte" (ERNST, 1988, p. 257).

Os ensaios de *A alma e as formas* foram escritos entre 1907 e 1910. Seus temas capitais são a solidão do homem moderno, o estranhamento diante do cotidiano e da sociabilidade, a nostalgia romântica de vínculos orgânicos e significativos de um passado mítico, os dilemas do esteticismo, do amor e a busca pela vida autêntica. Aproxima-se da filosofia da vida, mas compreende o *Erlebnis* não em termos psicológicos, mas metafísicos. Aproxima-se do neokantismo de Baden, para quem o mundo empírico e as esferas de valor (arte, teoria e ética) se relacionam como polos opostos, embora, para Lukács – como observou um estudioso –, "O *hiatus irrationalis* entre validade e ser não é apenas uma questão teórica de seca estratégia conceitual, mas sim o reflexo abstrato de um mundo esvaziado em seu sentido, onde o 'homem problemático' sofre" (BEIERSDÖRFER, 1986, p. 23).

E aqui, o "homem problemático" é, antes de tudo, o próprio autor. De fato, como registra a extensa correspondência de Lukács à época, bem como os diários que escreveu durante os anos 1910 e 1911, *A alma e as formas* foi concebido a partir de experiências e sentimentos vividos. Se a experiência "épica" com o *Thalia* fora decisiva para a escrita de *Entwicklungsgeschichte des modernen Drama*, a amizade e o amor de Leo Popper e Irma Seidler corporificam o horizonte conceitual em torno do qual gravitam os ensaios da coletânea (tragicamente, ambos morreriam em 1911) (cf. HERMANN, 1985, p. 32).

O verdadeiro ensaísta escreve sempre sobre si mesmo, sobre suas vivências. *A alma e as formas* expressa vivências profundamente pessoais de seu autor à época. Trata-se de uma obra intensamente confessional, autobiográfica. A começar pelo ensaio de abertura, cujo subtítulo é "Carta a Leo Popper". O tom epistolar não é aqui mero recurso estilístico, mas um signo de autenticidade. Numa carta do dia 26 de outubro de 1909, Lukács expressa o desejo de que o amigo, depois de ler todos os ensaios, avalie se "devo ou não prosseguir com a publicação", pois "irei considerar sua publicação apenas se eles formarem um texto unitário, robusto, rico e bom" (LUKÁCS, 1986, p. 100). Trata-se claramente da pergunta fundamental com a qual Lukács inicia e sua "Carta a Leo Popper" e que enseja sua teoria do ensaio.

A correspondência de Lukács nessa época mostra sobretudo que as questões "existenciais" discutidas em *A alma e as formas* são essencialmente questões vividas. Em abril de 1909, enquanto escreve sobre Richard Beer-Hofmann, outra carta é enviada a Popper, e junto com ela a cópia de um pequeno escrito literário da autoria do próprio Lukács (que confessa que nunca irá publicá-lo), um "conto de fadas" intitulado a "Lenda do rei Midas" (LUKÁCS, 1986, p. 71). O texto fala de seu próprio estranhamento diante do mundo e do amor, o estranhamento de alguém inapto a se integrar ao mundo sensível e cotidiano (uma lamentação recorrente em suas cartas e diários). Popper, que decifra de imediato o caráter confessional da ficção, tenta consolar o amigo na carta do dia 19 de abril de 1909: "Na minha opinião, esse Midas apenas *pensa* em tocar algo em sua vida, mas, como não tem coragem, ele acha que é Midas". E depois de comentar sobre o fracasso de um recente caso amoroso do "rei Midas", observa: "A coisa será para valer quando a verdadeira garota chegar; então não vai mais haver medo da vida ou de coisas que possam se transformar em ouro. Ela trará a compreensão de verdade e Midas poderá cruzar à ponte para o mundo da vida real e luminosa" (Popper *in* Lukács, 1986, p. 73).

Nessa época, Lukács vive um drama muito pessoal: sente-se incapaz de amar, incapaz de partilhar plenamente sua vida com outro ser humano. Na resposta de 25 de abril a Popper, escreve: "Deixei de ser Midas, pois não tenho mais medo, mas não acho que algum dia eu venha a querer tocar a 'vida'... Midas teve medo, lembre-se disso, porque certa vez no passado alguém já se converteu numa estátua de ouro ao seu abraço" (LUKÁCS, 1986, p. 77-79).

Em *A alma e as formas*, a vida empírica, cotidiana, é descrita como uma esfera desprovida de sentido, de substância. A vida só é real no domínio das formas, filtrada e depurada por elas. Durante todos esses anos, Lukács vive uma espécie de obsessão: idealizar sua solidão e poetizar sua inadaptação a uma vida normal. No ensaio sobre Kierkegaard e também em "Da pobreza de espírito", o autor fala sobre si mesmo com ironia: o gesto "absoluto" de Kierkegaard, que abandona sua noiva, Regine Olsen, para viver uma vida excêntrica e solitária, não configura nenhuma solução real, nenhum heroísmo, mas sim uma poetização e uma ilusão; já o patético discurso sobre "graça" e "pobreza de espírito" é descrito como "frivolidade" pela narradora feminina do diálogo. Agnes Heller (1977, p. 54) tem razão ao dizer que Lukács, ao romper com Irma Seidler, poetiza sua própria vida, misturando, como Kierkegaard, ficção e realidade. Uma poetização, até certo ponto, consciente e mantida sob controle. Porém, dois anos depois, Irma Seidler, a Regine Olsen de Lukács, afogaria sua vida e suas mágoas no Danúbio. "Da pobreza de espírito" foi seu epitáfio.

É em "Metafísica da tragédia", o último ensaio de *A alma e as formas*, que Lukács leva às últimas consequências o antagonismo entre vida e forma que é peculiar a seu sentimento vital nessa época. Lucien Goldmann foi o primeiro a chamar a atenção para o caráter existencialista desse texto, para suas semelhanças com Heidegger (cf. COHEN, 1994). Ora, um dos aspectos centrais do existencialismo, como bem observou Norberto Bobbio, é o da exceção. "A exceção é o problemático, o terrível, o fascinante. Não é, como se poderia crer, um acontecimento raro na história, mas algo presente na existência, em cada um de nós" (BOBBIO, 1949, p. 63). Bobbio, que não conheceu o ensaio de *A alma e as formas*, ao descrever o existencialismo de Heidegger e Jaspers, fornece elementos que reforçam a interpretação de Goldmann: "A autenticidade de Heidegger é, como temos visto, um estado excepcional, em contraposição à maneira de viver cotidiana, que é aquela em que nos encontramos 'em geral'. Também o ser singular de Jaspers é exceção, no sentido mais preciso de não se submeter a regras, de evasão do normal" (Bobbio, 1949, p. 62).

Sem dúvida, esse mesmo status de exceção do indivíduo autêntico — afirmador de *ethos* trágico-aristocrático — é o pressuposto nuclear de "Metafísica da tragédia". No entanto, é curioso que um ano depois da redação desse ensaio Lukács conceba uma solução radicalmente distinta ao mesmo problema. É o que se verifica em "Das Problem des untragischen Dramas" [O problema do drama não trágico]:

O drama não trágico é uma forma democrática; ela não cria castas entre os homens como a tragédia; sua forma mais pura deveria reunir todas as essências dos homens, sem herói nem sábio, para assim encontrar um caminho para a plenitude da vida e para uma forma plena. Esse objetivo – o mistério sem a teologia, por assim dizer – continua sendo um problema e uma missão (LUKÁCS, 1982, p. 65).

Dessa mesma época data o ensaio "Ästhetische Kultur" (Cultura estética), que, segundo Márkus, estabelece uma polêmica ainda mais frontal com "Metafísica da tragédia", endereçando ao espírito trágico a acusação de "frivolidade" (MÁRKUS, 1977, p. 105).

Portanto, é com ironia que o jovem Lukács encara os problemas profundos que traz à tona. Em 1909, ele expressa a Popper a intenção de usar, no lugar de "ensaios", a palavra "experimentos" como subtítulo do livro, "uma palavra belamente apropriada, em vez de 'ensaios', que soa opaca e abstrata" (LUKÁCS, 1986, p. 81). A resposta do amigo é esclarecedora: "Gosto da palavra 'experimentos'. 'Ensaios', de fato, parece sugerir algo de definitivo" (POPPER *in* LUKÁCS, 1986, p. 86). Já o ensaio sobre Laurence Sterne, segundo confessa Lukács também ao amigo Popper, fora concebido como uma sátira, que inverte a hierarquia entre vida e pensamento apresentada nos demais ensaios. Toda a discussão teórica travada entre os dois rapazes não passa de um duelo cujo objetivo tácito é a conquista da jovem e bela anfitriã. Na edição húngara de *A alma e as formas*, "Riqueza, caos e forma" é o último ensaio da coletânea. Nos termos de Lukács, "ele é uma crítica a todos os meus escritos e a toda a minha vida, isto é, uma crítica ao fato de que a vida tem apenas uma serventia – ela existe apenas para a intelectualidade e por isso se tornou supérflua" (LUKÁCS, 1986, p. 102).

Apenas na edição alemã de 1911 é que aparece o ensaio – escrito já em alemão[2] – sobre a tragédia. Um ensaio duro, pesado, moralista, que encerra a coletânea como uma sombra escura e tempestuosa dissipando a luz poente do estilo irônico do jovem crítico. "Metafísica da tragédia" destoa dos demais ensaios, e não é casual que tenha sido interpretado como um tipo de prelúdio ao existencialismo vindouro de Heidegger e Karl Jaspers. Seu sabor é mais amargo, e suas afirmações, mais incisivas.

---

[2] Os demais ensaios da edição alemã foram traduzidos por Popper e pelo próprio Lukács, conforme documentam as cartas dessa época entre eles.

Seja como for, *A alma e as formas* é um modelo de "método socrático", uma profissão de fé na arte grega do diálogo e da contraposição de ideias. Assim, o ensaio sobre Theodor Storm expressa um sentimento e uma concepção totalmente distintos daquele de "Metafísica da tragédia". Aqui, a forma é vista dentro da história, e os indivíduos excepcionais cedem lugar ao artista-artesão que busca um equilíbrio normal entre a vida e o trabalho artístico. E a concepção de fundo desse ensaio é a que mais irá se aproximar das ideias de maturidade de Lukács, justamente aquele que elegeria Thomas Mann o maior escritor burguês do século XX. Já "A nova solidão e sua lírica" sugere, a um olhar retrospectivo, aproximações estreitas com a estética de Theodor Adorno: seu tema é a poesia do artista isolado, "frio" e enigmático, que aparentemente se distancia da vida, mas que no fundo é a mais extrema sensibilidade de um mundo massificado e que obriga a arte a ser difícil.

A alma e as formas não é um texto convencional de filosofia, mas um exercício ensaístico em seu sentido mais pleno, uma convergência simbiótica de conceitos, estilo e conteúdos vividos. Talvez seja esse seu grande mérito e a razão de seu persistente encanto. Comparada às obras sistemáticas do filósofo maduro, pode-se dizer, parafraseando uma passagem do ensaio sobre Charles-Louis Philippe, que se trata de uma obra menor, mas apenas no formato, e não no valor e na profundidade; para usar uma analogia musical, tão recorrente em *A alma e as formas*: menor como um *Lied* de Schumann o é frente a uma ópera de Wagner.

★★★★

Nota de agradecimento: o tradutor gostaria de agradecer a Nelson Patriota, pela colaboração na tradução das passagens em inglês e francês e pelas preciosas sugestões de tradução e escrita, a Renata Altenfelder, pela prestimosa leitura dos manuscritos da tradução, à professora Arlenice Almeida, pelas importantes observações, aos colegas Olímpio Pimenta, Gilson Iannini e Romero Freitas, pelos incentivos ao tradutor, e, por fim, à eficiente equipe da Autêntica Editora envolvida nesse projeto. O tradutor, no entanto, assume a inteira responsabilidade por qualquer insuficiência em sua tradução.

Referências

ADORNO, T. *Notas de literatura I*. São Paulo: Duas Cidades; Editora 34, 2003.

BEIERSDÖRFER, K. *Max Weber und Georg Lukács. Über die Beziehung von verstehender Soziologie und Westlichem Marxismus*. Frankfurt am Main; New York: Campus; Forchung, 1986.

BENJAMIN, W. *Origem do drama trágico alemão*. Belo Horizonte: Autêntica, 2011.

BENDL, J.; TIMÁR, A. (Orgs.). *Der junge Lukács im Spiegel der Kritik*. Budapest: Lukács Archívum, 1988.

BENSELER, F.; JUNG, W. *Lukács 1996. Jahrbuch der Internationalen Georg-Lukács-Gesellschaft*. Bern: Peter Lang, 1997.

BOBBIO, N. *El existencialismo*. Mexico: Fondo de Cultura Económica, 1949.

COHEN, M. *Tragedy, Dialectics, and a Hidden God*. Princeton: Princeton University Press, 1994.

ERNST, P. Der Essay als Form. In: BENDL, J.; TIMÁR, A. (Orgs.). *Der junge Lukács im Spiegel der Kritik*. Budapest: Lukács Archívum, 1988.

FEHÉR, F. Am Scheideweg des romantischen Antikapitalismus. Typologie und Beitrag zur deutschen Ideologiegeschichte gelegentlich des Briefwechsels zwischen Paul Ernst und Georg Lukács. In: HELLER, A; FEHÉR, F; MÁRKUS, G. *Die Seele und das Leben. Studien zum frühen Lukács*. Baden-Baden: Suhrkamp, 1977.

FEHÉR, I. Lask, Lukács, Heidegger: The problem of irrationality and the theory of categories. In: MACANN, C. *Martin Heidegger critical assessment*. New York and London: Routledge, 1992.

FEHÉR, I. Lucien Goldmann über Lukács und Heidegger. In: BENSELER, F.; JUNG, W. *Lukács 1996. Jahrbuch der Internationalen Georg-Lukács-Gesellschaft*. Bern: Peter Lang, 1997.

GADAMER, H. G. *Verdade e método*. Tradução de Flávio P. Meurer. Petrópolis: Vozes, 2002.

HEIDEGGER, M. *Ser e tempo*. Tradução de Márcia Sá Cavalcante Schuback. Rio de Janeiro: Vozes, 2008.

HELLER, A; FEHÉR, F; MÁRKUS, G. *Die Seele und das Leben. Studien zum frühen Lukács*. Baden-Baden: Suhrkamp, 1977.

HERMANN, I. *Georg Lukács: sein Leben und Werken*. Wien: Böhlaus, 1985.

HOESCHEN, A. *Das "Dostojewsky"-Projekt: Lukács neukantianisches Frühwerk in seinem ideengeschichtlichen Kontext*. Tübingen: Niemeyer, 1999.

LENDVAI, F. Der junge und der alte Lukács. In: BENSELER, F.; JUNG, W. *Lukács 1996. Jahrbuch der Internationalen Georg-Lukács-Gesellschaft*. Bern: Peter Lang, 1997.

LUKÁCS, G. *Ästhetik. Die Eigenart des Ästhetischen*. Berlin; Weimar: Aufbau, 1981.

LUKÁCS, G. A relação sujeito-objeto na estética. Tradução de Rainer Patriota. *Revista Artefilosofia*, Ouro Preto, n. 14, 2013.

LUKÁCS, G. *Demokratisierung heute und morgen*. Budapest: Akadémiai Kiadó, 1985.

LUKÁCS, G. *Der russische Realismus in der Weltliteratur*. Berlin: Aufbau-Verlag, 1953a.

LUKÁCS, G. *Deutsche Literatur in zwei Jahrhunderten. Werke*. Neuwied; Berlin: Luchterhand, 1964.

LUKÁCS, G. *Die Zerstörung der Vernunft. Irrationalismus und Imperialismus*. Darmstadt; Neuwied: Luchterhand, 1974a. Bd. II.

LUKÁCS, G. *Dostoevskij*. Milano: SE, 2000a.

LUKÁCS, G. *Heidelberger Ästhetik*. Darmstadt; Neuwied: Hermann Luchterhand Verlag, 1974b.

LUKÁCS, G. *Heidelberger Philosophie der Kunst*. Darmstadt; Neuwied: Hermann Luchterhand Verlag, 1974c.

LUKÁCS, G. *Georg Lukács. Selected Correspondence (1902-1920)*. Edited by Judith Markus and Zaltan Tar. New York: Columbia University Press, 1986.

LUKÁCS, G. *O romance como epopeia burguesa*. In: CHASIN, J. (Org.). *Ensaios ad hominem*. São Paulo: Ensaio, 1998. t. 2.

LUKÁCS, G. Os caminhos se dividiram. Tradução de Rainer Patriota. *Projeto História*, São Paulo, v. 43, p. 25-37, jul./dez. 2011.

LUKÁCS, G. *Scritti sul romance*. Bologna: Società Editrice il Mulino, 1982.

LUKÁCS, G. *Skizze einer Geschichte der neueren deutsche Literatur*. Berlin: Aufbau, 1953b.

LUKÁCS, G. *Para uma ontologia do ser social I*. São Paulo: Boitempo, 2012.

LUKÁCS, G. *Pensiero vissuto: autobiografia in forma di dialogo*. Roma: Riuniti, 1983.

LUKÁCS, G. Marx e a decadência ideológica. *In: Problemas del realismo*. México: Fondo de Cultura Económica, 1966.

LUKÁCS, G. *Teoria do romance: Um ensaio histórico-filosófico sobre as formas da grande épica*. Tradução de José Marcos Mariani de Macedo. São Paulo: Editora 34, 2000b.

MANN, T. Betrachtungen eines Unpolitischen. In: BENDL, J.; TIMÁR, A. (Orgs.). *Der junge Lukács im Spiegel der Kritik*. Budapest: Lukács Archívum, 1988. p. 298-301.

MÁRKUS, G. Die Seele und das Leben. Der junge Lukács und das Problem der "Kultur". In: HELLER, A; FEHÉR, F; MÁRKUS, G. *Die Seele und das Leben. Studien zum frühen Lukács*. Baden-Baden: Suhrkamp, 1977.

MÁRKUS, G. Lukács' "erste" Ästhetik: Zur Entwicklungsgeschichte der Philosophie des jungen Lukács. In: HELLER, A; FEHÉR, F; MÁRKUS, G. *Die Seele und das Leben. Studien zum frühen Lukács*. Baden-Baden: Suhrkamp, 1977.

PATRIOTA, R. *A relação sujeito-objeto na Estética de Georg Lukács: reformulação e desfecho de um projeto interrompido*. 2010. 284 f. Tese (Doutorado em Filosofia) – Faculdade de Filosofia e Ciências Humanas, Universidade Federal de Minas Gerais, Belo Horizonte, 2010.

PATRIOTA, R. O jovem Lukács e o impressionismo. *Projeto História*, n. 43, dez. 2011.

RESENDE, J. *A teoria dos objetos de Emil Lask*. 2005. 119 f. Dissertação (Mestrado em Filosofia) – Faculdade de Filosofia, Pontifícia Universidade Católica, São Paulo, 2005.

TAR, Z. Introduction. In: LUKÁCS, G. *Georg Lukács. Selected Correspondence (1902-1920)*. Edited by Judith Markus and Zaltan Tar. New York: Columbia University Press, 1986.

WEISSER, E. *Georg Lukács' Heidelberger Kunstphilosophie*. Bonn-Berlin: Bouvier, 1992.

TERTULIAN, N. *Georg Lukács: etapas de seu pensamento estético*. São Paulo: Unesp, 2008.

TERTULIAN, N. Sobre o método ontológico-genético em filosofia. *Revista Perspectiva*, Florianópolis, v. 27, n. 2, p. 375-408, 2009.

Índice onomástico[1]

Adorno, Theodor W. 7, 9, 21, 46, 47, 52, 263, 265, 267, 277

Alcibíades 48

Alfieri, Vittorio 231

Alighieri, Dante 35, 146, 154, 242

Aristófanes 42, 146

Aristóteles 235, 265

Arnold, Matthew 37

Balzac, Honoré de *13*, 62

Baudelaire, Charles 60, 129

Beer-Hofmann, Richard 27, 165, 167-182, 173-180, 274

Benjamin, Walter 7, 21, 59

Benseler, Frank 10

Bernstein, J.M. 11

Bloch, Ernst 7, 9, 10, 263, 269, 270

Boccaccio, Giovanni 123

Bonaparte, Napoleão 80, 83

Brahms, Johannes 137

Brecht, Bertolt 27, 263

Breines, Paul 7

Brentano, Clemens 138, 201, 202

Browning, Robert 60, 63, 71, 181

Brunkhorst, Hauke 7

Bunyan, John 35

Burckhardt, Jacob 33

Butler, Judith 8, *11*, 65

Byron, George Gordon Noël, Lord 134

Carlyle, Thomas 191

Cassirer, Ernst 9

Catarina de Siena 258

Cervantes, Miguel de 191, 197, 201, 214

---

[1] Os nomes mencionados na nota do editor e na introdução de Judith Butler, bem como as páginas a que se referem, aparecem em itálico.

Cézanne, Paul 162, 267
Chesterton, Gilbert Keith 155
Coleridge, Samuel Taylor 200
Constant, Benjamin 59
Corneille, Pierre 33, 231

Daumier, Honoré 191
Dehmel, Richard 142
Despoix, Philippe 9
Diderot, Denis 56, 57, 63
Dilthey, Wilhelm 34, 43, 44, 265, 271
Dostoiévski, Fiódor Michailovitsch 154, 250, 251, 269, 270

Emerson, Ralph Waldo 64
Ernst, Paul 178, 183, 217, 220, 228, 230, 231, 236, 241-243, 263, 273
Eschenbach, Wolfram von 58
Ésquilo 58
Eurípides 34

Fichte, Johann Gottlieb 84, 90, 258
Flaubert, Gustave 107, 126, 129, 146, 163
Fontane, Theodor 105, 107

George, Stefan *23, 129, 130, 131, 132-134, 136-142, 269*
Giotto di Bondone 45, 185
Goethe, Johann Wolfgang von 15, 44, 63, 84-88, 91, 95, 126, 129, 131, 134, 137, 138, 181, 185, 187-189
Goncourt, Edmond de 259
Gotthelf, Jeremias 126
Grillparzer, Franz 129

Grimm, Jacob und Wilhelm 44
Groth, Klaus 107
Günther, Johann Christian 126, 232, 233

Habermas, Jürgen 9, 10
Hauptmann, Gerhart 62, 142, 181, 241
Hebbel, Friedrich 63, 116, 129, 138, 159, 169, 174, 178, 219, 232, 236, 243, 250
Hegel, Georg Wilhelm Friedrich *12, 78, 161, 264, 265, 270*
Heidegger, Martin 9, 34, 35, 114, 263, 264, 275, 276
Heine, Heinrich 126, 127, 128, 134, 137, 138, 191
Heller, Agnes 7, 8, 12, 263, 268, 275
Hemsterhuis, Frans 53
Hettner, Hermann 191
Heyse, Paul 103
Hochheim, Eckhart von (Mestre Eckhart) 217, 253
Hoffmann, Ernst Theodor Amadeus 202
Hofmannsthal, Hugo von 62, 168, 181, 182
Holbein, Friedrich 108

Ibsen, Henrik Johan 130, 139, 178, 214, 217, 220, 223, 268

Jacobsen, Jens Peter 121, 267
Jay, Michael 7
Jefté 256
Jonson, Ben 196
Joyce, James 27

Jung, Werner 9

Kafka, Franz 12, 21, 27

Kant, Immanuel 85, 204, 257, 264, 270

Kassner, Rudolf *19, 20,* 26, 43, 55, 56-59, 61-64, 67

Keats, John 60, 65, 72, 79, 129, 161

Keller, Gottfried *13*, 103-110, 121, 124

Kerr, Alfred 32, 33, 62, 199

Kierkegaard, Søren 13, 20-22, 24, 34, 59, 63, 65, 66-81, 252, 275

Kleist, Heinrich von 181, 230

Kuh, Emil 104, 114, 119, 123, 124

Lao-Tsé 258

Leibl, Wilhelm 108

Lessing, Gotthold Ephraim 33, 225

Maeterlinck, Maurice 218

Mallarmé, Stéphane 129

Mann, Thomas *13, 126, 263,* 277

Márkus, György 7, *12, 268, 269, 276*

Marx, Karl 8, *13, 22, 25, 78, 214, 264, 265, 267, 268, 270*

Maupassant, Guy de 126

Mesterházi, Miklós 9

Meyer, Conrad Ferdinand 106, 124, 138

Mezei, György 9

Montaigne, Michel de 34, 42

Mörike, Eduard 103, 105, 106, 107, 123, 126, 127, 137

Müller, Lothar 9

Negt, Oskar 7

Nietzsche, Friedrich Wilhelm *22, 33, 48, 145, 206, 208, 225, 264*

Novalis 21, 22, 83, 87-91, 93-97

Olsen, Regine 20, *21, 24, 65, 66-68, 70, 74, 76, 78, 275*

Pater, Walter Horatio 33, 59, 63

Paul, Jean 201, 209, 210

Philippe, Charles-Louis 143, 145, 147, 149,-151, 155-159, 159, 163, 277

Píndaro 58

Platão 17, 34-36, 42, 47-49, 146, 229

Plotino 260

Popper, Leo *9, 18, 31, 273, 274, 276*

Racine, Jean Baptiste 231

Rohde, Erwin 33

Rossetti, Dante Gabriel 60

Ruskin, John 59

Schelling, Friedrich Wilhelm Joseph 91, 218

Schiller, Friedrich 103, 107, 130, 131, 148, 181, 230

Schlegel, Friedrich von 44, 45, 53, 59, 71, 82, 84, 87-89, 91, 94, 96, 123, 209, 273

Schmidt, Alfred 7

Schnitzler, Arthur 167, 168

Schopenhauer, Arthur 51, 228, 264

Schubert, Franz 137

Schumann, Robert 137, 277

Scott, Walter 13

Seidler, Irma 9, *23, 24, 273, 275*

Shakespeare, William 33, 62, 181, 191, 217, 218, 220, 225, 230, 240, 241

Shaw, George Bernard 142

Shelley, Percy Bysshe 58, 63, 64

Sócrates 37, 42, 47-49, 58, 71, 73, 146-149

Sófocles 230, 231, 240

Stendhal (Beyle, Marie-Henri) 13, 130

Sterne, Laurence 185-193, 195-204, 205-214, 216, 276

Storm, Theodor *22, 99, 103-110, 113-121, 123-127, 277*

Suso (Seuse, Heinrich) 73, 224

Swift, Jonathan 209

Swinburne, Algernon Charles 63, 129

Taine, Hippolyte Adolphe 59

Teócrito 157

Thackeray, William Makepeace 205

Tieck, Ludwig 96, 202

Velázquez, Diego Rodríguez de Silva y 43

Vermeer, Jan 185

Weininger, Otto 43

Wellmer, Albrecht 7

Whistler, James Abbott McNeill 183

Whitman, Walt 58

Wilde, Oscar Fingal O' Flahertie Wills 32

Winckelmann, Johann Joachim 33

Wolf, Hugo 137

Woolf, Virginia 12, 27

Zola, Émile 13, 20